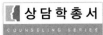

상담학총서
COUNSELING SERIES

가출청소년의
이해와 상담

김향초 저

학지사

머 / 리 / 말

    21세기로 들어오면서 전문화 사회가 본격적으로 전개됨에 따라 전문적인 청소년담당 실무자를 양성하는 데 필요한 기본 지식을 습득하는 자료가 절실하게 필요한 시점에서 발간되는 이 책은 청소년을 위해 일하는 실무자 양성에 큰 도움을 주고 청소년복지의 수준도 한 단계 업그레이드 시킬 것이다.

    개인적으로 가출청소년을 위해서 일하고 있는 청소년쉼터의 실무자와 많은 만남을 갖고 같이 고민하면서 극히 제한적인 정보와 지식에 의존하여 이들에게 서비스를 제공하는 것에 대해 부족함과 아쉬움을 많이 느꼈고, 서비스 제공이 과연 제대로 이루어지고 있는지에 대한 의구심 등으로 인하여 실무자의 열의와 노력에 비해 썩 만족스러워하지 않는 청소년을 보면서 안타까운 심정이 많았다.

    앞으로 다양한 청소년 유형, 다양한 청소년문제 등을 다루는 책들이 많이 나오게 된다면 실무자가 적은 시간을 들여서 더 나은 서비스를 제공할 수 있고 궁극적으로는 다양하고 많은 청소년에게 그들이 필요로 하는 적절한 서비스를 제공할 수 있으리라는 희망을 가져 본다. 아울러 실무자의 업무능력의 향상으로 청소년에게 더 많은 복지서비스가 제공되리라 믿는다.

가출청소년을 만나게 되면 가장 먼저 시작되는 것이 상담으로, 이러한 상담은 서비스 제공과정에서 가장 기본적이면서도 중요한 요소로서 전문적인 청소년담당 실무자가 되기 위해서 가장 먼저 습득해야 할 지식이다. 이러한 상담지식을 갖추는 데 있어서 상담기법은 매우 중요한 요소임에 틀림없지만 가출청소년의 경우 상담기법 못지않게 중요한 점이 가출청소년에 대한 이해이다. 이들이 겪고 있는 어려움을 이해하는 마음 없이 상담기법을 활용해서 서비스를 제공한다면 청소년의 서비스 만족도가 높지 않으리라는 점은 쉽게 예상해 볼 수 있다. 따라서 청소년에게 필요한 상담기법은 다른 저서나 자료에서 습득할 수 있기에 여기서는 생략하고 거리나 청소년쉼터에서 만나는 청소년과 일할 때 꼭 필요한 내용을 중심으로 서술하였다.

이 책은 가출청소년을 위해서 일하는 실무자에게 필요한 내용을 중점적으로 다루었다. 1장에서는 가출청소년에 대한 정의, 유형을 통해 전반적인 이해를 돕고 이에 덧붙여 위기청소년에 대한 이해, 청소년에 대한 시각의 변화를 서술하여 최근의 청소년연구의 동향을 제시하고 있다. 2장에서는 청소년가출의 실태조사를 종합하여 살펴봄으로써 가출의 심각성, 최근의 추세변화 등을 설명하고 있다. 3장에서는 청소년 가출의 특징, 4장에서는 가출청소년의 욕구, 5장에서는 가출 이후의 삶을 서술하였다. 6~8장에서는 가출청소년과 상담 시 상담자가 갖추어야 할 지식 및 태도와 관련하여 관련법, 가출청소년상담의 특징 등을 자세히 다루었다. 마지막으로 8장에서는 청소년쉼터의 유형별로 상담 시 특징을 살펴보았다.

　원고작성 시 특히 청소년 중장기쉼터의 경우 아직은 걸음마단계로 자료가 미비하여서 충분한 내용을 서술하지 못한 점은 무척이나 아쉽지만 이 책의 내용이 실무자들을 훈련시키는 데 도움이 되었으면 하는 바람이다.

　이 책을 준비하는 데 큰 도움을 준 김지혜 님과 윤현영 님에게 깊은 감사를 드리고 그 외에 청소년쉼터에서 궂은일을 마다하지 않고 일하고 있는 실무자들에게 감사드린다. 그들이 없었다면 이러한 책을 만들고자 하는 의욕이 적지 않았을까 싶다. 그리고 전 국가청소년위원회에서 활동했던 여러 실무자들, 특히 양철수 님의 청소년쉼터의 발전을 위한 노고에 감사드린다. 마지막으로 가출청소년 문제에 대한 저자의 연구에 관심을 가지고 계속해서 출간을 맡아 주신 학지사 김진환 대표님과 원고 편집과정에서 수고해 주신 학지사 편집부 여러분께 감사드린다.

　앞으로 국가청소년위원회에서 추진했던 가출청소년을 위한 서비스 개선 및 청소년쉼터 관련 업무들이 좀 더 박차를 가할 수 있도록 국가 차원의 관심의 증대를 기대해 본다.

봉담골에서 2009년 1월
저자 김향초

차 / 례

제**1**부

청소년가출에 대한 이해

가출청소년과 함께 일한다는 것은 그 자체만으로도 많은 노력을 요구한다. 이들은 일반청소년을 대상으로 하는 상담과는 달리 비자발적인 내담자가 대부분이어서 상담에 비협조적이고 매우 수동적이며, 심지어는 자신의 감정을 통제하지 못한 채 종종 위협적인 행동을 취함으로써 이들을 돕고자 하는 실무자를 당황케 하곤 한다.

따라서 실무자가 이들과의 원활한 상담을 진행함에 있어서 주요 상담기법의 습득은 필수요소이지만 이보다 더 중요한 사실은 청소년가출에 대한 폭넓은 이해와 이들과의 자연스러운 만남을 통해 바람직한 관계를 어떻게 형성할 것인가에 대한 실무자의 끊임없는 고민이 요구된다는 점이다. 실무자가 아무리 좋은 상담기법을 갖고 있더라도 가출청소년이 이러한 상담과정에 협조하지 않는 한 이러한 기법은 전혀 효력을 발휘할 수 없다.

가장 기본적이면서도 중요한 점은 실무자가 이들이 갖고 있는 욕구와 관련하여 시기적절하게 구체적인 질문을 통해서 이들이 원하는 서비스를 충족시켜 주어야만 이들과의 상담이 자연스럽게 이루어질 수 있고, 이후에라도 도움이 필요할 경우에는 언제라도 자발적으로 찾아와 도움의 손길을 기대한다는 사실이다.

01장
가출청소년의 정의와 유형

1. 가출청소년의 정의

2007년 현재 우리나라 청소년 인구(9~24세)는 전체 인구의 22.0%인 1,066만 명을 기록하고 있는 것으로 나타났다. 이러한 청소년 인구는 향후에도 서서히 감소하는 추세를 유지하다 2010년에는 21.1%(1,029만 명), 2020년에는 16.5%(812만 명), 2030년에는 13.0%(633만 명)가 될 것으로 전망되고 있다(국가청소년위원회, 2007: 75). 이러한 청소년 인구의 감소 추세에도 불구하고 청소년은 앞으로 우리 사회의 주역이 되어야 할 존재이므로 이들에 대한 국가적 관심은 증대되고 있다. 한 예로 미국의 노동부 장관은 2003년 회의에서 노동력으로서의 청소년과 그들의 미래에 투자하는 것이 국가가 강대국으로 존속할 수 있도록 하는 가장 중요한 요소 중의 하나라고 언급하면서 청소년에 대한 투자를 강조하였다.

현대사회로 들어오면서 가정, 학교, 지역사회가 청소년의 양육과 보호에 대한 책임을 다하지 못함에 따라 다양한 청소년문제가 발생하고 있어서 이제는 국가 차원에서의 청소년보호 대책 마련에 대한 요구가 커지고 있다. 이러한 추세 속에서 우리나라 청소년 관련 업무를 총괄하고 있는 국가청소년위원회는 '비전 2030'에서 성장과 복지가 선순환하는 희망 한국을 제시하면서 청소년의 역량강화를 통해 인적 능력을 제고하고, 건강한 성장환경 조성을 위해 대한민국 청소년이 세계의 주역이 되도록 하겠다는 청소년 정책의 사명을 제시하고 있다(국가청소년위원회, 2007).

이러한 정책을 수행하고자 5대 전략 목표를 수립하였는데 그중의 하나가 사회적 지원이 필요한 청소년에게 복지서비스를 강화하는 것이다. 이 내용 중에서 가출청소년과 관련한 사항은 위기 및 소수 청소년 지원을 위한 기반 조성으로서 그 세부정책 내용은 다음과 같다. 첫째, 가출청소년에 대한 지원, 둘째, 특별지원 청소년 지원체계 구축, 셋째, 위기·소수 청소년 사회안전망 구축, 넷째, 새터민·다문화 청소년 사회적응 지원 등이 있다.

이 중에서 가출청소년에 대한 지원 내실화라 함은 가정으로부터 기본적 권리를 보장받지 못하는 가출청소년에게 복지지원서비스를 제공하는 청소년쉼터를 지역별로 확충함은 물론 가출청소년의 특성, 상황 및 복지욕구에 맞는 청소년쉼터를 특성화하고 전문화하는 등 지속적으로 청소년쉼터를 체계화하고자 노력하는 것을 의미한다. 이를 위하여 가출청소년 보호·복지시설의 확충 및 연계 체계의 마련은 물론 청소년쉼터의 체계화 및 효율성을 제고하며, 청소년쉼터를 맞춤형 프로그램

개발 및 운영을 통해 전문적인 복지지원서비스 기관으로 육성하고자 한
다. 아울러 가출예방, 보호, 선도 및 가정·사회복귀를 위한 사회환경
및 여건을 조성하고자 하는 내용을 포함하고 있다.

그 밖에도 위기·소수청소년 사회안전망 구축과 관련하여 양극화,
학교부적응, 가정해체 등으로 위기청소년이 급증하고 이러한 위기가
지속됨에 따라 가출, 학업중단 등 위기심화현상이 가속화되고 있다. 이
러한 상황의 심각성을 인식하면서 위기청소년의 다양한 서비스 욕구를
충족시키지 못하고 있는 지역사회 안전망의 문제점을 파악하고 그 역량
을 강화시키기 위해 지역사회 청소년의 통합지원체계를 구축하고 있
다. 이를 위해서 지역사회 청소년 통합지원체계(CYS-Net)를 구축하여
운영하고, 청소년동반자(Youth Companion) 프로그램의 운영을 활성
화하며, 청소년전화 1388 이용 및 연계서비스를 확대하고 있다. 또한
학업중단 청소년을 조기에 발견하고 개입하는 통합지원체계를 마련하
고, 은둔형 부적응청소년을 지원하는 사업도 실시하고 있다. 이러한 국
가 정책에서 볼 수 있는 바와 같이 가출청소년은 국가가 관심을 갖고 문
제해결을 하고자 노력하고 있는 주요 대상 중의 하나다.

이와 같이 가출청소년에 대한 관심이 증대되고 있음에도 불구하고
가출청소년의 정의는 학자나 시대에 따라 다양하게 정의되어 왔고 오늘
날에도 여전히 의견이 분분하기는 하지만, 국내·외에서 사용되고 있
는 보편적인 가출청소년에 대한 정의를 몇 가지 살펴보면 다음과 같다.

안창규 등(1995)은 가출청소년을 "자신 및 주변의 문제에 직면하여
이의 해결 혹은 대안을 추구하고자 (비)의도적으로 가정에서 (떠밀려)
나온 '도움을 요청하는' 18세 미만의 청소년"이라고 정의하고 있다. 또
한 김준호와 박정선(1993)은 가출을 "자신 및 자신을 둘러싼 주위 환경
에 대한 불만이나 갈등에서 비롯된 문제점에 대한 반발이나 해결을 위해

보호자의 승인 없이 최소한 하룻밤 이상 무단으로 집을 나가 돌아오지 않는 충동적 혹은 계획적 행위"라고 정의하였다. 이러한 내용들을 좀 더 간단하게 정의해 보면 가출이란 부모나 보호자의 허락을 받지 않고 24시간 이상 집 밖에서 지내는 것으로 정의된다.

한편 미국의 전국 가출청소년 서비스 네트워크(National Network of Runaway & Youth Service)는 권리를 박탈당한 청소년을 다섯 가지 범주로 구분하였는데 이러한 구분은 가출의 원인 및 유형의 이해에 도움을 주고 있다(김향초, 1998: 56-58).

① 가출청소년(runaway): 18세 이하의 아동이나 청소년으로서 집을 나와 최소한 하룻밤을 지낸 경우를 말한다.
② 노숙청소년(homeless youth): 부모나 대리양육자 혹은 제도적인 보호에서 제외되어 있는 청소년을 말한다.
③ 버려진 청소년(throwaway): 부모와 양육책임자에게서 어떠한 이유로든 내쫓겨 집으로 돌아갈 수 없는 처지로 스스로 살아가야 하는 청소년을 말한다.
④ 길거리 청소년(street youth): 장기간 가출하거나, 집이 없거나 집에서 버려져서 길거리에서 스스로 먹을 것을 해결하며 살아가는 데 익숙해져 있는 청소년을 말한다.
⑤ 보호체계청소년(system youth): 아동기나 청소년기의 어느 기간 동안에 아동학대, 방임, 기타 여러 형태의 심각한 가정문제가 인정되어 가정이 아닌 보호체계에서 생활하면서 주정부의 보호, 관리하에 놓여 있었던 청소년을 말한다.

최근 미국에서는 단순히 가출청소년이라는 용어보다는 노숙청소년,

거리청소년이라는 용어를 더 많이 사용하고 있다. 가출청소년관련법 중의 하나인 가출 및 노숙 청소년법(Runaway and Homeless Youth Act)에서도 노숙청소년이란 "친척 및 안전한 환경에서의 생활이 불가능하고 다른 안전한 대체 거주지도 마련되어 있지 못한 21세가 안 된 청소년"으로 정의 내리고 있다. 비록 이 법 조항에 단순가출청소년에 대한 정의는 없지만 법의 규정에서 "부모나 법적 보호자의 허락 없이 가정이나 법적 거주지를 비우고 있는 18세 이하의 청소년"으로 정의하고 있다(Levin-Epstein & Greenberg, 2003).

그러나 다양한 원인으로 인해 어려움에 처해 있는 많은 청소년을 단순히 가출청소년, 노숙청소년과 같은 협의의 개념으로 적용하는 데에는 한계가 있음을 깨달으면서 최근에는 어려움을 겪고 있는 다양한 청소년을 포함하는 위기청소년이라는 용어를 많이 사용하고 있다. 한 예로 국가청소년위원회의 2007년도 「시범청소년쉼터 지정 및 인센티브 부여사업」 자료에서도 위기청소년이라는 용어를 사용하여 좀 더 다양하고 광범위한 청소년에게 필요한 서비스를 제공하는 데 목적을 두고 있다. 따라서 넓은 의미의 위기청소년이라는 용어에 대한 이해가 요구되고 있다.

2. 위기청소년의 정의

1) 배경

최근 청소년이 각종 위험한 상황에 처하게 되는 것과 관련하여 국내외 연구문헌을 살펴보면 위기에 처한 청소년(youth at risk)이라는 용어

가 가장 많이 거론되곤 한다. 또한 청소년 관련 정책에 관해 논의할 때
도 과거의 문제청소년이라는 표현 대신에 위기청소년이라는 용어를 많
이 사용하고 있다. 그러나 아직까지는 대부분의 연구에서 이 용어에 대
한 정확한 의미 파악이 배제된 채 사용되고 있어서 '과연 누가 위기청
소년인가?' 라는 이슈와 관련하여 현장에서 일하는 실무자, 정책입안
자, 지역사회 구성원 간에 모호한 해석이 난무하고 있다.

　무엇보다도 이러한 용어 사용의 변화는 과거의 문제발생 시 대처 내
지는 치료하는 관점에서 벗어나 예방에 초점을 두는 현 추세와 맥을 같
이하고 있다. 우리는 흔히 문제청소년이라는 표현을 통해 청소년을 문
제가 있는 존재로 여겨온 것이 사실이고 이들의 문제행동이 종종 언론
에 보도되면서 청소년에 대한 부정적인 이미지를 심화시켜 왔다고 해도
과언이 아니다. 문제는 이러한 청소년에 대한 부정적 접근이 일반인으
로 하여금 청소년에 대한 왜곡된 사고를 심어 주었을 뿐만 아니라 청소
년문제와 관련된 정책 내지는 문제해결방안에 있어서도 체계적이고 종
합적인 시각의 결여로 청소년 관련 정책 실시에 대한 효과성에 의문을
제기하게 만들었다.

　이와 같이 청소년에 대한 부정적인 시각이 팽배한 사회분위기 속에
서 이들도 가정 또는 사회에서 어려움을 겪고 있는 희생자라는 인식이
생겨나면서 다양한 문제를 안고 살아가는 청소년을 포함하는 좀 더 포
괄적인 의미의 '위기청소년' 이라는 용어를 사용하여 다양한 청소년문
제에 대한 해결방안을 모색하고 있다. 한 예로 청소년복지지원법 시행
령(제7조 및 시행규칙 제8조)에서도 이와 같은 접근 방법을 적용하여 위
기청소년이라는 용어를 세 가지 범주로 구분하고 있다. 첫째, 보호자가
없거나 보호자의 실질적인 보호를 받지 못하는 청소년으로 가출청소
년, 소년소녀가장, 빈곤계층의 청소년, 요보호청소년 등을 포함한다.

둘째, 학업중단 청소년으로 고등학교 이하의 학교에서 학업을 중단한 청소년을 의미한다. 셋째, 교육적 선도대상 청소년 중 비행예방의 필요성이 있는 청소년으로 학교폭력의 피해 및 가해 청소년, 집단따돌림의 피해 및 가해 청소년, 비행청소년, 범죄의 가해 및 피해 청소년, 우울 및 자살 위험이 있는 청소년을 포함하고 있다.

청소년기는 인간의 전체적인 삶에 있어서 도전의 시기이지만 많은 청소년은 성인기로 가는 과정에서 정상적인 궤도에서 심각하게 이탈하지 않은 채 자신만의 방법으로 이 과정을 항해하곤 한다. 즉, 가치관의 형성과 직업 선택에 앞서 다양한 경험을 통해 긍정적인 방법으로 성인기로의 전환이 자연스럽게 진행되고 이러한 과정을 거치면서 형성된 자아정체감(ego-identity)은 청소년이 사회의 통합된 구성원으로서 성공하는 데 기틀이 되고 있다.

물론 대부분의 청소년은 열악한 환경에서의 극단적인 경험, 가족 내에서의 부정적 경험, 개인적인 부정적 경험, 자신의 미래에 부딪힐 문제들과 관련하여 정도 차이는 있으나 낮은 수준의 위기감을 느끼곤 한다. 그러면서도 이들은 적절한 지식, 긍정적 행동, 친사회적 태도, 그리고 기타 건강한 특징 등을 스스로 개발해 내고 사용함으로써 위기를 잘 극복하면서 건강한 성인으로 성장하고 있다. 이를 좀 더 자세히 살펴보면 대부분의 청소년은 개인적 요인으로서 사회기술, 내적 통제력, 긍정적인 자기 고려 등의 특징을 갖고 있어서 위기에 빠지지 않고 건전한 삶을 살아가고 있다. 뿐만 아니라 자신을 둘러싸고 있는 사회환경에 대처하는 효과적인 기술들도 갖고 있는데 이러한 기술과 관련하여 구본용과 금명자(2005)는 성직자, 선배, 청소년 실무자 등 지역사회 네트워크를 활용함은 물론 가까운 또래 친구들을 갖고 있는 점 등을 언급하고 있다. 그들에 따르면 이러한 네트워크는 일반 청소년에게 정서적·사회적 지

지, 격려, 조언 등을 제공해 주고 위기에 처해 있는 청소년에게는 생존
과 성공에 필요한 기술을 개발시키는 데 필요한 자원을 제공해 줌으로
써 매우 중요한 요인으로 작용하고 있다.

그러나 현대사회로 들어오면서 증가하는 가족해체 및 이로 인한 다
양한 사회문제는 청소년의 건전한 발달에 절대적으로 필요한 지지와 지
원을 제공하지 못함에 따라 청소년은 많은 어려움을 겪고 있다. 이와 관
련하여 프리미어(Frymier)는 개인은 처음부터 위험에 놓인 채로 태어나
는 것이 아니라 사회의 영향으로 인해 위험에 처하게 된다고 설명하고
있다(Dobizl, 2002: pp. 7-8). 또한 모든 청소년은 아동기에서 성인기로
성장해 가면서 개인적, 가정적, 사회적으로 정도의 차이는 있으나 누구
나 어느 정도의 위기를 경험하기 때문에 보는 시각에 따라서 이러한 내
용이 자연스러운 현상으로 여겨질 수도 있다.

여기서 문제는 일부 청소년의 경우 이러한 항로에서 심각하게 벗어
나 있는 행동에 개입하곤 한다는 사실이다. 이들은 빈곤, 혼란한 가정,
형편없는 학교환경 등의 열악한 환경적 요인 속에서 성장하고 있는데
이러한 환경은 이들로 하여금 폭력 조직의 구성원이 된다거나, 범죄와
폭력 행동을 일삼으며, 약물을 남용하고 학교에 무단결석하는 등과 같
은 위기 행동을 저지르게 한다. 뿐만 아니라 이러한 행동을 통해 이와
관련된 부정적인 역할정체감을 경험하는데 이러한 부정적인 경험은 훗
날 다양한 사회문제를 초래할 것임을 미리 짐작케 하므로 이들을 위기
에 처해 있는 청소년으로 간주하는 것이다.

뿐만 아니라 청소년기에 어떠한 경험을 하였는가가 훗날 성인기의
생활에까지 영향을 미치고 있다는 사실은 이미 여러 연구에서 밝혀졌고
(한국청소년개발원 편, 2005; 한종철, 김인경, 2000; Linsey et al., 2000;
Whitbeck & Hoyt, 1999), 이들이 겪는 다양한 청소년문제는 성인이 된

이후에도 계속해서 부정적인 영향을 미칠 수 있다는 점을 감안할 때 그 심각성이 매우 크다. 한 예로 한종철과 김인경(2000)은 아동 및 청소년 시기의 또래 따돌림이 행동 형성과정에 많은 영향을 미칠 수 있음을 시사하고 있다. 즉, 또래에게서 거부당하고 따돌림을 당했던 경험이 있는 성인의 경우 고독, 우울, 사회적 위축 등의 장애를 보일 수 있고, 동료를 따돌렸던 경험이 있는 경우에는 범죄행동이나 폭력과 같은 장애행동을 보였다. 이에 덧붙여 장기적인 측면에서 볼 때 이들은 책임감이 있는 가족구성원으로 성장하기 어렵고, 노동시장에 참여하기 힘들며, 사회생활 수행에서 건강한 시민의 역할을 제대로 하지 못하는 존재로 여겨지고 있다. 이러한 내용을 종합해 볼 때 위기청소년은 10대 부모, 복지수혜자, 수감자, 한부모 또는 결손부모, 실직상태의 성인 등의 모습을 잠재적으로 보여 주고 있다.

물론 이러한 행동에 관련되어 있다고 해서 모두가 위기청소년인 것은 아니다. 일부는 성공적이고 생산적인 성인이 되기도 한다. 그러나 그 중 나머지 일부 청소년은 위기청소년으로 전락하거나 사회에서 주변인의 역할을 수행하면서 국가의 복지혜택에 의존하여 살아가기도 한다. 특히 우리나라 청소년의 경우 청소년기의 대부분을 입시 위주의 교육 속에서 수동적이고 소극적인 삶을 살다 보니 인생에 대한 자주적인 의사결정, 다양한 환경변화에 대한 긍정적 대처방식, 건강한 생활양식 등의 사회성을 배우고 익힐 수 있는 기회조차 가져 보지 못한 경우가 많아 이 시기를 더욱 위기의 상황으로 느낄 가능성이 높다.

그렇다면 위기청소년이 차지하는 비중은 어느 정도인가? 이와 관련하여 존슨(Johnson, 1997)은 10대 임신, 학교 실패, 약물남용, 자살 및 구금 등을 포함하는 척도에 기초해서 전국 규모의 위기청소년을 추정하였는데, 이때 모든 학생의 거의 1/3에서 1/2 정도를 위기청소년으로 범주화하였다. 또한 드라이푸스(Dryfoos, 1990)에 따르면 미국 10대 청소년의 25% 정도가 위기에 처해 있는 청소년의 범주에 속해 있고, 또 다른 25% 정도의 청소년이 중간 수준의 위기에 놓이게 하는 행동에 관련되어 있다. 그에 따르면 대부분의 청소년은 불법 약물의 사용 등 위험스럽게 여겨지는 행동을 경험하게 되는데 이러한 경험을 하는 과정 속에서 매우 위험한 행동에서 이들을 예방하기가 쉽지 않다고 언급하였다.

우리나라의 경우 윤철경 등(2005b)은 이러한 위기청소년을 범주화하여 2004년을 기준으로 한국청소년의 위기상황을 종합적으로 고찰하였다. 이를 자세히 살펴보면 가족적 위기에 속한 청소년이 93만~110만명, 교육적 위기에 속한 청소년이 32만 3,000~36만 4,000명, 사회적 위기에 속한 청소년이 22만~42만 6,000명, 그리고 개인적 위기에 속한 청소년이 16만 2,000~40만 9,000명 정도 될 것으로 추정하고 있다. 그러나 이러한 수치는 어디까지나 추정치이므로 위기청소년의 규모에 대한 참고자료 수준에 그치고 있다.

이러한 위기청소년의 심각성에 대한 인식이 확대되면서 미국의 경우 위기청소년에 대한 정책 방향이 과거의 청소년 문제행동과 범죄에 대한 대처에서 예방으로 전환되고 있는 추세이다. 즉, 연방정부의 위기청소년 관련 지원대책을 살펴보면 범죄, 약물중독 등의 문제를 겪고 있는 청소년에 대한 3차적 개입 프로그램에 대한 지원액은 점차 축소시켜 가는 반면에, 가출과 같은 위기행동 수준에 있는 청소년을 위해 일시적인 잠자리를 제공하는 것 이외에도 건전한 생활습관 훈련 프로그램, 취업과 교육훈련 기회 제공 등의 프로그램에 대한 지원액을 증가시키고 있는 추세이다(구본용, 금명자, 2005). 이와 같이 미국의 위기청소년에 대한 정책은 청소년이 심각한 문제와 범죄에 빠져들기 전에 적극적인 예방책과 조기 개입을 통해 정상적인 발달과정에 필요한 교육 및 훈련, 생활기술, 가치관 함양 등을 도모함으로써 사전에 문제를 예방할 뿐만 아니라 어려움에 처하더라도 이를 극복해 낼 수 있는 기본적 능력과 자질을 갖추도록 준비시키는 방향으로 전개되고 있다.

2) 개념

현재 우리 사회, 청소년 관련 연구자, 그리고 청소년과 함께 일하는 실무자 간에 위기청소년으로 여겨지는 많은 청소년과 관련하여 분명한 이해와 공유된 이해가 결여되다 보니 일부 청소년은 서비스 욕구가 있음에도 불구하고 서비스 수혜대상으로서의 요구사항에 부합되지 못함으로써 필요한 도움을 제공받지 못하고 있다. 또한 위기청소년에 대한 중복된 개념 정의로 인해 서비스가 중복되어 제공되는가 하면, 이 용어에 대한 다양한 해석은 지역사회로 하여금 다양한 위기 인구층을 하나의 범주로 묶게 함으로써 서비스 제공상의 어려움을 겪게 한다(Youth at-risk Commission, 2000).

대부분의 청소년 전문가는 기본적으로 학교에서의 폭력, 가정구조의 파괴, 약물남용, 놀랄 만한 미디어 이미지, 그리고 폭력조직 활동들이 10대를 위험에 빠지게 한다는 데 동의하고 있다. 즉, 일상생활에서의 스트레스에 대처하는 데 어려움을 겪고 있는 10대들은 약물 및 알코올 사용, 범죄행동에의 개입, 상대를 가리지 않는 성 관련 행동, 그리고 자살 기도를 더 많이 하는 경향이 있는데 이러한 위험에 놓여 있는 10대들은 가출하여 결국 구치소에 수감되거나 길거리에서 생활하고 있는 경우가 허다하다. 이와 같이 청소년을 위험에 처하게 하는 요인을 위기라는 개념으로 사용하고 있고 다양한 어려움—빈곤, 학대, 부모의 사망, 학교실패, 10대 임신, 소년비행 등—을 경험하고 있는 청소년에게 위기라는 용어를 적용하고 있지만 이 용어에 대한 전반적인 동의가 없이 다양한 의미로 사용되고 있어서 이들에 대한 성공적인 예방과 개입 노력의 효과가 오히려 희석되곤 한다.

일반적으로 위기청소년이라 함은 청소년의 조화로운 성장과 정상적인 생활에 필요한 기초적인 여건이 미비하여 사회적·경제적 지원이 필요한 청소년을 의미하는데 여기서 청소년의 정상적인 생활을 저해하거나 방해하는 요인으로는 극심한 빈곤, 가족해체, 학교부적응, 비행 등이 지적되고 있다. 이들은 대부분 긍정적인 태도와 행동을 습득하고 이를 발전시키거나 지지적인 환경 속에서 이를 검증해 볼 기회를 가져 보지 못하였으며, 매우 빈곤한 지역에서 생활하고 있고 부정적인 행동에 연루될 때까지는 일반인의 관심의 대상조차 되지 못하고 있는 것이 현실이다.

이를 좀 더 넓은 의미로 살펴보면 행복하고 생산적인 삶을 살아가는 데 필요한 주된 과제들을 수행하는 데 실패할 위험에 처해 있는 청소년은 물론 현재와 미래의 적응을 위협하는 무수히 많은 문제가 쌓여 있는 궤도에 놓여 있는 청소년을 의미한다(Schonert-Reichl, 2000). 이와 유사하게 드라이푸스(Dryfoos, 1990)도 넓은 의미의 위기를 정의하면서 '위기'라는 표현을 책임감이 있는 성인으로 성장, 성숙하지 못한 개인으로 언급하고 있다. 또 긴스버그 등(Ginzberg et al., 1988)은 위기에 놓여 있는 청소년을 비효과적인 실행자(ineffective performers)로 묘사하고 있는데 이들은 결국 범죄활동에 연루되고 장기간에 걸쳐 결혼관계를 유지하지 못하며, 자신이나 가족을 제대로 부양하지 못하고 있다고 설명하고 있다.

한편 OECD(1995)의 정의에 따르면 위기청소년이란 "학교에서의 실패로 노동과 성인생활로의 성공적인 전환에 실패하고 그 결과 사회에 기여하지 못할 것으로 예상되는 청소년집단"이다. 즉, 위기청소년이란 학교부적응 · 학업중단, 폭력, 성, 약물, 가출 등의 문제에 노출되어 있는 청소년집단으로 성인 역할을 제대로 기능하지 못하는 것을 위기에 처해 있다고 정의 내리고 있다. 아울러 위기청소년은 학교에서 실패하고, 직업과 성인생활로의 전환과정이 성공적이지 못하며, 그 결과 사회에서의 적극적인 기여가 가능하지 않은 청소년으로 조작적인 정의를 내리고 있다(윤철경, 김성경, 김현주, 박병식, 이봉주, 2005).

지금까지의 여러 정의를 종합해 볼 때 위기청소년이란 넓은 의미로 보면 구체적인 위기행동을 경험하고 있는 청소년뿐만 아니라 위기상황을 초래할 수도 있는 바람직하지 않은 환경에 놓여 있는 청소년까지도 포함되는데 그 이유는 이들을 그대로 방치할 경우 언제라도 위기행동에 개입될 가능성이 크기 때문이다. 좀 더 자세히 말하면 위기청소년은 가족구조 측면에서 가정 밖에서 거주하는 위험에 놓여 있고, 사회구조적 측면에서 법집행기관, 학교, 교회 등 사회기관과 부정적인 접촉 경험을 갖고 있으며, 사회적 병폐 측면에서 약물남용, 무절제한 성 관련 행동, 신체적 학대 등의 결과로 인해 직접적으로 부정적인 영향을 받고 있다. 따라서 위기에 처해 있다고 여겨지는 청소년은 임신, 약물이나 알코올 사용, 학교중퇴, 실업, 폭력에의 개입, 다양한 정신건강문제를 초래할 가능성이 더 크다.

한편 이러한 위기를 연속선상에 있는 발달적 · 단계적 개념이라는 인식하에 맥위터 등(McWhirter, McWhirter, McWhirter, & McWhirter, 2004)은 위기를 "현재 나타나고 있지는 않지만 적절한 개입을 하지 않을 경우 미래에는 청소년에게 부정적인 결과를 가져올 위험성이 있는 상황"으로 보면서 5단계로 위기의 수준을 분류하였다.

① 1단계: 최저 위기는 좋은 사회경제적 배경을 가지고 있고, 학교나 가족적 환경, 사회관계가 긍정적이며 심리적, 환경적으로 스트레스 요인이 거의 없는 상태이다.

② 2단계: 저 위기는 최저 위기에 비해 약간은 부족한 사회경제적 배경과 가족, 학교, 사회관계를 갖고 있으며 몇 가지 스트레스 요인을 안고 있는 상태이다.

③ 3단계: 고 위기는 부정적인 가족, 학교, 사회 관계하에서 스트레스 요인이 많으며, 부정적인 태도나 감정, 기술 부족 등으로 인하여 개인적 위기 징후로 발전되는 단계이다.

④ 4단계: 위기행동 입문은 청소년이 어느 한 가지 유형의 문제행동을 시작하는 단계이다.

⑤ 5단계: 위기행동이란 입문 수준의 행동에서 다른 범주의 위기행동으로 발전해 나가는 단계이다.

이러한 단계별 위기개념에 근거하면 위기청소년이란 어느 특별한 집단이 아니고 위기의 유형, 발달단계, 위기 수준에 따라 차이가 있는 다양한 위기상황에 처한 청소년 집단으로서 적절한 개입이 없다면 심리사회적 문제에 빠질 가능성이 많은 집단을 의미한다.

이와 유사하게 구본용과 금명자(2005)의 연구에서도 위기청소년을 일련의 개인적 · 환경적 위험에 노출되어 행동심리적으로 문제를 경험할 가능성이 높으며, 적절한 개입 없이는 정상적인 발달을 이루기 어려운 상황에 있는 청소년으로 정의하였다. 즉, 가출, 학업중단 및 실업, 폭력, 성매매, 약물 오남용 등의 비행과 범죄, 불안이나 우울 등 심리적 장애, 자살의 위험이 높은 청소년을 위기청소년으로 보고 있다.

이러한 내용을 종합해 볼 때 대부분의 전문가들은 위기청소년은 낮은 자기존중감이나 형편없는 사회기술로 인해서 학교에서의 폭력, 가족 구조의 파괴, 약물남용, 폭력조직 활동 등이 10대들을 위기에 처하게 한다는 데 동의하고 있다. 또한 위기 상태에 놓인 청소년은 종종 사회의 주류(mainstream)에 포함되지 못한 청소년으로 학습 실패, 미래의 취업 기회의 감소, 학교 중퇴, 약물 남용과 범죄 행동과 같은 위험한 행동에 연루되곤 한다(ERIC Digest, 2003). 그 밖에도 이들은 짧은 집중력, 형편없는 학습습관, 충분치 못한 동기화 등의 심각한 학습상의 능력 저하, 약물남용, 가족문제, 통제가 되지 않는 행동, 학대, 정신이상 등의 정서적·행동적 이슈, 심각한 학습장애 및 사법체계에의 연루 등에서 증가 추세를 보이고 있다.

한마디로 말해서 위기청소년은 성공적인 성인이 되기 위해 필요한 지식, 행동, 태도, 기술이 결여되어 있다. 즉, 개인적 요인과 관련하여 개인의 성격이나 기질 면에서 어려움을 보이고 있고, 가정적 요인으로는 언어적·정서적 학대와 방임을 포함한 가정폭력의 가능성이 크며 부모로부터 비효과적인 감독과 훈련기술을 제공받고 있다. 그리고 사회적 요인으로 학교의 무단결석과 기타 학교문제로 인한 실패, 낮은 사회경제적 위치, 빈곤상태에서의 삶 등이 있다. 이들은 종종 아동기의 생활상과 학교생활에서 행동, 인지, 정서 간에 서로 얽혀 있는 역기능적 패턴을 보이고 있는데 이러한 패턴들이 개선되지 못한다면 학교에서의 실패, 약물 사용, 10대 임신, 비행 및 자살을 포함하는 다양한 문제로 인해 엉킨 실타래가 더욱 커지게 된다.

그 밖에도 위기를 구체적인 문제행동과 관련시켜 맥위터 등(McWhirter et al., 2004)은 학교 중퇴, 약물 남용과 중독, 10대 임신과 위험한 성적 행동, 반사회적 행동, 비행 및 청소년 폭력조직, 학교에서의 총기남발, 자살 등을 위기로 설명하고 있다. 이를 자세히 살펴보면 학교 중퇴의 경우 개인의 삶에서 심리적 영향은 물론 자신이나 환경에 대한 불만족, 기회 부족 등으로 인하여 낮은 수준의 취업관을 갖고 있으며 사회적·경제적 불이익은 물론 실업, 낮은 임금으로 인한 경제적 어려움이 증대된다. 이에 덧붙여 자신의 자녀들 또한 낮은 경제적 수준 속에서 생활함으로써 빈곤의 악순환이 초래되곤 한다. 한편 약물남용의 경우 직접적으로 개인의 현실 감각, 지적 능력, 지각 능력 등을 저하시키는 것은 물론 각종 질병을 일으킴으로써 장기적으로 심각한 신체적·심리적 손상을 초래할 수도 있다. 그 밖에도 10대 임신의 경우 사회경제적 결과를 살펴보면 주거문제, 취약한 영양과 건강, 실업 또는 저임금, 학교 중퇴, 부적절한 취업 훈련, 재정상의 의존 등을 초래할 수 있다.

이러한 위기청소년과 관련하여 존슨(Johnson, 1997)은 네 가지 범주로 구분하여 설명하고 있다. 첫째, 개인 위험요인으로 성적 행동, 약물 사용과 남용, 학교에의 잦은 지각과 중퇴, 범죄활동 및 비행행동의 개인행동을 포함한다. 둘째, 가족 위험요인으로 부모나 형제의 약물남용, 부모의 자녀양육에 관한 감독의 결여, 부모의 교육적 지지와 개입의 결여, 부모가 연루된 범죄행동, 방임, 정서적·신체적 학대, 이혼, 빈곤선 이하의 가정 경제수준, 부모의 불안정한 취업상태 등을 포함한다. 셋째, 지역사회 위험요인으로 수준 이하의 활용 가능한 취업의 질과 양, 열악한 임금체계 등을 포함한다. 마지막으로, 학교에 기초한 위험요인으로 교사의 부적절한 준비, 학생의 발달과정에 대한 교사의 낮은 기대치, 관련된 교과과정의 부족, 적절한 프로그램의 결여, 학교폭력, 적합하지 않은 지도와 지지 등을 포함한다.

이와 유사하게 윤철경, 김성경 등(2005)은 한국청소년의 위기상황을 종합적으로 설명하고 있다. 첫째, 개인적 위기와 관련하여 범죄, 가출, 성경험, 폭력가해, 흡연 등, 둘째, 가족적 위기와 관련하여 빈곤, 이혼

자녀, 소년소녀가장, 학대아동, 북한이탈 청소년, 외국인 노동자 자녀 등, 셋째, 교육적 위기와 관련하여 학습부진, 학업중단 등, 넷째, 사회적 위기와 관련하여 폭력피해, 범죄/성범죄피해, 실업 등을 제시하고 있다.

위기청소년과 관련된 다양한 문제 중에서 특히 청소년가출은 국내외를 막론하고 어느 사회에서나 등장하고 있는 사회문제의 하나로 우리나라의 경우 가출충동을 경험하고 있는 청소년이 79.2%에 달하고 있고, 학업중단 청소년이 7만여 명이나 되며, 신고된 가출청소년만도 1만 3,000명에 이를 정도로(교육인적자원부, 2004) 청소년문제는 우리 사회가 시급하게 해결해야 할 과제로 대두되고 있다. 뿐만 아니라 미국의 경우 위탁보호체계에서 퇴소된 청소년 중 거의 1/4가량이 이러한 체계를 떠난 후 2~4년에 걸쳐 노숙자생활을 했던 것(Annie E. Casey Foundation, 2004)으로 밝혀져 18세라는 연령 규제로 인해 위탁보호체계를 떠나야 하는 젊은이가 노숙자로 전락하는 데 더 취약하다는 사실을 입증하였다.

지금까지 살펴본 바와 같이 청소년문제는 그 시대의 정치, 사회, 경제, 문화의 모든 병리현상을 민감하게 반영하면서 발생할 뿐만 아니라 개인적 요인, 가정환경, 교육환경, 사회환경 등 제반 요인이 상호작용하면서 복합적으로 작용하여 다양한 청소년문제를 초래하고 있다. 따라서 위기청소년을 조기에 발견하여 개입하기 위해서는 정부 차원에서 정책적 의지를 확고하게 밝혀야 하고, 가정과 학교에서 부모와 교사의 적극적인 참여가 이루어져야 하며, 국가 차원에서 청소년 문제예방 및 위기청소년 보호를 위한 구체적인 연계 전략이 수립, 실시되어야 하는 것은 물론 지역사회 내에 있는 청소년 관련 기관 간의 적극적인 협조체제의 구축이 시급하다.

3. 청소년에 대한 시각의 변화

국내외를 막론하고 현대사회로 들어오면서 사회 변화가 빠르게 진행되고 있고 청소년의 사회적 역할 유예기간이 길어지면서 청소년문제는 많은 국가의 주된 관심사가 되어 왔는데, 1990년대 이후부터 세계 각국의 청소년정책은 이전의 청소년문제 예방 중심의 정책에서 청소년 발달의 정책으로 패러다임의 전환이 시도되고 있다. 즉, 최근 들어 청소년에 대한 시각 및 접근방법에 있어서 과거의 문제청소년이라든가 임기응변식의 청소년문제 해결에 초점을 두는 대신에 청소년에 대한 인식의 변화 추세 속에서 과거의 부정적이고 수동적인 청소년 시각에서 벗어나 긍정적이고 적극적인 청소년 시각으로 접근하고 있는 것은 매우 바람직한 현상이다. 이러한 사회적 분위기의 전환은 청소년을 위해 일하고 있는 실무자에게도 새로운 접근방법에 대한 이해를 요구하고 있다. 따라서 청소년의 긍정적 발달에 관한 시각에 대해 좀 더 자세히 살펴보고자 한다.

청소년 연구 및 실천과 관련하여 세계적인 큰 변화는 문제 중심의 시각에서 벗어나 청소년의 건강성, 보호요인, 적응유연성 등을 강조하는 접근으로 전환하면서 긍정적 청소년 발달(positive youth development)에 초점을 두고 있다는 점이다. 즉, 특정한 문제 행동을 초래하는 위험요인을 구체적으로 제시할 뿐만 아니라 부정적 행동을 회피하거나 방어해 주는 보호 요인과 적응유연성을 강조하면서 청소년으로 하여금 의미 있는 활동에 참여케 하여 그들로 하여금 목표의식을 갖고 사회에 기여할 수 있는 기회를 제공하고 있다(남미애, 홍봉선, 양혜진, 2007). 이러한 긍정적 청소년 발달을 촉진시키기 위해서는 신체적 발달, 지적 발달, 심리적 · 정서적 발달, 사회적 발달이 균형 있게 고려되어야 한다.

뿐만 아니라 선진국에서는 21세기 지식 기반사회에서 인적 자원 개발의 중요성을 인식하고 제1의 국가 정책이 경쟁력 있는 인력 확보인 사회적 변화 속에서 사회적 의존자로 여겨 왔던 청소년을 중요한 자원으로 깨달으면서 적극적인 인적 투자의 하나로 비행청소년이나 사회적으로 취약한 상태에 처해 있는 청소년에 대한 지원을 강화하고 있다. 이러한 변화 속에서 청소년이 미래사회의 주인공이 아니라 현재 사회의 구성원이고 주체라는 인식이 확대되고 있는 것은 매우 바람직한 현상이다.

이러한 변화와 더불어 아동 및 청소년 복지 차원에서 성인기를 의미하는 법적 나이 19세는 발달적 견해에서 보면 성인기에 도달하는 적합한 나이가 아니라는 견해가 적지 않다(Courtney et al., 2005; Lauren, Greenblatt, & Brown, 2005; Leathers & Testa, 2006). 서구 사회의 경우 실제로 19세가 되어 보호시설을 떠나야 하는 청소년은 물론이고 일반 가정의 청소년조차도 19세가 되어 스스로 생활할 수 있는 청소년은 많지 않다. 따라서 법적 성인 연령이 지난 20대 중반까지도 부모와 친구에게 의존하면서 자립에 필요한 경험과 기술을 습득하는 예가 허다하다. 이러한 점을 미루어 볼 때, 생물학적 나이보다는 실제 사회로 나가 위기를 극복하고 자신을 보호하며 타인과 조화롭게 살아가는 능력이 어느 정도로 확보되었는가가 더 중요하게 고려되어야 한다는 인식이 확대되고 있다.

특히 미국의 경우 아동 및 가족을 위한 담당부서(Administration for Children and Families)에서도 노숙청소년을 대상으로 긍정적 청소년 발달 접근방법을 강조하고 있는데, 그 주요 내용에는 예방과 적응유연성(resiliency)이 포함되고 있다. 이를 자세히 살펴보면 예방 연구는 아동과 청소년으로 하여금 부정적 행동을 회피하도록 돕는 보호요인뿐만 아니라 특정한 문제행동을 유발시키는 위협요인을 구체화하고 있다.

또한 적응유연성 연구는 불리한 상황을 극복할 수 있는 요인—강한 사회기술, 낙관적인 성격, 강한 지성, 독립심과 목표의식 등—을 통해 청소년으로 하여금 의미 있는 활동에 참여시켜 바람직한 개인적·사회적 목표를 확립케 하고, 성인보호자와의 연결을 통해 사회에 기여할 수 있는 기회를 촉진시키는 것이다(남미애 외, 2007: 34).

여기서 긍정적 청소년 발달이란 주로 회복력 이론에 기초한 것으로 최근 청소년 관련 프로그램의 기획 및 운영에서 중요한 원칙과 철학을 제시해 주고 있다. 즉, 청소년에 대한 접근과 개입에서 부정적 행동을 교정하거나 예방하는 것만으로는 충분치 않고 청소년의 긍정적 발달 특성을 증진시킴으로써 성공적인 성인기를 준비하도록 하는 데 초점을 두는 것이다. 이러한 청소년의 긍정적 발달에 영향을 미치는 주요소들은 돌보아 주는 성인과 지속적인 관계 유지, 구조화된 활동과 더불어 안전한 장소의 제공, 건강한 시작과 미래, 효과적인 교육을 통해 상품화할 수 있는 기술의 습득, 지역사회 서비스를 통해 환원할 수 있는 기회 마련 등이다. 이러한 요소를 스스로 다룰 수 있다면 청소년은 단순히 '문제에서의 해방'이 아니라 '충분히 준비된' 존재가 될 수 있고, 그들이 생활하고 있는 지역사회와 사회에서 건설적으로 참여할 수 있는 준비를 갖추고 있다고 해도 과언이 아니다(National Health Care for the Homeless Council, 2004).

4. 가출청소년의 유형

가출청소년은 개인적 요인, 가족적 요인, 사회적 요인 등에서 매우 다양하게 나타나다 보니 서비스 제공이 쉽지 않고 설사 그에게 필요한 서비스를 제공하더라도 그 효과가 크지 않다. 따라서 가출청소년을 유형화함으로써 서비스 제공의 효과를 높이는 것이 바람직하다는 인식하에 가출청소년을 유형화하는 작업이 진행되어 왔다. 여기서는 여러 학자의 유형 분류 중에서 최근의 자료에 기초하여 이를 살펴보고자 한다.

먼저 이용교, 홍봉선, 윤현영 등(2005)의 연구에서는 가족과의 연결, 보호시설 이용 동기, 청소년의 안정성과 사회적응능력 등을 위주로 여섯 가지 유형으로 구분하였다. 반면에 윤현영, 김지혜, 황동아(2006)의 연구에서는 가족이나 학교와의 관계, 거리 또는 주류사회 생활양식의 수용과 변화 동기 등을 위주로 좀 더 포괄적으로 세 가지 유형으로 구분하였다.

1) 이용교(2005)의 유형구분

(1) 노숙형

이 유형의 청소년은 안정된 숙소가 없음에도 불구하고 보호시설이나 보호기관 등에서 아무리 좋은 시설과 프로그램, 서비스를 제공하여도 절대로 이러한 시설에 찾아오지 않거나 찾아오지 못하고 있다. 특히 자신을 위해 누군가가 서비스를 제공하려고 노력하고 있다는 사실조차 모르고 있을 뿐만 아니라 이러한 노력에 대한 기대감조차 거의 없다. 이 유형은 거리에서의 생활에 매우 익숙해져 있기 때문에 때때로 자신의 생활에 별로 불만이 없는 것처럼 보이기도 하지만 사회가 이들을 방치할 경우 대부분 성인 노숙자로 성장할 우려가 있다.

이 유형에게는 건강하고 독립적인 생활로의 동기를 부여하는 것이 매우 어렵고 힘들기 때문에 이들을 무조건 보호시설에 입소시키는 것은 절대적으로 피해야 한다. 왜냐하면 이들은 보호시설이나 국가에서 제공하는 서비스 자체에 대해 거부감을 갖고 있기 때문에 오히려 보호시설을 피하거나 남의 눈에 띄지 않는 더 어두운 곳으로 숨어들려 할 수 있다. 따라서 이 유형에의 접근 시에는 실무자의 신중함과 노련함이 요구된다.

(2) 거부형

전국의 쉼터에 입소한 가출청소년을 대상으로 가출 이유를 조사한 결과를 보면 '구속이 싫어서' 혹은 '자유롭고 싶어서' 가출한 청소년의 비율이 상당히 높은 것으로 나타나(한국청소년쉼터협의회, 2005) 거부형의 가출청소년의 수가 적지 않음을 보여 주고 있다. 이 유형의 청소년은 가출청소년을 위해 서비스를 제공하는 곳이 있다는 사실과 자신들이 원한다면 얼마든지 이러한 서비스를 제공받을 수 있으며 이러한 기관이 어디에 있는지도 잘 알고 있지만, 구속을 싫어하기 때문에 굶거나 노숙을 하거나 범죄나 비행을 저지르게 되는 한이 있더라도 청소년쉼터에 입소하는 것을 강력하게 거부한다.

이 유형은 비교적 분명하고 논리적으로 자기주장을 할 수 있으며 자존감도 높은 편이다. 따라서 보호기관이 제공하는 서비스가 필요함을 스스로 인식하면서도 규칙을 완강히 거부하고 있기 때문에 입소를 원칙으로 하는 보호시설은 이 유형에 적합하지 않고 거리상담이나 드롭인센터(Drop in Center)와 같은 일시쉼터로의 접근이 더욱 적합하다.

(3) 전환형

이 유형은 집에 돌아가서 생활하는 것과 가출해서 거리에서 지내는 것을 반복하고 있는 청소년으로 상대적으로 자신에 대한 긍정적 확신이 있고 자신의 미래에 대한 계획과 노력의 필요성을 인정하고 있다. 그러나 사회가 자신을 인정하지 않기 때문에 자신들이 사회에서 요구하는 대로 따를 경우 근사한 삶을 살지 못할 것이라고 생각하거나 내면적으로 사회나 권위에 대한 분노를 갖고 있는 경우도 많다.

이러한 청소년의 부모나 가족은 이들에게 이미 지쳐 있거나 이들을 다루는 방법을 몰라서 그냥 두고 보는 경우가 대부분이어서 이들이 선택하는 삶의 방식에 대해 피드백을 주거나 진지하게 의논 상대가 되어 주지 못하고 있다. 이 유형은 스스로 원하면 언제든지 집으로 들어갈 수 있는 여건으로 인하여 청소년쉼터 등의 보호시설이 필요하지 않기 때문에 이들의 경우는 거리에서 접근하는 것이 더욱 적합하다.

(4) 탐색형

이 유형의 청소년은 자립과 심리적 재활에 필요한 것이 무엇인지를 이해하고, 이러한 내용을 받아들일 준비를 일정 부분 갖추고 있다. 그러나 자신의 능력과 의지를 어느 정도 신뢰함에도 불구하고 집으로 돌아갈 수 없거나, 귀가 후의 생활에 대한 확신을 아직 갖고 있지 못한 상태이다. 또한 일정한 규칙과 의무를 요구하는 청소년쉼터에 입소하여 단체생활 혹은 규칙적인 생활에 적합한지를 스스로 시험해 보는 매우 중요한 단계에 도전하기도 한다.

이들은 규칙이나 질서를 어느 정도는 지킬 수 있는 생활태도를 갖고 있고 건강한 삶의 의미도 비교적 잘 이해하고 있는 편이지만 다시 거리생활로 돌아갈 위험도 없지 않다. 이 유형의 대부분은 마음속에 훌륭한 대상보다는 부정적인 대상을 갖거나 이러한 대상 자체를 가지지 못한 경우가 많기 때문에 자신들이 신뢰하는 실무자와의 만남을 통해서 생전 처음으로 좋은 대상을 간직하게 되는 경험을 하는 경우가 많다.

(5) 안정형

이 유형의 청소년은 어린 시절 비교적 건강하고 안정적인 가정에서 성장하다가 사업실패나 부모의 이혼 같은 갑작스러운 위기 상황으로 인해 예상치 못했던 가정해체 등을 겪게 되어 집을 떠나게 된 경우가 많다. 이들은 생활태도와 가치관 등이 건강한 편이어서 학교나 기타 사회체계에의 적응에 별 무리가 없으나 경제적인 지원이 없다 보니 거처가 불분명한 상태이다. 따라서 안전한 거처와 보호만 제공된다면 이들은 학교로 돌아가거나 직업훈련을 받는 데에 큰 어려움을 겪지 않으며 약간의 심리적인 우울 등을 제외하고는 건강상태도 양호한 편이다. 특별히 비행이나 범죄를 저지르는 경우도 드물며 그것을 생존방법으로 선택하는 경우는 거의 없다.

기본적으로 이 유형의 청소년은 자존감이 있고 가치관이나 생활태도가 건전한 편이며 미래에 대해서도 희망을 갖고 있는 경우가 많고 상대적으로 높은 적응유연성을 지니고 있다. 단, 장기간 거리생활을 해 온 청소년과 함께 있는 경우에는 서비스에 대해 거부감과 저항을 보이므로 오히려 그룹홈과 같은 안정적인 보호시설이 적합하다.

(6) 특수형

이 유형의 청소년은 정신분열증, 우울증, 성격장애, 행동장애 등 정신장애 혹은 정신지체를 겪고 있거나, 약물이나 인터넷에 중독되어 있는 등 별도의 특수 치료가 필요한 심각한 문제를 겪고 있는 청소년이다. 이들은 대부분 가출로 인해 발생한 일반적인 문제 이외에도 별도로 다루어야 할 주제의 비중이 매우 크기 때문에 특수한 서비스가 필요하다.

특히 최근에는 가출청소년 가운데 동성애나 트랜스젠더 등 성정체성과 관련하여 어려움을 호소하는 청소년이 늘고 있다. 이러한 성적 소수자에 대해서는 아직 사회적으로 공유된 지식이 적을 뿐 아니라 사회적 편견이나 혐오의 대상이 될 위험이 있어, 청소년이 서비스를 이용하는 데 두려움을 느끼거나 거부감을 느끼곤 한다. 따라서 이러한 특수형 청소년에 적합한 쉼터의 마련이 효과적인 서비스 제공에 있어서 하나의 대안이 될 수 있다.

2) 윤현영(2006)의 유형구분

윤현영은 집에서 나온 청소년이라고 해서 모두 동일한 특징을 갖는 것은 아니라고 전제한 뒤 청소년의 상황과 욕구가 청소년 개개인에 따라 매우 달라서 유형별로 범주화하기가 쉽지 않지만 다음과 같은 세 가지 기준에 의거하여 앞에서 제시한 여섯 가지 유형을 재범주화하였다.

첫째, 자원확보의 수준을 높음과 낮음의 수준으로 구분하였다. 자원확보 수준이 높음은 청소년이 이미 교육을 상당히 받았고 가족과 갈등관계에 놓여 있지만 완전히 단절된 상태는 아니며, 도움이 필요한 경우에는 이를 요청할 수 있는 친구나 교사, 그 밖의 다른 성인을 갖고 있음을 의미한다. 반면에 자원확보 수준이 낮음은 청소년이 기초적인 국어, 산수 능력조차 떨어질 뿐만 아니라 가족과의 관계가 완전히 단절되어 주위 또래 대부분이 거리에서 같이 지내는 청소년인 경우를 말한다.

둘째, 사회화 수준을 높음과 낮음으로 구분하였다. 사회화 수준이 높음은 청소년이 자신의 꿈에 대한 생각이 뚜렷하고 대인관계 기술에서도 약간의 도움만 제공받으면 사회에 성공적으로 적응할 수 있음을 의미한다. 반면에 사회화 수준이 낮다는 것은 청소년이 규칙이나 질서를 이해하지 못하고 거리생활에 너무 익숙해져서 사회에서 요구하는 생활을 도

저히 할 수 없는 상태를 뜻한다.

셋째, 서비스이용 동기의 수준을 높음과 낮음의 수준으로 구분하였다. 서비스이용 동기가 높음은 청소년이 매우 호의적인 태도로 서비스에 대해 질문하며 서비스를 이용하려는 적극적인 의사를 보이는 것을 의미한다. 반면에 서비스이용 동기의 수준이 낮음은 청소년이 서비스 제공자에 대해 매우 경계적이고 적대적인 태도를 보이며 심지어 욕을 하거나 도망을 치기도 하는 행동을 보이는 경우를 말한다.

이러한 기준하에 실무자가 거리에서 만나는 청소년을 크게 노숙형, 가출형, 그리고 치료형으로 구분하여 특징을 제시하고 있다.

(1) 노숙형 청소년

노숙형 청소년은 오래전에 가출하여 집 밖에서 생활하면서 거리생활에 익숙해진 청소년이다. 초등학교 저학년 때나 심지어 취학 전 연령인 5~6세경 등 아주 어린 나이에 가출을 시작하여 최소 1년 이상, 3년 혹은 5년 이상 가출한 상태로 거리를 돌아다니며 지낸 경우가 많기 때문에 어떻게 하면 먹을 것을 얻을 수 있고 어디서 잠을 자야 하는지 등에 대한 생존 방식을 터득하고 있고, 이러한 하루 일과가 일상적인 생활양식으로 굳어진 경우가 많다. UNICEF는 이들을 전체 가출청소년의 대략 5% 정도로 추산하고 있다(김현수, 2003).

이 유형은 이용교(2005)의 노숙형과 유사하다. 이들은 주로 번화한 상가보다는 공원 벤치나 역 주변에서 많이 볼 수 있는데 주변의 상가 주인, 불량 성인, 노숙자 등 아는 사람도 많고 이들과 친하게 지내고 있으며 심지어 일부 노숙자는 자신들만의 방식으로 이들의 보호자 역할을 하고 있는 경우도 적지 않다.

이들은 다음과 같은 특징을 보인다.

첫째, 자원확보 수준이 낮은 편이다. 대부분의 노숙형 청소년은 아주 어린 나이에 가출을 시작한 경우가 많기 때문에 가족과의 연락은 이미 오래전에 단절된 경우가 많고, 설사 가족이 있더라도 집 떠난 지가 오래되어서 집이 어디인지 기억하지 못하거나, 가출하여 생활하는 동안 가족이 이사하여 어디서 거주하고 있는지조차 모르거나, 또 가족이 청소년과 접촉할 의사가 없는 경우도 적지 않아서 가족의 자원확보가 어려운 실정이다. 그 결과 주민등록이 말소되어 청소년의 주민등록번호는 물론 청소년의 본명조차 확인되지 않는 경우도 간혹 발생한다. 이 유형은 어려서부터 집을 나와 거리생활을 하였으므로 신체적으로 영양과 발육 상태가 좋지 않으며, 피부병을 비롯하여 다양한 질병을 앓고 있는 경우가 많다. 또한 가출로 인해 어려서부터 교육체계와 단절된 경우가 대부분이어서 학력 수준이 매우 낮고, 한글을 잘 읽고 쓰지 못하거나 기초적인 연산조차 수행하지 못하는 청소년도 많다.

둘째, 사회화 수준이 낮은 편이다. 이들은 마땅한 보호자가 없고 개인적으로 갖고 있는 인적 자원의 수준도 낮다 보니 사회에서 일자리를 찾는 것 역시 쉽지 않아서 앵벌이, 절도, 성매매 등 비합법적인 생존양식을 터득하고 있는 경우가 많다. 그 밖에도 단순노동이 가능한 공장 등의 일자리에서 일을 하는 경우도 간혹 있지만 사회 시스템에 대한 이해가 부족할 뿐만 아니라 문자와 숫자를 이해하는 능력이 떨어져 근로현장에서 부당한 대우에 무방비상태로 노출되어 있다고 해도 과언이 아니다.

마지막으로, 서비스 이용동기도 낮은 편이다. 이들은 복합적인 어려움에 처해 있음에도 불구하고 서비스 기관을 이용해야 할 필요성을 크게 느끼지 않고 있다. 오랫동안 혼자서 지내거나 혹은 거리에서 만나는 제한된 사람들과의 관계 속에서 지내는 동안 이 유형의 청소년은 사회에서 만나는 성인에 대하여 강한 불신감을 갖거나 이질감을 느끼곤 한다. 특히 자신을 위해 누군가가 서비스를 제공하려고 노력하고 있다는 것 자체를 알지도 못할 뿐만 아니라 설사 이러한 서비스에 대해 알고 있더라도 기존의 자유분방했던 생활양식이 이러한 도움을 받는 행동 자체를 허용하지 않으므로 이들이 전혀 다른 생활 패턴을 요구하는 서비스 체계 속으로 쉽게 들어가리라고 생각하는 것 자체가 무리이다. 설사 서비스 기관을 이용할지라도 청소년 스스로 서비스에 대한 강한 동기를 갖고 있지 않다면 기관 내의 규칙을 견디지 못하고 결국 다시 거리로 나오는 경우도 허다하다. 그 밖에도 성인 노숙자에게서 종종 보이는 것처럼, 이들에게서도 가출 초기에 나타나는 불안감이 가출기간이 길어지고 익숙해지면서 오히려 감소하는 경향이 있어서 건강하고 독립적인 생활로의 동기를 부여하기 매우 어렵다.

(2) 가출형 청소년

가출형 청소년은 가출 기간이 비교적 짧거나 오랫동안 가출을 하였더라도 귀가와 가출을 반복하면서 가족과 학교와의 관계를 그럭저럭 유지하여 사회와의 단절 정도가 크지 않은 청소년을 의미한다. 이 유형은 주류 사회의 가치관과 생활 습관을 완전히 잃어버리지 않은 상태에서 거리에서의 가치와 생활양식을 경험함으로써 변화의 경계선상에 놓여 있다고 할 수 있다.

이들의 특징은 다음과 같다.

첫째, 자원확보 수준은 높은 편이다. 집에서 겪은 갈등이나 집으로 돌아가려는 동기의 수준에서 차이는 있겠지만 이 유형의 청소년은 스스로 원하기만 하면 언제든지 가족과의 접촉도 가능하고 가족과의 재결합을 위한 개입도 고려할 수 있다. 교육 측면에서도 가출 직후에는 학교에서 단절되어 있을 수 있으나 비교적 최근까지 학교를 다녔으며, 첫 가출 시기도 늦은 편으로 적어도 초등학교는 졸업한 경우가 많아 기초적인 학력을 갖추고 있는 청소년이 많다.

둘째, 사회화 수준도 높은 편이다. 이들은 가정과 학교에서 보낸 시간이 많으므로 규칙과 질서를 어느 정도 이해하고 단체 생활에 적응할 수 있는 능력도 비록 일부분일지라도 갖추고 있다. 자기 자신에 대해 이해하고 사고할 수 있는 능력을 갖고 있고 자신이 하고 싶은 일이 무엇인지에 대해 생각하며 진로를 계획할 동기 부여도 되어 있다. 단지 이들은 환경의 급격한 변화 한가운데에서 도움을 요청하고 있으며, 인생의 다양한 가능성에 대해 시험해 보는 중요한 전환점에 놓여 있다.

마지막으로 서비스이용 동기도 높은 편이다. 이 유형의 청소년은 서비스를 제공하는 실무자에 대해 비교적 관심을 보이고 있고, 실무자의 서비스 제안 내용이 자신의 욕구에 적합한 경우에는 제공받을 수 있는 서비스를 적극적으로 이용하려는 의지도 갖고 있다. 그러나 분명한 사실은 모든 청소년이 처음부터 서비스 제안에 대해 흔쾌히 받아들이지는 않는다는 점이다. 자신의 욕구가 분명하고 도움이 절실히 필요하더라도 낯선 성인의 접근에 대해서 우선은 경계하며 실무자의 제안이 믿을 만한 내용인지를 탐색해 보는 것이 일반적인 태도이다. 이 유형의 경우 사회와 완전히 단절하지는 않았지만 그에 못지않게 사회에 대한 불신감도 갖고 있어 실무자의 접근 또는 실무자와의 상호작용이 이들의 사회에 대한 판단에 긍정적 혹은 부정적 영향을 미칠 수 있으므로 조심스럽게 접근해야 한다.

(3) 치료형 청소년

이 유형의 청소년은 주로 혼자 있는 경우가 많은데 지역 상인이나 관리자 등 주변 사람이 그 청소년에 대해서 알고 있는 경우가 많고 종종 다른 아동의 화풀이 대상 등으로 괴롭힘을 당하는 경우도 있다. 이들은 거의 방치되어 있는 경우가 대부분이고 현실적으로 이들을 보호할 수 있는 시설을 찾는 것이 어렵고, 이들의 가족을 찾는 것 또한 쉽지 않은 데 설사 가족을 찾아내더라도 이들을 제대로 보살피지 못하다 보니 다시 가출하는 경우가 허다하다.

특히 이들은 다른 입소자와의 갈등, 전문인력 부족 등으로 인해 일반 보호시설에 입소하는 것이 거의 불가능한 상태로 부랑아 보호시설이나 특수 쉼터에 의뢰하는 경우가 대부분인데 이러한 장소로의 의뢰 전에 확실한 협의를 거쳐서 의뢰가 진행되어야 한다. 그 밖에도 이 유형은 실무자에게 아무런 관심을 보이지 않거나 때로는 지나치게 부자연스러울 정도로 많은 관심을 보이기도 하는데 대체로 서비스를 요구하지 않고 오히려 서비스를 거부하는 경향이 있다. 따라서 가능하다면 이들이 원하지 않더라도 먹을거리나 상처를 소독하는 응급서비스를 제공하고자 노력하는 것이 바람직하고 이 유형의 청소년이 실무자에게 관심과 반응을 보일 경우에는 계속해서 질문을 하면서 시급한 서비스를 제공하고 연락처 등의 정보를 알아내어 확인할 필요가 있다.

이상으로 가출청소년의 유형들을 살펴보았다. 그러나 실제로 거리에서 만나는 가출청소년의 모습은 추구형, 탈출형 등의 단순 유형보다는 이러한 범주 간에 중복되는 특징을 보이는 경우가 많고, 이들의 자원확보, 사회화, 서비스 이용 동기 수준에 따라 더 다양한 유형이 가능하다. 따라서 실무자는 가출청소년에게 적절한 서비스 제공을 위해서 가출청소년의 다양한 유형에 대해 알아 두어야 한다.

02장

청소년 가출의 실태

    우리나라에서는 가출청소년을 비행청소년의 범주 속에서 다루다가 1980년대부터 가출청소년에 대해 관심을 갖기 시작하였는데 이와 같이 가출청소년에 대해 국가의 관심이 커지게 된 주된 이유는 청소년가출로 인한 사회적 손실의 심각성을 인식했기 때문이다. 즉, 청소년가출은 단순한 가출행동으로 그치는 것이 아니라 거리 폭력, 범죄, 약물남용, 성 관련 문제 등 다양한 청소년문제를 증폭시키고 있으며, 가출청소년의 노동력 약화 또는 손실로 인해 현재 및 미래의 생산 활동에서의 인력 손실도 크다. 또한 이들이 더 이상 열악한 환경에 빠지지 않도록 하고자 지속적으로 실무자를 투입함으로써 비용 발생과 후세대로의 악순환적 대물림 등의 위험 요소를 깨달으면서 국가의 지속적인 관심과 적극적인 개입이 요구되고 있다.

주지하는 바와 같이 집 나온 청소년을 무조건 집으로 귀가시키는 것이 가출문제의 해결점이 아니라는 것은 분명하지만 또 한편으로는 가정해체와 기타 이유로 인해 귀가가 불가능하거나 부적절할 경우에는 사회에서 가능한 한 빠른 시간 내에 제자리를 찾아가도록 도와줄 의무가 있으므로 쉼터서비스와 위기개입서비스의 필요성이 지속적으로 제기되고 있다.

이에 따라 많은 연구들이 가출청소년의 실태 내지는 추세를 파악하고자 다양한 조사를 실시하고 있으나 대부분의 경우 사회의 궤도에서 벗어나 있는 조사대상자를 발굴하는 것이 여의치 않다 보니 도출한 조사결과에 대해서 설득력을 얻기가 쉽지 않다. 그럼에도 불구하고 가출청소년의 추세에 대한 파악은 이들의 문제를 이해하는 데 가장 기본적인 요소이므로 이 장에서는 공식적인 자료 내지는 전국 규모로 실시된 조사자료를 통해 청소년 가출의 전반적인 추세 변화와 청소년들의 가출에 대한 인식 등을 살펴보고자 한다.

이를 위해서 경찰청의 자료는 물론이고 청소년위원회가 전국 규모의 청소년들을 대상으로 주기적으로 실시하고 있는 『유해환경접촉 종합실태조사』 내용 중에서 가출부문에 대한 조사자료를 통해 지난 5년간 일반청소년들과 위기청소년들의 가출관련 내용들을 비교 분석하였다. 이 조사에서는 일반청소년 집단과 위기청소년 집단을 대상으로 각종 유해환경과 관련된 내용들을 조사하였으므로 이를 통해 청소년들의 가출에 대한 인식, 가출 경험 등에 관해서 살펴보고자 한다. 이에 덧붙여 가출청소년에 대한 구체적인 추세 파악을 위해 한국청소년쉼터협의회가 전국에 산재해 있는 청소년쉼터에 입소해 있는 가출청소년을 대상으로 주기적으로 실시한 조사 자료를 통해 더욱 구체적인 청소년가출의 실태를 파악하고자 한다.

1. 공식적인 통계에 의한 청소년 가출의 실태

IMF 위기 당시 급작스러운 위기로 인한 실직가정 증가 등 가정환경의 악화로 가출청소년이 늘어나는 추세에 있다고 추정하고 있지만 가출청소년에 대한 구체적인 현황 파악은 제대로 이루어지지 못하고 있다. 공식자료의 경우 대부분 경찰에 신고 접수된 통계에 기초하기 때문에 실질적인 가출청소년의 수치와는 상이하다. 이러한 수치는 구체적인 '가출 발생수' 라기보다는 '가출 신고수' 내지는 '가출 적발수' 에 가깝기 때문에 가출청소년의 현황을 파악하기에는 한계가 있다(전경숙, 1999). 또한 가출관련 조사 시 전국의 중·고교생을 조사대상자로 선정함에 따라 학교 중퇴자가 제외됨으로써 가출청소년의 정확한 현황 파악은 거의 불가능한 실정이다.

가출청소년의 수를 집계하는 정부의 공식통계로는 경찰청에서 운영하는 182 센터에 신고된 20세 미만의 가출인 발생현황이 있다. 〈표 2-1〉에 나타난 통계에서는 가출자를 20세 미만과 20세 이상으로만 구분하여 제시하고 있는데, 20세 미만의 가출자는 1995~1997년에 걸쳐 증가 추세를 보이다가 IMF 위기 시기인 1998년에 들어 감소 추세를 보였고, 1999년에 다시 증가 추세를 보이고 있다. 이후 20세 미만의 가출자는 큰 변동이 없이 1만 4,000~1만 7,000명 선에 놓여 있다. 특히 2005년도의 자료에서는 성별에 따른 구분을 통해 여자(53.4%)가 남자(46.6%)보다 가출청소년이 많은 것으로 나타남에 따라 일반적으로 인식되고 있는 여자 가출청소년의 수적 우위가 입증되었다.

〈표 2-1〉에서 보는 바와 같이 IMF 위기인 1998년에는 전년도에 비해 가출청소년의 수가 오히려 줄었다가 1999, 2000년으로 가면서 다

〈표 2-1〉 가출청소년 현황

(단위: 명, %)

	1997	1998	1999	2000	2002	2004	2005		
							계	남자	여자
전체	46,632	41,329	50,621	59,099	60,499	63,142	46,149	21,070	25,079
9~20세	19,835	15,316	17,894	18,442	14,865	16,894	13,294	6,195 (46.6%)	7,099 (53.4%)

자료: 국가청소년위원회(2006).

시 증가하는 모습을 보이고 있는데 1998년의 경우 국가 차원에서의 경제적·사회적 불안이 오히려 청소년의 가출을 막았을 것으로 짐작케한다.

2. 전국 규모의 조사에 따른 청소년 가출의 실태

잠재적 가출현황을 보여 주는 자료로서 청소년보호위원회(1998)의 조사에 따르면 우리나라 중·고등학생 중 가출을 경험한 청소년은 전체학생의 10.4%로 보고되었고, 서울시정개발연구원(1997)의 조사결과에서도 서울지역 중·고등학생의 9.9%가 가출 경험이 있는 것으로 나타났다. 그 밖에도 유성경, 송수민, 이소래(2000)의 조사에 따르면 조사대상인 일반 학교 학생 2,099명 중 11.5%인 242명이 가출 경험이 있는 것으로 나타났다. 이러한 수치를 근거로 연중 적어도 7만 명 정도의 가출청소년이 발생하는 것으로 추정하고 있다.

한편 청소년위원회에서는 2002년, 2005년, 그리고 2006년에 걸쳐전국의 청소년을 대상으로 『유해환경접촉 종합실태조사』를 지속적으로 실시하였다. 이 조사에서는 일반청소년 집단과 위기청소년 집단을대상으로 다양한 청소년문제—유해매체, 폭력, 가출, 성, 약물남용 등—를 파악함으로써 장기적으로 청소년 지표자료로 활용할 가치가 있는데 특히 청소년가출에 대한 다양한 질문을 통해 청소년 가출의 전반적인 추세 파악에 기초를 제공하고 있다. 참고로 이 조사에서 일반청소년 집단이라 함은 전국의 중·고등학생 집단을 의미하고, 위기청소년 집단이라 함은 전국의 가출청소년쉼터에 입소해 있는 가출청소년, 중고등학교와 보호관찰소에 포함되어 있는 학교부적응청소년, 그리고 소년원에 수감되어 있는 소년원청소년을 포함하고 있다.

그러나 전국 규모로 실시된 종합실태조사임에도 불구하고 위기청소년 집단의 경우 가출청소년이 차지하는 비중이 적어서 이 조사의 내용만으로 가출청소년의 현황, 문제 등을 파악하는 데에는 한계가 있다. 따라서 가출청소년에 관한 내용을 좀 더 구체적으로 파악하고자 전국의 청소년쉼터 입소청소년을 대상으로 한국청소년쉼터협의회가 2005년, 2006년, 그리고 2007년에 실시한 조사를 통해 가출청소년에 관한 전반적인 특성은 물론이고 이들에게 서비스를 제공하고 있는 청소년쉼터의 실태에 관해서도 좀 더 구체적으로 파악하고자 한다. 다시 말해서, 2004년 이후 지금까지의 조사자료를 비교 분석하여 가출청소년의 특성을 파악하고 특히 가장 최근 자료인 2007년 조사 자료를 통해 가출청소년의 최근 상황을 자세히 살펴보고자 한다. 이에 덧붙여 가출청소년에게 서비스를 제공하고 있는 쉼터 실무자의 의견을 통해 가출청소년에게 필요한 서비스의 내용을 살펴보고자 한다.

1) 가정환경

가출청소년이 어떠한 가정환경 속에서 생활하고 있는지를 파악하기 위해 한국청소년쉼터협의회의 가장 최근 자료인 남미애, 홍봉선, 양혜진(2007)의 조사를 살펴보고자 한다. 이 조사의 조사대상자는 753명으로 남자 청소년이 332명, 여자 청소년이 421명으로 구성되었다. 청소년쉼터 이용 청소년의 가출 전 가족형태를 살펴보면, 조사대상자의 1/4 정도가 친부모와 함께 살고 있고(26.0%), 1/3 이상은 부모 중 한 사람과 생활하고 있으며(35.1%), 약 25% 정도는 부모가 아닌 다른 사람과 살고 있어 대다수의 청소년쉼터 이용청소년이 해체가정 출신임을 보여 주고 있다. 이러한 가족구조에서 생활하면서 대부분의 가출청소년은 부모에게서 적절한 지원과 훈육을 제공받지 못해서 발달과 적응에 어려움을 겪고 있는데 이것이 가출의 원인으로 작용할 수 있음을 짐작케 한다.

또한 청소년쉼터 이용 청소년의 가정경제 수준을 살펴보면 전반적으로 2005년, 2006년, 2007년의 세 차례에 걸친 조사에서 큰 차이가 없이 유사한 경향을 보이고 있다. 특히 가장 최근에 실시된 2007년 조사대상자에 대해 살펴보면 조사대상자의 1/4 이상이 기초생활보장 수급자였고, 조사대상자의 58.9%가 자신의 가정 경제수준을 '하' 라고 인식하고 있다는 응답을 통해서 볼 때 청소년쉼터 이용 청소년들이 빈곤과 상당히 밀접한 관련이 있음을 짐작케 한다. 이 조사의 연구자가 밝힌 바와 같이 빈곤이 청소년가출과 직접적 관련이 있는지 여부는 확인할 수 없으나 간접적으로 청소년 가출 및 적응에 영향을 미칠 것이라는 것을 유추해 볼 수 있다. 이러한 내용은 김경준, 김지혜, 류명화, 정익중(2006)의 연구에서도 잘 보여 주고 있다.

그 밖에도 단기쉼터와 중장기쉼터에 거주하고 있는 청소년의 경우, 가정상의 문제로 인하여 가정에서 더 이상 보호받기 어려워져서 청소년쉼터에서 생활하고 있는 해체가정형이 54.8%를 차지함으로써 절반 이상이 해체가정으로 인한 가출자가 되고 있음을 잘 보여 주고 있다.

2) 가출 경험

청소년의 가출 경험과 관련하여 청소년위원회가 실시한 조사 결과는
다음과 같다.

〈표 2-2〉 가출 경험   (단위: %)

내용		2002		2005		2006	
		일반청소년	위기청소년	일반청소년	위기청소년	일반청소년	위기청소년
가출 경험	있다	8.5	70.4	9.9	67.9	10.9	67.1
	없다	91.5	29.6	90.9	32.1	89.1	32.9

자료: 청소년위원회(2002, 2005, 2006).

〈표 2-2〉에서 보는 바와 같이 일반청소년 집단의 경우 조사가 진행
됨에 따라 가출 경험이 조금씩 증가하고 있는 반면에 위기청소년 집단
의 경우 2002년에 비해 2005년, 2006년은 약간 감소 추세를 보이고 있
다. 특히 2005년도와 2006년도 자료에 따르면 가출 경험과 관련하여
성별의 차이를 보이고 있는데 일반청소년 집단의 경우 남자(11.8%)가
여자(10.0%)보다 가출 경험 수치가 약간 더 높게 나타난 반면에, 위기청
소년 집단의 경우에는 여자 청소년(72.1%)이 남자 청소년(65.7%)보다
더 높은 수치를 보이고 있다. 특히 가장 최근 자료인 2006년의 경우 위
기청소년 집단에서 소년원청소년 집단(83.6%)이 가장 높은 수치를 보
여 10명 중 8, 9명 정도는 가출한 경험이 있는 것으로 조사되었다.

이에 덧붙여 청소년이 실제로 가출행동을 취하지는 않았으나 적어도
가출을 생각해 본 경험 여부에 관한 질문과 관련하여 2005년, 2006년 조
사에서 유사한 결과를 보이고 있다. 즉, 2006년 조사에서 일반청소년
집단의 경우 조사대상자의 57.1%가 가출을 생각했던 경험이 있었다고
응답하였고, 성별로는 여자 청소년(62.6%)이 남자 청소년(52.2%)보다

높은 수치를 보이고 있는데 2005년의 조사에서도 유사한 결과를 보이고 있다. 특이한 점은 일반청소년 집단과 위기청소년 집단 모두에서 여자 청소년이 남자 청소년에 비해 가출을 더 많이 생각했던 것으로 나타났다는 사실에서 여자 청소년의 가출증가 추세를 짐작케 한다.

한편 남미애 등(2007)의 조사에 따르면 가출 경험이 있는 청소년이 79.4%로 대부분이 가출 경험이 있는 것으로 나타났다. 그러나 쉼터 이용자의 약 1/5 정도는 가출 경험이 없음에도 불구하고 여러 가지 이유로 청소년쉼터를 이용하고 있음을 알 수 있다. 이러한 결과를 통해서 볼 때 청소년이 가출 문제 이외에도 다양한 도움을 얻기 위해 청소년쉼터를 이용하고 있으며, 청소년쉼터 또한 가출청소년에 대한 보호 및 지원 이외에도 지역사회 청소년을 위해 다양한 역할을 수행하고 있음을 잘 보여 주고 있다.

3) 가출충동 및 가출의 원인

청소년의 가출충동 및 가출의 원인을 살펴본 결과는 다음과 같다.

〈표 2-3〉에서 보는 바와 같이 세 차례에 걸친 조사에서는 유사한 결과를 나타내고 있고 모든 집단에서 공통적으로 부모와의 갈등이 가장 높은 수치를 보이고 있어서 청소년이 부모와 갈등을 겪으면서 가출하고픈 충동을 가장 많이 느끼고 있음을 알 수 있다.

이를 자세히 살펴보면 2006년의 경우 일반청소년 집단에서는 '부모와의 갈등' '성적에 대한 부담감' '자유로운 생활을 원해' 가 주된 가출충동의 요인인 반면에, 위기청소년 집단에서는 '놀고 싶어서' '부모와의 갈등' '자유로운 생활을 원해' 등을 주요인으로 응답하였다. 특히 위기청소년 집단의 경우 세 집단 간에 차이를 보이고 있는데 소년원청

〈표 2-3〉 가출충동   (단위: %)

내용	2002		2005		2006	
	일반	위기	일반	위기	일반	위기
부모와의 갈등	34.3	30.5	28.8	16.0	28.3	15.8
자유로운 생활	15.0	21.8	12.8	14.2	12.4	11.9
그냥 놀고 싶어서			9.7	16.8	10.8	16.4
성적에 대한 부담감	13.4 (공부부담감)	2.5	15.9	3.6	14.8	3.5
공부하기 싫어서	3.7 (학교생활 싫음)	6.9	10.0	12.4	9.8	10.2
부모의 지나친 기대	7.7	2.2				
친구와 선후배의 영향을 받아서	0.8	14.6	1.8	7.2	1.3	6.1
가출에 대한 호기심			4.2	6.5	4.2	5.8
다양한 사회경험을 얻고자			3.0	4.9	2.9	4.9

자료: 청소년위원회(2002, 2005, 2006).

소년은 '그냥 놀고 싶어서'(18.6%)가 가장 높은 수치를 보인 반면에, 학
교부적응청소년(22.6%)과 가출청소년(19.7%)은 '부모와의 갈등'이라
는 응답이 가장 높은 것으로 나타나 유형별 차이를 보이고 있다. 참고로
2002년의 경우 '자유로운 생활'은 특별한 이유 없이 일상에서 벗어나
고 싶다는 의미로 조사되었다. 한편 2006년도 조사를 좀 더 자세히 살
펴보면 위기청소년 집단의 경우 '부모의 신체적 학대' '계부/모가 싫어
서' 가출하고픈 충동을 느낀 청소년이 일반청소년 집단의 거의 4배 이
상의 차이를 보이고 있고, '가정형편이 어려워서' 가출충동을 느끼는
경우도 일반청소년 집단의 거의 2배를 보이고 있어 이들의 가정환경의
열악함을 잘 알 수 있다. 특히 2005년도 조사와 비교해 볼 때 '부모의
신체적 학대'로 인한 가출충동이 위기청소년 집단의 경우 거의 2배에

가까운 증가율을 보이고 있어 가정환경이 더 악화되고 있음을 짐작케
한다.

이러한 조사를 비교해 볼 때 특이한 점은 위기청소년 집단의 경우
'친구 가출의견에 동조해서' 가출충동을 느꼈다는 응답이 일반청소년
집단에 비해 거의 4배에 달하였고, '성적에 대한 부담감'은 일반청소년
집단이 위기청소년 집단의 4배 이상으로 응답하여 집단 간에 큰 차이를
보이고 있다. 이와 유사하게 2002년의 조사에서도 일반청소년 집단에
서는 '공부에 대한 부담감' '부모의 지나친 기대'가 가출충동을 느끼게
한 반면에, 위기청소년 집단은 '친구와 선후배의 영향을 받아서' '학교
생활이 싫어서' 가출하고픈 충동을 느낀 것으로 나타났다.

다음으로 남미애 등(2007)의 가출 이유에 관한 조사에서 가족적 요인
(63.0%)이 1순위로 가장 높게 나왔고, 심리적 요인(15.9%), 새로운 도전
(6.3%), 학교적 요인(5.7%), 친구 및 이성친구(5.7%)의 순이었다. 여기
서 가족적 요인은 '부모간의 불화'(15.9%), '부모의 폭행'(15.2%), '부
모의 지나친 간섭'(12.0%), '부모와의 의견 차이로 갈등'(7.4%) 등이 포
함된다. 이러한 내용은 본 협의회의 2006년 조사와 비교해 볼 때 새로
운 도전과 관련된 요인과 비행요인이 2배 이상 상대적으로 높아진 반면
에 나머지 항목에서는 다소 낮아진 경향을 보이고 있다.

이러한 조사결과를 통해서 볼 때 청소년쉼터 이용 청소년의 가출 이
유는 잘 알려진 바와 같이 가정적 요인이 가장 크게 작용하고 있음을 재
확인할 수 있고 심리적 요인도 중요하게 작용함을 알 수 있다. 반면에
학교 요인, 친구나 비행 요인은 직접적인 가출 이유로는 상대적으로 덜
영향을 미치는 것으로 나타났다.

4) 첫 가출시기

청소년의 첫 가출시기에 대해 질문한 결과는 다음과 같다.

〈표 2-4〉 첫 가출시기   (단위: %)

내용	2002		2005		2006	
	일반청소년	위기청소년	일반청소년	위기청소년	일반청소년	위기청소년
초등 3 이하	11.2	6.1	12.2	6.1	8.5	5.9
초등 4~6	22.2	15.9	18.7	21.1	22.4	20.4
중 1	11.9	22.2	13.6	28.1	17.1	26.3
중 2	22.2	21.4	22.7	21.4	20.8	24.3
중 3	14.9	17.8	16.7	15.6	17.9	11.7
고 1	13.4	10.7	10.0	6.7	6.8	6.4
고 2	3.7	4.0	5.8	0.9	4.8	2.2
고 3	0.4	1.9	0.3	×	0.7	1.4

자료: 청소년위원회(2002, 2005, 2006).

〈표 2-4〉에서 보는 바와 같이 세 조사 모두 일반청소년 집단은 '초
등 4~6'과 '중 2'에 처음으로 가출을 시도했던 것으로 나타난 반면에,
위기청소년 집단은 '중 1'이라는 응답이 가장 높게 나타났는데 공통적
으로 '초등 4~6' 시기에 첫 가출하는 청소년이 증가 추세를 보이고 있
다. 또한 성별의 차이를 살펴보면 2006년의 경우 일반청소년 집단에서
남자 청소년은 '초등 4~6'(25.3%)이 가장 높은 반면, 여자 청소년은
'중 2'(25.6%)가 가장 높은 것으로 나타났다. 2005년의 경우 일반청소
년 집단은 2006년 조사결과와 유사하지만 위기청소년 집단의 경우 여
자 청소년 중에서 '중 1'에 처음으로 가출했던 경험이 가장 많은 것으
로 조사되었다. 특히 위기청소년 집단의 경우 집단별로 차이를 보여 소
년원청소년은 '중 1'(26.3%), 학교부적응청소년은 '중 2'(31.4%)인 반

면에 가출청소년은 '초등 4~6' (30.6%)으로 가출청소년이 가장 어린
나이에 가출한 것으로 조사되었다. 그러나 고등학교로 올라가면서 일반
청소년 집단과 위기청소년 집단 모두 가출 경험이 매우 낮은 수치를 보
이고 있어 학년이 올라갈수록 가출 경험이 낮아지고 있음을 알 수 있다.

그 밖에도 지난 5년간 첫 가출연령을 살펴보면 2002년에는 학생청소
년 집단의 경우 '초등 4~6' 과 '중 2' 가 비슷한 수준이었지만 2006년
으로 오면서 '초등 4~6' 이 가장 높은 수치를 보여 초등학생의 가출의
심각성을 잘 보여 주고 있다. 위기청소년 집단의 경우 '중 1' 이 가장 높
은 수치를 나타냄으로써 모든 집단에서 초등 고학년에서 중 1 사이에
가출을 경험하기 시작하는 것을 알 수 있다.

이러한 내용을 좀 더 자세히 살펴보면 남미애 등(2007)의 조사에서
첫 가출 시기가 남자 청소년이 평균 13.2세, 여자 청소년이 평균 14.5세
로 첫 가출나이는 13세 이하가 48.0%이고, 14~16세(43.9%), 17~19세
(7.2%)의 순으로 나타나 청소년쉼터 이용청소년 과반수 정도가 13세
이전에 가출을 시작하였음을 보여 줌으로써 청소년위원회의 조사자료
의 결과를 뒷받침해 주고 있다. 참고로 2004년 조사에서는 첫 가출시
기가 '14~16세' (51.1%)에서 가장 높았고 '13세 이하' 는 35.0%로 나타
났으나 2006년, 2007년도 조사에서는 '13세 이하' 가 과반수를 차지하
면서 시간이 지날수록 가출연령이 저연령화되고 있음을 잘 보여 주고
있다.

특히 주목할 내용은 첫 가출시기가 청소년쉼터의 유형에 따라 차이
를 보이고 있다는 점이다. 즉, 일시쉼터의 경우 '14~16세' 의 비율이
상대적으로 높은 반면에, 단기·중장기 쉼터는 '13세 이하' 의 비율이
상대적으로 높게 나타나 쉼터에 더 오랜 기간 머무는 청소년일수록 어
린 나이에 이미 가출했음을 잘 보여 주고 있다. 이와 관련하여 남미애

등(2007)의 조사에서는 이들이 아동기 동안 여러 가지 이유로 어려움과 위험에 노출되어 지내지만 이것이 외부로 노출되지 못하다가 가출이라는 매개로 청소년쉼터로 유입된다고 설명하고 있다. 결과적으로 열악한 가정환경의 청소년에게는 가출 행동이 지역사회에서의 보호체계로 연결되는 진입점의 구실도 한다는 것을 알 수 있다.

첫 가출의 원인과 관련하여 가출청소년 전문가들은 다음과 같은 의견을 제시하고 있다.

> "대체로 부모 간 갈등이 심하여 가정불화가 잦거나, 부모와의 관계가 좋지 않을 때 가출을 한다. 이러한 상태에 놓여 있는 청소년에게 가출을 한 친구들이 가출을 권유하면 쉽게 가출을 한다."(방은령, 2003: 63)

> "가족 내 원인은 가정불화를 들 수 있다. 아버지가 주사가 심하거나 부부 간의 마찰이 잦거나 부모의 폭력이 학대수준일 때 자녀들은 가출을 한다. 또한 청소년기의 첫 가출은 호기심으로 그냥 하기도 한다. 친구들이 권유할 때 더욱 쉽게 할 수 있다. 학교생활이 재미없거나, 학업성취에 실패하거나, 인터넷 게임에 빠지거나 등등 그 이유는 다양하다."(방은령, 2003: 64)

한편 첫 가출에서의 가출지속 기간과 관련하여 가출청소년 전문가들은 다음과 같은 의견을 제시하고 있다.

> "처음 가출했을 때는 대개 1일에서 2, 3일 정도로 가출기간이 짧다. 연령이 어릴수록 단순가출이나 무작정가출이 많아 가출지속기간이 단기로 끝나는 경우가 많고, 고등학생 이상 정도 되는 청소년이 가출할 때는 처음 가출이라도 청소년이 일자리를 찾으면서 가출지속기간이 비교적 길어진다."
> (방은령, 2003: 65)

"문제유형에 따라 다른 것 같다. 보통 부모와의 갈등으로 인해 집을 나간 경우는 1, 2일이면 돌아오고, 친구의 권유에 의해 나간 경우는 1주일 이내로 지속된다. 그러나 부모의 학대로 인해 집을 나간 경우는 첫 가출이라 하여도 장기간 지속되는 것이 일반적이다."(방은령, 2003: 65)

5) 가출 횟수

일반청소년 집단과 위기청소년 집단의 가출 횟수는 다음과 같다.

〈표 2-5〉 가출 횟수 (단위: %)

내용	2002		2005		2006	
	일반청소년	위기청소년	일반청소년	위기청소년	일반청소년	위기청소년
1회	72.0	35.6	47.3	13.2	45.0	12.8
2회			20.2	14.1	20.2	13.7
3회 이상	29.0	64.4	32.4	72.7	34.8	73.5

자료: 청소년위원회(2002, 2005, 2006).

〈표 2-5〉에서 보는 바와 같이 2006년도 조사에서 일반청소년 집단의 경우 가출 횟수가 '1회' '3회 이상' '2회'의 순으로 나타났고 평균 6.3회를 나타내고 있는 반면에, 위기청소년 집단의 경우 '3회 이상' '2회' '1회'의 순이었고 평균 12.4회로 나타나 두 집단 간에 큰 차이를 보이고 있다. 즉, 일반청소년 집단은 일회성 단순가출자가 많은 반면에 위기청소년 집단은 만성가출자가 많음을 보여 주고 있다. 또한 성별의 차이를 살펴보면 남자 청소년의 평균 가출 횟수(7.4회)가 여자 청소년(4.9회)보다 높게 나타났다. 이에 덧붙여 위기청소년 집단의 경우 평균 가출 횟수가 소년원청소년(14.3회), 가출청소년(14.2회), 학교부적응청소년(7.4회)의 순으로 소년원청소년과 가출청소년은 거의 유사한 가출

횟수를 보이고 있다.

한편 남미애 등(2007)의 조사에 따르면 청소년쉼터 이용청소년의 총 가출 횟수는 '6회 이상'(63.7%), '2~3회'(15.0%), '4~5회'(12.9%), '1회'(8.4%)의 순으로 나타나 3명 중 2명 정도는 만성가출청소년임을 잘 알 수 있다. 또한 성별로 살펴보면 총 가출 횟수가 남자 청소년은 평균 9.6회로 여자 청소년(평균 8.0회)보다 약간 높은 수치를 보이고 있다. 이에 덧붙여 2004년, 2006년 조사와 비교해 볼 때 2007년 조사에서 특이한 사항은 가출 횟수가 '2~3회 이하'인 청소년은 감소하였으나 '6회 이상'인 청소년은 거의 2배 정도로 증가함으로써 만성가출청소년이 증가 추세에 있다는 것이다. 또한 청소년쉼터 이용청소년의 약 27.8%는 가출기간도 6개월 이상으로 장기 가출자가 상당히 많음을 알 수 있다. 이와 같이 재가출 및 장기가출청소년의 증가 추세는 현재의 가출청소년에 대한 보호 대책들이 효과를 발휘하지 못하고 있음을 잘 보여 주고 있다.

그 밖에도 한국청소년쉼터협의회(2002)의 조사에서 주목할 점은 초등학교 시기에 가출하는 경우도 34.8%나 된다는 것이다. 이는 가출의 저연령화는 물론 재가출 및 만성가출의 가능성이 커지면서 가출로 인한 위험의 심각성이 증대되고 있음을 잘 보여 주고 있다. 특히 이 조사에서는 6회 이상의 가출 횟수를 보이는 청소년의 경우 초등학교 때 가출하는 경우가 상대적으로 높은 것으로 나타났다. 따라서 2000년대에 들어오면서 초등학교 때 가출하는 청소년이 적지 않음을 확인시켜 주는 것은 물론 이들은 반복적인 습관성 가출의 가능성이 상대적으로 높음을 잘 보여 주고 있다.

6) 가출기간

가출기간에 관한 조사결과는 다음과 같다.

〈표 2-6〉 가출기간   (단위: %)

내용	2002		2005		2006	
	일반청소년	위기청소년	일반청소년	위기청소년	일반청소년	위기청소년
1~2일	54.6	22.5	60.2	24.0	59.1	24.3
1주일 이내	30.8	30.8	24.2	28.6	22.5	30.7
2주 이내	5.5	10.8	4.0	7.9	5.2	8.4
3주 이내	2.3	6.3	2.6	3.6	2.6	4.5
1개월 이내	2.1	11	2.3	10.9	1.1	9.5
1개월 이상	4.9	18.5	6.6	24.9	5.4	22.1

자료: 청소년위원회(2002, 2005, 2006).

〈표 2-6〉에서 보는 바와 같이 세 조사에서 일반청소년 집단의 경우 남녀 모두 '1~2일'이 가장 높게 나타나 단순가출의 모습을 보이고 있다 (남자 청소년 58.8%, 여자 청소년 59.3%). 그러나 위기청소년 집단의 경우 청소년 유형에 따라 차이를 보이고 있다. 학교부적응청소년은 '1주일 이내'라는 응답이 36.3%로 가출청소년(31.8%), 소년원청소년(26.9%) 보다 높았던 반면에, 소년원청소년의 경우 '1개월 이상'(29.8%), '1주 일 이내'(26.9%), '1~2일'(22.2%)의 순이었고, 가출청소년의 경우 '1주 일 이내'(31.8%), '1~2일'(23.5%), '1개월 이상'(21.2%)의 순으로 나타 나 가출기간이 상대적으로 길어지고 있음을 알 수 있다. 집 밖에서의 생활이 좀 더 오랜 기간 동안 지속됨을 보여 주고 있다. 또한 성별로는 남녀 모두 '1주일 이내'가 가장 높은 비율을 보이고 있다.

그 밖에도 2회 이상 가출했을 때 가장 오래 가출한 기간에 대한 질문 에 대해서 일반청소년 집단은 '1~2일'(31.0%)이 가장 높았던 반면에,

위기청소년 집단은 '1개월 이상'(52.4%)이 가장 높게 나타나 위기청소년 집단의 경우 장기가출로 이어지는 모습을 잘 보여 주고 있다.

한편 남미애 등(2007)의 조사에서는 쉼터 이용청소년의 경우 '2~6개월 미만'(37.9%), '6개월~1년 미만'(18.6%), '1~2개월 미만'(13.2%), '1주~1개월 미만'(11.0%), '1주일 미만'(10.1%), '1년 이상'(9.2%)의 순으로 나타났다. 이 결과를 통해서 볼 때 약 10.1%만이 가출 기간이 1주일 미만이었을 뿐 약 27.8%는 가출 기간이 6개월 이상 지속되어 적어도 4명 중 1명 이상은 장기가출자임을 알 수 있다. 특히 10명 중 1명 꼴로 1년 이상 가출해 있었다는 내용은 매우 충격적인 사실로 가출청소년의 장기가출 증가의 심각성을 잘 보여 주고 있다.

7) 가출에 대한 인식

청소년의 가출에 대한 인식과 관련해서 청소년위원회의 조사내용을 살펴본 결과 2002년의 설문내용은 2005년, 2006년의 설문 내용과 차이가 있어 2005년, 2006년만을 비교해 보고자 한다.

〈표 2-7〉에서 보는 바와 같이 '절대 가출해서는 안 된다'는 규범 인식에 대해서 일반청소년 집단의 경우 2005년과 비교해 볼 때 2006년 조사에서 약간 줄어든 것으로 나타나 이러한 규범인식이 느슨해진 것을 보여 준다. 반면에 위기청소년 집단은 오히려 조금 높은 수치를 보이면서 일반청소년 집단과 위기청소년 집단의 가출에 대한 규범 인식은 비슷한 수준으로 조사되었다. 그러나 가출했을 경우 '도움을 받을 곳이나 사람이 있다'는 질문에서는 집단별 차이를 보이고 있다. 즉, 위기청소년 집단은 '있다'는 응답이 37.0%인 반면에, 일반청소년 집단의 경우에는 27.3%로 나타나 일반청소년 집단의 경우 가출 시 도움을 받은 장

〈표 2-7〉 가출에 대한 인식

(단위: %)

내용	2005		2006	
	일반청소년 집단	위기청소년 집단	일반청소년 집단	위기청소년 집단
청소년은 절대 가출해서는 안 된다	54.8	42.6	47.2	46.0
가출은 유해하다	×	×	52.4	45.2
가출은 한번 하면 자꾸 하게 된다	51.6	52.9	36.9	50.3
가출은 공부나 생활에 나쁜 영향을 준다	69.2	58.5	56.2	59.8
가출은 건강에 나쁜 영향을 준다	55.9	56.3	43.8	49.7
청소년은 가출하기 쉬운 환경에 있다	51.9	48.4	45.1	51.3
가출했을 경우 도움받을 곳이나 사람이 있다	34.9	46.2	27.3	37.0

자료: 청소년위원회(2005, 2006).

소나 도움을 줄 수 있는 사람에 대한 인지도가 상대적으로 낮음을 알 수 있다.

참고로 2002년의 조사에서는 가출은 '어떤 경우에도 절대로 해서는 안 된다'(일반청소년 집단 25.8%, 위기청소년 집단 15.1%), '불가피한 경우도 그럴 수 있다'(일반청소년 집단 48.4%, 위기청소년 집단 40.6%), '청소년기에 나타날 수 있는 자연스러운 현상이다'(일반청소년 집단 25.8%, 위기청소년 집단 44.3%)로 나타나 청소년이 가출을 어떻게 생각하고 있는지를 잘 보여 주고 있다. 즉, 일반청소년 10명 중 2, 3명 정도만이 '가출은 절대로 해서는 안 되는 행동'으로 여기고 있는 반면에, '청소년기의 자연스러운 현상'으로 여기는 경우도 똑같은 비중을 차지하고 있다. 이에 덧붙여 이들 중 거의 절반에 가까운 수가 '불가피한 경우에는 가출을 시도할 수 있다'고 응답함으로써 10명 중 7명 정도가 가출에 대해 허용적인 태도를 보이고 있다. 이러한 결과는 서울YMCA청소년쉼터(1997) 조사의 결과와 유사하여 청소년이 가출에 대해 관대한 의견을 보이고 있음을 알 수 있다.

특히 성별의 차이를 살펴보면 두 집단 모두 여학생의 경우가 남학생보다 가출에 대한 허용도가 높게 나타나 여자 가출청소년의 빠른 증가 추세를 예상할 수 있다. 이러한 사실을 종합해 볼 때 가출행동을 문제행동이 아닌 자연스러운 현상으로 인식하고 있음은 앞으로 가출 추세의 증가를 예상케 하는 부분으로 이에 대한 적극적인 가출예방책 마련이 시급하다.

한편 한국청소년쉼터협의회(2002)가 쉼터 입소청소년을 대상으로 가출에 대한 인식과 태도에 관해 조사한 결과 가출청소년의 48.9%는 가출에 대해 '할 수도 있지만 나쁜 행동이다'는 생각을 가지고 있는 것으로 나타났고, '해서는 안 된다'도 12.7%나 되는 것을 볼 때, 가출청소년의 10명 중 6명 정도(61.6%)는 자신의 문제해결의 방법으로 가출을 시도하는 것이 바람직한 방법이 아니라는 생각을 가지고 있음을 알 수 있다. 그러나 가출은 '전혀 문제가 되지 않는다'(23.7%), '불가피한 경우에 할 수 있다'(14.7%)로 나타나, 가출청소년의 3명 중 1명 이상(38.4%)은 청소년의 가출에 대해 좀 더 허용적인 태도를 보여 주었다.

이를 좀 더 구체적으로 남미애 등(2007)은 가출에 대한 인식을 문제해결과 관련시켜 조사한 결과 '가출은 상황에 따라 문제를 해결하거나 회피하기 위한 불가피한 수단'이라는 응답이 46.7%로 가장 높았고, '가출은 문제해결에 별로 도움이 되지 않고 오히려 문제를 악화시킨다'(23.4%), '가출은 문제해결에 전혀 도움이 되지 않는다'(18.1%)의 순인 반면에, 조사대상자의 11.8%만이 '가출이 문제해결에 유용하다'고 인식하고 있는 것으로 나타났다. 이러한 결과는 2004년, 2006년 조사에서도 유사한 결과를 보이고 있는데 대다수의 가출청소년은 기본적으로 가출이 문제해결에 효과적이지 못하다는 생각을 갖고 있음에도 불구하

고 조사대상자의 거의 과반수 정도는 어쩔 수 없는 불가피한 수단으로
가출을 선택하는 것으로 나타났다.

8) 가출 후 잠잔 곳

청소년이 가출한 후에 잠잔 곳을 조사한 결과는 다음과 같다.

〈표 2-8〉에서 보는 바와 같이 세 조사를 통해서 볼 때 공통적으로
모든 집단의 청소년들이 가출 시 '친구집'을 가장 선호하는 반면에, 두
집단 모두 '청소년보호시설'의 이용은 매우 낮은 수치를 보이고 있다.
청소년보호시설의 이용과 관련하여 위기청소년 집단 내에서도 차이를
보이는데 가출청소년의 경우 18.9%로 소년원청소년(0.8%), 학교부적
응청소년(0.0%)보다 상대적으로 높은 이용률을 보이고 있다. 또한 위
기청소년 집단은 '여관, 여인숙'의 이용과 '청소년보호시설'의 이용에
서 일반청소년 집단의 거의 4배에 가까운 수치를 보이고 있는데 이러
한 점은 위기청소년 집단이 이러한 장소에 대한 정보가 더 많아서 이용

〈표 2-8〉 가출 후 잠잔 곳

(단위: %)

내용	2002		2005		2006	
	일반 청소년	위기 청소년	일반 청소년	위기 청소년	일반 청소년	위기 청소년
친구집	53.6	48.2	55.3	36.0	50.2	40.7
여관, 여인숙	6.0	23.4	5.6	16.3	2.5	10.9
비디오방, 만화방, PC방	6.8	4.6	4.4	5.2	4.4	5.5
찜질방, 사우나	5.1	6.1	13.0	24.6	14.5	24.5
길거리, 빈집, 계단, 역	14.4	9	8.8	6.2	9.5	5.3
일하는 곳	1.9	2.3	1.0	4.0	0.5	4.1
청소년보호시설	0.4	1.7	0.4	2.8	1.0	4.3

자료: 청소년위원회(2002, 2005, 2006).

률이 높을 것이라 추측된다. 또한 청소년보호시설 이용과 관련하여 성별의 차이를 보여 여자 청소년(12.8%)이 남자 청소년(2.2%)에 비해 상대적으로 높은 이용률을 보이는데 이는 여자 청소년쉼터가 남자 청소년쉼터에 비해 월등하게 많아서 나온 결과라 추정된다.

그 밖에도 일반청소년 집단의 경우 2005년, 2006년에는 2002년에 비해서 '찜질방, 사우나'의 이용이 증가한 반면에 '여관, 여인숙', '길거리, 빈집, 계단, 역' 등에서 잠을 청하는 것은 감소한 것으로 나타났고, 성별로는 남자 청소년의 경우 '여관, 여인숙'의 사용, '비디오방, 만화방, PC방'의 사용, '길거리, 빈집, 계단, 역' 등의 장소에서 여자 청소년의 2배 이상의 차이를 보이고 있다. 위기청소년 집단의 경우에도 '여관, 여인숙'의 사용, '비디오방, 만화방, PC방'의 사용, '찜질방, 사우나'의 사용은 남자 청소년이 더 높으나 '길거리, 빈집, 계단, 역'의 사용, '일하는 곳' '청소년보호시설'의 이용은 여자 청소년이 더 높은 수치를 보이고 있다.

한편 남미애 등(2007)의 조사에서는 쉼터에 입소하기 전 잠을 해결한 곳을 조사한 결과 청소년위원회의 조사내용과 비슷하여 '친구나 아는 사람의 집'(47.5%), '찜질방'(12.0%), '여관 등 숙박 시설'(9.3%), '아파트 계단이나 옥상 지하실'(7.7%), '다른 청소년쉼터 등 수용시설'(5.8%)의 순으로 나타났다. 결과적으로 가출한 후 수용시설, 종교 기관 등 성인이나 전문가의 도움을 받은 곳에서 기거한 청소년은 7.9%에 불과하고, 심지어 11.4%는 옥상이나 공원 등 밖에서 노숙을 하며 여러 가지 위험에 노출된 채 생활하고 있는 것으로 나타났다. 성별의 차이를 살펴보면 남자의 경우 PC방, 만화방, 다른 청소년쉼터 등 수용시설이 상대적으로 높았던 반면에, 여자 청소년은 친구나 아는 사람의 집, 찜질방 등이 상대적으로 높았다.

9) 가출 후 경험행동

청소년이 가출한 후 집 밖에서 지내면서 경험한 일들을 조사한 결과
는 다음과 같다.

⟨표 2-9⟩ **가출 후 경험행동**

(단위: %)

내용	2005		2006	
	일반청소년	위기청소년	일반청소년	위기청소년
흡연	36.7	72.8	26.7	66.8
음주	36.0	52.2	22.7	50.6
무작정 돌아다니기	48.8	38.1	45.0	39.4
돈 뺏기	16.1	45.9	11.2	41.3
물건 훔치기	11.7	46.6	11.2	44.4
아르바이트 등 사회경험	15.0	37.8	10.9	32.7
폭행	9.6	35.0	9.0	36.3
성인 유흥업소 출입	8.4	32.5	5.1	16.5
성인 유흥업소 취업	6.1	12.8	3.6	9.8
이성과의 혼숙	13.4	31.9	5.7	22.9
성관계	8.9	25.6	3.9	14.8
환각제 약물류 복용	5.7	1.3	3.2	2.8
보호시설 거주	8.6	15.9	8.1	19.0

자료: 청소년위원회(2005, 2006).

⟨표 2-9⟩에서 보는 바와 같이 청소년이 가출 후 경험한 행동과 관련
하여 두 조사에서 유사한 결과를 보이고 있는데 대부분의 문항에서 위
기청소년 집단은 일반청소년 집단에 비하여 4∼5배의 심각성을 보이고
있다. 2006년의 경우 일반청소년 집단은 '무작정 떠돌아다님' 이 가장
높은 수치를 보인 반면에 위기청소년 집단은 '흡연' '음주' '물건 훔치
기' '돈 뺏기' 등에서 높은 수치를 보이고 있다. 즉, 일반청소년 집단의
경우 거리를 배회하면서 시간을 보낸 반면에 위기청소년 집단은 비행행

동에 개입한 것으로 나타났고, 남녀 청소년 모두 '음주' '흡연' 이 높은 수치를 보이고 있다. 이 조사에서 두드러진 특징을 살펴보면 안전망인 '보호시설의 거주' 에서 위기청소년 집단이 일반청소년 집단의 거의 2배 이상의 수치를 보이고 있는데 이러한 점은 위기청소년 집단이 이러한 시설에 대한 정보가 더 많기 때문인 것으로 보인다.

가출 후 경험행동에서는 일반청소년 집단과 위기청소년 집단 모두 성별에 따른 차이를 보이고 있다. 즉, 남자 청소년은 '폭행' '돈 뺏기' '물건 훔치기' '이성과의 혼숙' '성관계' '환각제 약물류 복용' 등에서 더 높은 수치를 보인 반면에, 여자 청소년은 '음주' '흡연' 에서 비슷하거나 약간 더 높은 수치를 보이고 있고 특히 쉼터 등 '보호시설거주' 에서 일반청소년 집단은 남자 청소년이 더 높은 수치를 보이는 데 반해 위기청소년 집단에서는 여자 청소년이 3배 이상 높은 수치를 보이고 있다. 그러나 두 집단 모두 2006년에 '성인 유흥업소 출입 및 취업' '이성과의 혼숙' '성관계' 에 대한 경험이 감소 추세를 보이고 있어 추후 조사에서의 추이를 주목할 필요가 있다.

그 밖에도 2002년 조사에 따르면 가출 기간 동안 일반청소년 집단의 절반가량(54.3%)은 비행에 연루되지 않고 시간을 보낸 반면에 특수집단 청소년은 조사대상자의 3.6%만이 비행에 관련되지 않은 것으로 나타난 결과로 미루어 볼 때, 특수집단 청소년은 가출 후 각종 비행에 연루되면서 시간을 보내고 있음을 알 수 있다.

한편 남미애 등(2007)이 가출 전후 청소년이 경험한 문제 행동을 조사한 결과 '폭행' '돈 뺏기' '돈이나 물건 훔침' '성인 유흥업소 출입' '성인 유흥업소 취업' '이성과의 혼숙' '성관계' '흡연' '술' 등 대부분의 비행이 가출 전보다 가출 후에 증가하였으며, 특히 가출 빈도가 높을수록 비행 횟수도 증가한 것으로 나타났다. 성과 관련하여 돈을 받고 이성과 성관계를 1회라도 해 본 적이 있다는 응답이 가출 전(5.7%)보다 가출 후(11.3%)에 약 2배가량 증가하였고, 성병에 걸린 경험도 가출 전 6.6%에서 가출 후 11.3%로 증가하여 성과 관련된 위험의 심각성을 잘 보여 주고 있다. 그 밖에도 가출청소년의 61% 이상이 가출 전후에 자살 생각을 했다는 응답은 이들의 삶이 매우 힘들고 삶에 대한 의욕이 저하되고 있음을 의미한다.

> "남자 친구랑 같이 노래방에도 가고요. 호프집에 가서 술도 마시고 담배도 피우고 그러다가 걔랑 성관계도 하고요. 정말 자유로워서 되게 좋았어요. 아무 생각도 없이 … 집에 있을 때 시험 걱정이 있었거든요. 사실은 저는 전교에서 거의 꼴등이었거든요." (정운숙, 2002: 74)

10) 가출 후 생활비 해결

청소년이 가출 후 생활비를 해결한 방법을 조사한 결과는 다음과 같다.

〈표 2-10〉 가출 후 생활비 해결

(단위: %)

가출 후 생활비 해결방법	2002		2005		2006	
	일반 청소년	위기 청소년	일반 청소년	위기 청소년	일반 청소년	위기 청소년
집에서 훔친 돈	8.6	14.7	10.8	15.6	8.2	13.1
아르바이트로 번 돈	11.7	34.2	10.5	29.9	7.0	20.9
친구 선배의 도움으로 받은 돈	20.1	27.1	20.1	29.0	15.6	28.4
소매치기로 훔친 돈	3.8	6.7	4.1	9.7	3.1	12.2
구걸로 얻은 돈	1.9	1.3	2.0	1.2	3.4	2.1
집에서 모아 둔 돈	44.6	11.8	42.6	10.0	44.8	16.9
기타	9.4	4.2	9.8	4.7	6.9	4.9

자료: 청소년위원회(2002, 2005, 2006).

〈표 2-10〉에서 보는 바와 같이 2006년도 조사에서 일반청소년 집단은 가출 후 '집에서 모아 둔 돈'으로 생활비를 해결했다는 응답이 44.8%로 가장 높았던 반면, 위기청소년 집단은 '친구, 선배의 도움으로 받은 돈'(28.4%)이라는 응답이 가장 높았다. 그러나 집단의 구분이 없이 성별의 차이를 보여 남자 청소년은 '아르바이트로 번 돈'이라는 응답이 상대적으로 많았던 반면 여자 청소년은 '친구, 선배 도움으로 받은 돈'이 상대적으로 많은 것으로 나타났다. 두 조사를 통해서 볼 때 위기청소년 집단의 경우 가출 후에 스스로 생활을 해결하고자 아르바이트를 하고 있음을 알 수 있는데 이러한 아르바이트에 대한 욕구가 크다 보니 불법적인 근로현장에의 취업도 적지 않음을 짐작케 한다.

한편 남미애 등(2007)의 조사에 따르면 가출기간 동안 사용한 용돈이나 생활비의 출처 1순위는 '아르바이트를 해서 번 돈'이 22.7%로 가장 높았고, 그다음이 '친구나 아는 사람에게 빌림'(20.2%), '집에서 훔친 돈'(17.2%), '이전에 모아 둔 돈'(16.5%), '훔치거나 뺏은 돈'(13.6%), '구걸이나 앵벌이'(3.6%)의 순이었다. 특히 연령이 높을수록 '아르바이트를 해서 번 돈'에 대한 응답이 높았고 연령이 낮을수록 '가출할 때 집에서 훔침' '구걸이나 앵벌이' '훔치거나 뺏은 돈'에 대한 응답이 높게 나타났다.

이 밖에도 단기 · 중장기 쉼터 입소청소년에 한해서 가출기간 중 아르바이트 경험에 대한 질문의 결과 가출기간 중 아르바이트를 한 적이 '있다'고 응답한 경우가 51.1%나 되어 조사대상자의 절반 이상이 아르바이트를 경험한 것으로 나타났다. 특히 아르바이트 구직방법을 살펴보면 '친구 및 아는 사람' 등 인적 자원을 통한 방법이 약 35.4%를 차지하였고, 42.8%는 '벼룩시장 및 길가의 구인광고' 등을 활용했음을 알 수 있다. 그 밖에도 아르바이트 장소로는 모든 연령층에서 '음식점'이

단연 높게 나타났고, 14~16세는 'PC방' '주유소'가 상대적으로 높았고, 17~19세는 '편의점' '노래방'이 상대적으로 높았다. 그러나 근로기준법 제64조에 따르면 18세 미만인 자는 호적증명서와 친권자 또는 후견인이 동의서를 사업장에 비치하여야 한다고 규정하고 있고 제62조는 15세 미만인 자는 근로자로 사용하지 못한다고 규정하고 있어서 대부분의 가출청소년은 불법적으로 취업하고 있음을 알 수 있다.

또한 아르바이트를 하면서 조사대상자의 16.5%가 보수를 제대로 받지 못한 경우가 있었으며, 15%는 일하다가 다친 경험이 있었고, 7.2%는 사장이나 손님에게 구타나 폭행을 당한 경험이 있었으며, 성희롱당한 경험(7.5%)과 성폭행당한 적(6.6%)도 있었다고 응답하였다. 이러한 결과를 통해서 가출청소년이 아르바이트하는 장소에서 구타, 폭행, 성매매 등 다양한 위험에 노출되어 있음을 알 수 있다.

이러한 조사를 통해서 볼 때 청소년들이 가출기간 동안 소요되는 용돈이나 생활비의 출처는 훔치거나 아르바이트를 통한 방법이 많고 구걸, 앵벌이 등 부적절한 방법도 적지 않음을 알 수 있는데 염려스러운 점은 용돈이나 생활비를 마련하고자 성매매도 마다하지 않고 다른 사람에게서 훔치거나 뺏는 행동도 불사한다는 사실이다. 따라서 가출기간이 늘어날수록 자연스럽게 비행이나 범죄로 연결될 가능성이 커지고 열악한 노동환경에서 근로 착취나 학대 등 범죄 피해의 가능성도 높아진다.

11) 가출 후 가족과의 연락

청소년이 가출한 후에 가족에게 연락을 취했는지에 대해서 조사한 결과 2006년 조사에서 일반청소년 집단의 30.4%가 가족에게 연락을

하였다고 응답한 반면, 위기청소년 집단은 43.3%가 연락을 취하였다고
응답하여 일반청소년 집단의 가족과의 연락 정도가 상대적으로 낮음을
알 수 있다. 또한 가족에게 연락하지 않은 이유를 조사한 결과 두 집단
에서 약간의 차이는 있으나 '혼날 게 두려워서' '집으로 오라는 가족권
유가 부담되어' '가족이 나한테 관심이 없어서' '연락할 상황이 아니어
서' 의 순이었다. 특히 위기청소년 집단에서 가출청소년 집단(25.5%)과
여자 청소년(26.5%)의 경우 4명 중 1명꼴로 '가족이 나한테 관심이 없
어서' 라는 응답 비율이 상대적으로 높게 나타나 가족과의 연락 자체가
무의미함을 짐작케 한다.

　한편 남미애 등(2007)의 조사에서 향후 귀가의사를 살펴보면 '전혀
원하지 않는다' 가 31.6%로 가장 높고 그다음이 '별로 원하지 않는다'
(26.4%), '반반이다' (22.2%), '매우 원한다' (10.5%), '조금 원한다'
(9.3%)의 순으로 2004년, 2006년 조사와 비교해 볼 때 귀가를 전혀 또
는 별로 원하지 않는다는 응답이 점차 증가 추세를 보이고 있다. 이러한
결과를 통해서 보면 전혀 귀가를 원치 않는 청소년을 포함하여 절반 이
상(58%)이 귀가를 원하지 않는 것으로 나타났는데 이들의 귀가를 막는
주요인으로는 개선되지 않고 반복되는 가정문제로 인한 부모에 대한 불
신과 두려움, 불안, 가출 이전 가족에게서의 소외, 방임 경험 등이 있
다. 특히 무엇보다도 갈 곳이 없다(1순위 7.5%, 2순위 6.6%)는 청소년의
경우 돌아갈 가정이 원천적으로 봉쇄되어 있다는 점을 고려해 볼 때, 단
순히 귀가에 초점을 두기보다는 대체 가정의 마련을 위한 적극적인 방
안이 요구된다.

　청소년 전문가는 첫 가출 임에도 불구하고 귀가하지 않는 청소년의
이유에 대해 다음과 같이 이야기하고 있다.

"부모의 학대나 가정의 기능이 손실되는 등 극한 상황에서 가출한 경우, 처음 가출이라 하여도 집에 돌아가지 않는다. 집에 돌아가는 청소년은 대개 밖에서의 생활이 더 이상 재미나 해방감을 주지 못하고 그래도 '집이 낫다' 라고 생각하는 경우 등이다." (방은령, 2003: 69)

"가정이나 부모의 관심 정도에 따라 차이가 있다. 부모가 친구를 통해 연락하고 적극적으로 찾는 경우는 대개 돌아온다. 그러나 자식의 가출에 대해 무관심한 경우, 가정복귀비율은 매우 낮다." (방은령, 2003: 70)

이들이 귀가하지 않는 주된 이유에 대해 전문가는 다음과 같이 이야기하고 있다.

"가정에 근본적인 원인이 있다. 가정불화가 가장 큰 원인이다. 가정이 심리적으로 안정되어 있지 못하고 또한 가족 내에서 아무도 자신에게 관심을 주지 않기 때문에 가출청소년은 집에 들어가지 않는다. 가족 구성원 중 누구라도 관심을 보여 주고 자신을 가족의 한사람으로 중요하게 가치를 인정해준다면, 아이들은 결국엔 집으로 돌아온다." (방은령, 2003: 83)

다시 말해서 가출청소년이 귀가하지 않고 가출상태를 계속 유지하는 가장 큰 원인은 가정의 기능적 문제가 해결되지 않고 특히 가정 내 정서적 지지망이 형성되어 있지 않다는 데에 있다. 이로 인해 가출청소년은 가출청소년끼리 지지망을 형성하고 의지하며, 이들과의 관계 속에서 생활함을 더 편안하게 느끼는 것으로 보인다.

한편 청소년 전문가는 이들이 안정적으로 가정에 귀가하게 된 이유를 다음과 같이 이야기하고 있다.

"가정의 근본적인 문제가 해결되었거나 해결되지 않았더라도 아이가 그러한 문제를 견디고 지낼 만큼 성숙해졌을 때이다."(방은령, 2003: 86)

"부모의 변화이다. 부모가 자녀를 수용하고 이해해 주니까 문제가 해결되었다. 또한 아이가 고등학교 2학년 정도가 되면, 철이 들어서 집에 완전히 들어간다."(방은령, 2003: 86)

이러한 내용을 종합해 볼 때 가정의 기능이 회복되지 않더라도 혹은 부모가 변하지 않았더라도, 청소년의 연령이 증가하여 17, 18세에 도달하게 되면 가정불화나 가족의 문제를 견디어 낼 수 있을 정도로 심리적 · 정서적 발달도 이루어짐에 따라 대부분은 가정의 문제를 있는 그대로 받아들이면서 귀가하는 것으로 보인다.

12) 보호시설에 대한 인지도

청소년이 보호시설에 대해 인지하고 있는 수준을 알고자 조사한 결과는 〈표 2-11〉에서 보는 바와 같이 두 집단 모두 대부분의 보호시설에 대한 인지도가 낮은 것으로 밝혀졌다.

첫째, 청소년쉼터의 인지 여부에서 일반청소년 집단과 위기청소년 집단 간에 큰 차이를 보이는데 위기청소년 집단은 일반청소년 집단에 비해 청소년쉼터에 대한 정보를 많이 갖고 있는 것으로 나타났다. 즉, 위기청소년 집단의 58.6%가 청소년쉼터를 인지(잘 알고 있다+알고 있으나 이용방법을 모른다)하고 있는 반면에, 일반청소년 집단은 39.1%로 나타났다. 성별에 따른 차이를 살펴보면 두 집단 모두 여자 청소년이 남자 청소년보다 청소년쉼터에 대해 잘 알고 있었고, 특히 위기청소년 집

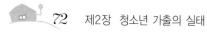

〈표 2-11〉 보호시설에 대한 인지도

(단위: %)

보호시설	인지도	2005		2006	
		일반청소년	위기청소년	일반청소년	위기청소년
청소년쉼터	잘 안다	7.5	40.2	9.4	34.5
	알고 있으나 이용방법 모른다	33.5	24.0	29.7	24.1
	전혀 모른다	59.0	35.8	52.6	34.3
청소년상담센터	잘 안다	7.5	23.4	9.5	22.1
	알고 있으나 이용방법 모른다	38.5	31.3	36.7	28.5
	전혀 모른다	54.0	45.3	45.4	41.2
청소년전화	잘 안다	8.6	18.1	10.9	20.1
	알고 있으나 이용방법 모른다	31.2	23.4	29.0	20.7
	전혀 모른다	60.2	58.6	51.7	50.6
청소년종합지원센터	잘 안다	4.6	16.3	6.1	65.3
	알고 있으나 이용방법 모른다	25.7	23.4	24.5	22.3
	전혀 모른다	69.7	60.3	60.5	53.4

자료: 청소년위원회(2005, 2006).

단의 경우 가출청소년이 79.0%로 가장 높았고, 다음으로 소년원청소년 (59.8%), 학교부적응청소년(43.4%)의 순으로 집단별로 청소년쉼터에 대한 인지도에서 차이를 보이고 있다.

한편 남미애 등(2007)의 조사에서는 쉼터 유형별로 청소년 관련 서비스 이용 실태를 조사하였다. 먼저 일시쉼터 청소년 중에서 일시쉼터를 전혀 모른다고 응답한 청소년이 41.7%나 되었고, 어느 정도 또는 잘 알고 있다고 응답한 청소년이 17.9%였으며, 실제로 이용한 청소년은 40.4%를 차지하였다. 반면에 단기·중장기 쉼터 청소년 중에서 일시쉼터를 전혀 모른다고 응답한 청소년은 63.2%였고, 어느 정도 또는 잘 알고 있다고 응답한 청소년이 25.5%였으며, 실제로 이용한 청소년은 11.3%에 불과하여 일시쉼터 청소년에 비해 일시쉼터 이용률이 상대적으로 낮게 나타났다. 이에 덧붙여 노숙형의 가출청소년은 청소년쉼터를 이용한 경험이 있는 반면에, 일반형의 가출청소년은 전혀 모른다는 응답이 높아 가출청소년의 유형에 따라 청소년쉼터에 대한 인지도에 차이가 있음을 잘 보여 주고 있다.

그 밖에도 단기쉼터의 인지도에서 일시쉼터 이용청소년 중 70.4%가 단기쉼터를 전혀 모른다고 응답하였고, 20.8%는 어느 정도 또는 잘 알고 있다고 하였으며, 실제로 이용한 청소년은 13.5%에 불과하였다. 반면에 단기·중장기 쉼터 청소년 중 29.7%가 단기쉼터를 전혀 모른다고 응답하였고, 33.6%는 어느 정도 또는 잘 알고 있다고 하였으며, 실제로 이용한 청소년은 36.6%를 차지하였다. 이에 덧붙여 중장기쉼터 이용과 관련해서는 일시쉼터 청소년 중 29.7%가 중장기쉼터를 모른다고 응답하였고, 20.8%는 어느 정도 또는 잘 알고 있다고 하였으며, 실제로 이용한 청소년은 8.9%를 차지하였다. 반면에 단기·중장기 쉼터 청소년 중 42.0%가 중장기쉼터를 전혀 모른다고 응답하였고, 35.2%는 어느 정도 또는 잘 알고 있다고 하였으며, 실제 이용한 청소년은 22.5%를 차지하였다.

이러한 내용을 종합해 볼 때 일시쉼터 이용청소년들은 일시쉼터에 대한 정보와 이용률은 단기·중장기 쉼터 이용 청소년에 비해 높지만 단기쉼터, 중장기쉼터에 대한 정보와 이용률은 낮은 것으로 나타나 쉼터 간에 이용 청소년의 차이를 보이고 있다.

둘째 청소년상담센터 인지여부에서는 두 집단 간에 큰 차이를 보이지 않는다. 즉, 위기청소년의 50.6%가 이 센터를 인지하고 있는 반면, 일반청소년 집단은 46.2%로 나타났다. 특히 이 센터에 대해 '전혀 모른다' 는 응답에서 2006년의 경우 두 집단 간의 차이가 별로 없는 것으로 나타나 위기청소년 집단조차도 청소년상담센터에 대해 잘 모르고 있음을 알 수 있다. 성별로는 두 집단 모두 여자 청소년이 남자 청소년보다

인지도가 상대적으로 높은 것으로 나타났다. 그 밖에도 위기청소년 집단의 집단별 인지여부를 살펴보면 가출청소년이 63.9%로 소년원청소년(48.1%), 학교부적응청소년(44.6%)보다 상대적으로 높게 나타났다.

이와 관련하여 남미애 등(2007)의 조사에 따르면 단기·중장기 쉼터 청소년 중 45.5%가 청소년상담지원센터를 전혀 모른다고 응답하였고, 39.9%는 어느 정도 또는 잘 알고 있다고 하였으며, 실제 이용한 청소년이 14.6%를 차지하였다. 또한 일시쉼터 청소년 중 50.0%가 청소년상담지원센터에 대해 모른다고 응답하였고 42.8%는 어느 정도 또는 잘 알고 있다고 하였고 실제 이용한 청소년이 7.2%를 차지하였다. 이러한 결과를 통해서 볼 때 청소년쉼터에 머물고 있는 청소년조차도 청소년상담지원센터에 대한 정보가 희박함을 알 수 있다.

셋째, 청소년 전화 1388의 인지여부와 관련하여 일반청소년 집단의 51.7%, 위기청소년 집단의 50.6%가 '전혀 모른다'고 응답해 절반 이상의 청소년이 1388에 대해 전혀 모르고 있다는 조사 결과가 나왔다. 이는 청소년전화에 대한 지금까지의 홍보활동이 효과적이지 못했음을 보여 준다. 또한 성별로는 두 집단 모두 여자 청소년이 남자 청소년에 비해 인지도가 높게 나타났다. 그 밖에도 위기청소년 집단의 경우 가출청소년이 56.3%로 소년원청소년(36.7%), 학교부적응청소년(34.9%)보다 이러한 보호서비스에 대한 인지도가 상대적으로 높음을 알 수 있다.

한편 남미애 등(2007)의 조사에 따르면 단기·중장기 쉼터 청소년 중 40.6%가 1388에 대해 전혀 모른다고 응답하였고, 42.2%는 어느 정도 또는 잘 알고 있다고 하였으며, 실제 이용한 청소년은 17.1%를 차지하였다. 일시쉼터 이용청소년의 경우 47.6%가 1388에 대해 전혀 모른다고 응답하였고, 38.5%는 어느 정도 또는 잘 알고 있다고 하였으며, 실제 이용한 청소년은 14.0%를 차지하였다.

 넷째, 청소년종합지원센터의 인지여부와 관련하여 일반청소년 집단
의 60.6%, 위기청소년 집단의 53.4%가 '전혀 모른다' 고 응답하였고,
'알고 있으나 이용방법을 모른다' 는 응답은 일반청소년 집단의 24.5%,
위기청소년집단의 22.3%를 차지하였으며, '잘 알고 있다' 는 응답은 각
각 6.4%, 15.3%에 그쳐 청소년종합지원센터에 대한 홍보가 거의 효과
를 보지 못하고 있음을 알 수 있다. 특히 조사대상인 네 곳의 보호시설
중에서도 가장 인지도가 낮은 센터로 나타나 이 센터에 대한 적극적인
홍보활동이 시급하다.
 네 곳의 보호시설에 대한 인지도와 관련하여 단기·중장기 쉼터 청
소년의 경우 1388을 이용하거나 청소년상담지원센터를 이용하는 경우
가 매우 낮음을 알 수 있다. 즉, 현재 청소년쉼터에 입소하고 있는 청소
년들은 CYS-Net 시스템에서 제일 먼저 접하게 되는 1388이나 청소년
상담지원센터를 거치지 않고 청소년쉼터로 곧바로 연결되는 것으로 나
타나 가출청소년에게 아직까지는 1388이나 청소년상담지원센터가 서
비스 체계의 초기 관문의 역할을 제대로 수행하지 못하고 있는 것으로
나타났다. 이러한 결과는 현재 가동 중인 위기보호 체계가 가출청소년
에게는 별로 실효성을 얻지 못하고 있음을 보여 준다.
 다음으로 청소년시설이나 서비스의 이용여부를 살펴보면 2006년에
일반청소년 집단의 경우 10명 중 9명 이상이 이러한 서비스를 이용한
적이 없는 것으로 나타났고 위기청소년 집단의 경우 10명 중 7명 정도
가 이러한 서비스를 이용한 적이 없는 것으로 나타났는데 이는 2005년
조사에서 나타난 수치에 비해 약간의 증가 추세를 보이는 것이다. 특히
위기청소년 집단의 경우 가출청소년은 '경험이 있다' 는 응답이 66.4%
로 소년원청소년(15.7%), 학교부적응청소년(4.0%)에 비해 상대적으로
높게 나타나 타 유형의 청소년에 비해 이러한 보호시설에 대한 정보도

많이 알고 있고 또 직접 이용하기도 하여 가출청소년에게는 중요한 시설임을 알 수 있다. 특히 일반청소년 집단의 경우 성별의 차이는 거의 없으나 위기청소년 집단의 경우 여자 청소년이 남자 청소년의 거의 3배에 가깝게 서비스를 이용한 것으로 나타나 여자 청소년의 이러한 서비스 이용에 대한 적극적인 태도를 보여 주고 있다.

그 밖에도 이들이 이용한 서비스의 내용을 살펴보면 일반청소년 집단의 경우 상담 제공이 가장 많은 수치를 보였으나 위기청소년 집단의 경우 의식주 제공이 가장 높게 나와 집단 간의 차이를 보이고 있다.

13) 기타

청소년이 가출 시 누구에게서 어떤 도움을 제공받았는지에 관한 남미애 등(2007)의 조사에 따르면 '친구'(39.6%)가 가장 많은 도움을 제공하였고, '가출해서 만난 친구'(13.6%), '청소년전문가'(10.6%), '교사'(9.6%), '종교인'(4.7%), '가족'(4.0%), '경찰관'(3.0%)의 순이었다. 반면에 '도움받은 적이 없다'는 응답도 14.5%나 되었다. 이러한 결과를 통해서 볼 때 과반수 이상의 청소년은 주로 친구나 가출해서 만난 친구 또는 또래에게서 도움을 받은 것으로 나타났으며, 약 20% 미만은 교사와 청소년 전문가에게서 도움을 받은 것으로 나타났다. 이러한 내용은 2006년 조사에서도 유사한 결과를 보여 주고 있다.

또한 외부에서 받은 도움 내용을 살펴보면 '숙식 제공'이 39.1%로 가장 많았고, 그다음이 '정서적 지원'(21.3%), '경제적 지원'(12.3%), '정보 제공'(12.3%), '물질적 지원'(7.2%), '취업알선'(1.8%)의 순이었다. 한편 외부 도움을 받지 못한 청소년의 경우 39.5%의 청소년은 도움을 요청할 장소나 방법을 몰라서 도움을 요청하지 못한 것으로 나타났

다. 또한 '도움을 요청하면 부모에게 잡힐 것 같아서'가 33.1%로 나타
나 세 명 중 한 명은 부모에게 잡힐까 봐 걱정이 되어서 필요한 도움을
요청조차 하지 못했음을 알 수 있다.

다음으로 단기 · 중장기 쉼터 거주청소년에 한정해서 장래 계획과 관
련하여 쉼터 퇴소 이후 진로에 관한 조사 결과 '취업'(31.5%), '학업 지
속과 자립생활'(21.1%), '특별한 계획 없음'(14.0%), '학교 복학'
(7.7%), '검정고시'(7.3%), '직업훈련'(7.2%)의 순이었고 2006년 조사
와 비교해 볼 때 전체적으로는 큰 차이를 보이지 않고 있다. 이러한 결
과를 통해서 볼 때 과반수 이상의 청소년이 취업, 학업지속과 자립생활,
직업훈련 등 자립에 대한 욕구가 상당히 높음을 알 수 있다. 그러나 현
재 청소년쉼터에 이용 · 입소하게 된 계기를 살펴보면 2007년의 경우
'친구 소개'가 19.5%로 가장 높았고, '1388 전화상담 의뢰'(10.3%),
'다른 보호시설의 의뢰'(8.3%), '경찰 의뢰'(8.2%), '쉼터의 의뢰'
(7.3%), '홈페이지, 인터넷'(6.8%), '선생님의 권유'(5.3%), '거리상담'
(5.0%), '쉼터홍보물'(3.6%)의 순으로 나타났다. 특히 2006년과 비교해
볼 때 '홈페이지, 인터넷을 통한 방법'(13.8%)이 감소한 반면에, '1388
전화상담 의뢰'와 '드롭인센터의 의뢰'가 증가하였는데 이러한 전화상
담 의뢰의 급격한 증가는 지난 1년간 1388 전화상담에 대한 홍보활동
의 결과로 보인다. 아울러 드롭인센터에서의 의뢰 증가는 아직까지는
수치가 낮음에도 불구하고 이 센터가 청소년쉼터로의 다리 역할을 수행
하고 있음을 보여 준다. 반면에 거리상담, 쉼터홍보물, 홈페이지 등은
청소년과 밀접한 관련이 있는 매체임에도 불구하고 실제로 청소년이 이
러한 매체를 통해서 쉼터를 찾은 비율은 낮게 나타나 거리상담, 쉼터홍
보물, 인터넷을 통한 더욱 적극적인 홍보대책이 요구된다.

03장
청소년 가출의 특징

청소년 가출은 가정해체와 가족갈등과 같은 가정 환경적 요인, 입시 위주의 교육환경이 빚어낸 학교병리현상, 유해한 지역사회 환경 등 복합적인 요인이 상호작용하면서 나타난 결과이므로 단순히 집을 나간다는 사실보다는 우리 사회가 안고 있는 복잡하고 다양한 청소년문제의 맥락에서 이해되어야 한다.

1. 가출청소년의 특성

대부분의 청소년은 자신의 문제를 인정하고 해결함에 있어서 소극적이고 비자발적인 경향이 강한데 특히 가출청소년의 경우 자신들의 문제를 인정하고 해결하는 데 스스로 전문적인 도움을 요청하는 경우는 매우 드물다. 김계현(2002)에 따르면 정작 도움이 필요한 청소년의 많은 수가 부모, 교사, 경찰 및 사회단체에 의해서 타의적으로 상담에 의뢰됨에 따라 도움에 대한 저항감이 커서 상담과정에서 대화 자체를 이끌어 가기가 쉽지 않다. 특히 거리청소년은 원하는 것, 하고 싶은 것, 기대하는 것조차 없이 무기력하고 의지가 약하며 자신의 능력을 전혀 모른 채 스스로도 잘하는 것이 하나도 없다고 생각하는 경향이 있으며, 지금까지 성장해 오면서 타인에게서 받은 상처로 인해 감정을 제대로 조절하지 못하여 쉽게 분노하며 대인관계를 형성하는 기회조차 회피하곤 한다(윤현영, 김지혜, 황동아, 2006).

가출청소년은 심리적, 정서적으로 공격성, 불안, 우울 등이 높고, 자기존중감과 자기상에 대한 인식이 매우 낮음을 알 수 있다(배문조, 전귀연, 2002; 정혜경, 안옥희, 2001; 조학래, 2004; 한상철, 2001). 한 예로 배문조와 전귀연(2002)은 고등학생을 대상으로 청소년의 가출충동과 관련된 특성을 연구한 결과, 가출충동 정도가 높은 청소년이 낮은 청소년에 비해 자기존중감이 낮고 불안, 우울 및 충동성을 높이 지각하는 것으로 나타났다.

이들이 보이는 대표적인 정서 상태는 무기력함과 낮은 자존감이다. 이들은 자신이 처한 결핍된 환경 속에서 자신의 노력이나 여러 번의 시도에도 불구하고 반복적으로 좌절을 겪다 보면 자신의 능력으로는 아무것도 할 수 없다는 학습된 무기력감에 빠지게 된다. 따라서 어떠한 문제가 발생해도 적극적으로 대응하기보다는 먼저 포기하는 모습을 보이곤 하는데 이러한 무기력함은 청소년의 일상생활 속에서 점차 내면화되고 습성화되면서 동기부여를 가로막고 있다. 실제로 집 밖에서 생활하면서 하루하루 먹고 자는 것에 대한 스트레스, 자립에 대한 강한 스트레스를 받음에도 불구하고 실제로 스트레스 해소방법을 행동으로 옮기지 못한 채 무기력한 모습을 보이는 경우가 많다.

또한 이들이 갖고 있는 낮은 자존감은 청소년 자신과 청소년을 만나는 실무자를 가장 힘들게 하는 요인으로서 무기력과 의욕의 상실을 낳고 자신에게 애정을 주는 상대에게조차도 불신감을 갖게 만든다. 이러한 청소년은 자신에 대해 자신감이 부족하고, 자신의 능력도 낮게 평가하며, 스스로 쓸모없는 인간이라는 등의 부정적인 생각이 내면에 깔려 있다 보니 어떠한 일을 할지라도 의욕을 갖고 실천하려는 의지가 약해서 쉽게 포기하는 경향이 있다.

이러한 소극적이고 부정적인 정서 상태 속에서 청소년은 자신이 처해 있는 어려운 상황 속에 또 다른 여러 가지 고통이 혼재되어 갈피를 잡지 못하고 좌충우돌하다가 순간적으로 치밀어 오르는 극단적인 심리상태에 놓이게 되면 충동적이고 무계획적인 가출을 감행하곤 한다. 또한 이들은 극단적인 심리상태에서 자신의 분노를 정서적으로 조절하는 것이 쉽지 않아 관계형성에서 갈등을 초래하기 쉽다.

그 밖에도 일상생활 속에서 사회화 과정을 자연스럽게 습득하지 못해 규율, 규범, 압력 등을 참아내지 못하면서 인내심과 의지력이 부족한 경향을 보인다. 더욱이 일부 청소년의 경우 가출생활이 습관화되면서 마치 역마살처럼 가정이나 보호시설에서 머물러 있는 것 자체를 견디기 힘들어하고 공동생활의 규칙이나 규율을 거부하며 한곳에 정착해서 생활하는 것을 답답해하곤 한다. 이런 경우 습관적인 재가출이 끊임없이 반복되며 종종 집보다 거리가 더 편하다고 표현하기도 한다.

"거리에서 생활하는 게 그냥 마냥 편한 거예요. 거리에서 어떻게 하면 잠을 자는지, 어떻게 하면 먹는지, 어떻게 하면 재밌는지를 애들이 다 알기 때

문에, 그냥 여기 갑갑한 생활 속에 규칙에 적응하고 공동체 속에 내가 훈련
받고 이런 거에 싫어하는 애들은."(이순형, 이혜승, 2004: 72)

가출청소년은 거리를 배회하면서 비행, 유해환경 내지는 유해업소에
연루되어 사회문제로서의 심각성이 더해 감에도 불구하고 청소년위원
회의 『유해환경접촉 실태조사』(2002)를 살펴보면 가출청소년은 물론이
고 일반청소년조차도 가출을 문제행동으로 여기지 않고 있어 가출행동
이 일반화되는 경향을 보이고 있다. 즉, 일반청소년 10명 중 7, 8명은
가출에 대해 관대한 태도를 보이고 있는데 이러한 점은 청소년에게 내
면화되어 있는 욕구불만이 언제든지 가출행동으로 표출될 수 있는 잠재
적 위험성을 안고 있고 과거에 비해 가출행동을 취하는 자세에 대한 인
식이 느슨해짐에 따라 가출 추세의 증가를 예상케 한다.

2. 가족문제

부모의 별거, 이혼이나 가출 등으로 인한 가정해체로 기능을 제대로
수행하지 못하는 가정이 늘어나고 있고 부모의 자녀양육능력의 부족,
부부간의 갈등 등으로 인해 가족 간의 갈등이 심화되면서 건전한 가정
을 유지하기가 점점 어려워지고 있다. 따라서 재구성된 가족, 편부·편
모가족 형태를 갖고 있는 청소년이 늘고 있는데 이러한 구조적 결손으
로 인해 나타나는 가족문제는 부모의 부재로 인한 자녀에 대한 불충분
한 감독, 자녀의 가정에 대한 책임의 증가, 결손가정으로 인한 열등감
과 불안감의 증가 등이다.
이러한 열악한 가정환경으로 인하여 가출청소년들은 자신의 부모에

대해서 증오심을 갖고 있으면서도 한편으로는 자신을 낳아 준 부모에 대해 깊은 애정과 연민이 섞인 양가감정을 갖고 있는데 이러한 뿌리 깊은 양가감정은 청소년에게 해결하지 못한 과제로 남아서 그의 행동과 정서에 영향을 미치곤 한다.

> "한 60%는 분노의 감정이 많고, 한 40%는 불쌍하다, 안됐다… 뭐 이런… 연민의 감정이 많아요. 왜냐면 많은 부모님들이 알코올홀릭이나, 폭행이나, 이런 거는 인생이 불쌍하다. 뭐 이렇게 보고 그래요. 연민의 정이랑 분노가 섞여 있는 것 같아요."(이순형, 이혜승, 2004: 63)

부모에 대한 증오와 상처를 갖고 있는 가출청소년은 애정이 결핍되고 성인에 대한 불신감이 커서 성인의 접근에 대해 순수한 관심과 애정의 표현으로 받아들이기 힘들어한다. 그러나 부모와 가족이 그의 부모에 대한 적대감을 받아들이면서 지속적으로 깊은 관심과 애정을 표현하다 보면 자발적으로 귀가하는 경우도 적지 않으므로 부모의 자녀에 대한 지속적인 관심이 가장 중요하다.

> "내가 집에 들어온 거는요, 부모님이 날 포기하기 않았다는 거예요. 한두 번도 아니고… 그게 네 번이었거든요. 집에 안 들어온다는 말도 수없이 많이 했고… 그런데 엄마가 포기를 하지 않았어요. 그래서 돌아온 거예요."
> (정운숙, 2002: 62)

이러한 가출청소년의 가정환경은 구조적 요인과 기능적 요인의 두 가지 요인이 작용하고 있다. 먼저 남미애 등(2007)의 조사에서 청소년쉼터 이용 청소년의 가출 전 가족형태를 살펴보면 편부모와 함께 산다는 응

답이 35.1%로 가장 높았고, 그다음이 친부모와 함께(26.0%), 친부모+
새부모와 함께(17.5%), 친척, 형제와 함께(13.5%), 시설 및 위탁 부모
(0.9%)의 순이었다. 즉, 조사대상자의 1/4 정도만이 친부모와 함께 살
고 있을 뿐 1/3 이상은 부모 중 한 사람과 생활하고 있고, 약 1/5가량은
부모가 아닌 다른 사람들 또는 본인 혼자 생활한 것으로 조사되었다. 이
러한 결과를 통해서 볼 때 가정해체 등 사회안전망의 붕괴로 인해 발생
되는 가출청소년의 수가 적지 않음을 알 수 있다.

   그 밖에도 빈곤한 가정에서 가출청소년이 많이 발생하고 있는데 그
이유는 가정경제의 어려움이 청소년에게 물질에 대한 욕망을 부추길 뿐
만 아니라 경제적 스트레스로 인해 심성이 각박해지고 부모 또한 자녀
양육에 대한 관심과 노력이 충분치 못하기 때문이다. 남미애 등(2007)
의 조사에서 쉼터이용 청소년의 가정 경제수준은 조사대상자의 1/4 이
상이 '기초생활보장 수급자'였고, 조사대상자의 58.9%가 자신의 가족
의 경제적 수준이 '하'라고 인식함으로써 이들이 빈곤과 상당히 밀접한
관련이 있음을 짐작케 한다. 즉, 이러한 경제적 어려움으로 인해 가족이
제공하는 안정성이나 정서적 지지와 같은 자원이 부족하게 되면서 청소
년은 하나의 탈출구로 가출을 시도하는 것으로 보인다. 이와 관련하여
조학래(2004)는 가정의 경제력과 청소년 가출에 대한 관계를 설명하면
서 청소년이 경제적인 어려움이 심각하여 가정 내에서 생활하는 것이
불가능한 경우에는 가출하여 아르바이트나 다른 일을 하면서 자신의
생활을 꾸려 가고 있다고 밝히고 있다. 이러한 빈곤으로 인한 장기적인
결과는 청소년으로 하여금 그들의 부모가 겪는 어려움과 유사한 문제
에 당면케 하는 심각성을 보이면서 빈곤의 악순환이 이어짐을 예측케
한다.

   한편 가족의 기능 역시 청소년의 가출을 부추기는 주된 요인이 되고

있는데 이러한 요인으로 부모의 신체적·정서적·성적 학대, 가정 폭력 및 부모 가출 등이 포함된다(배문조, 전귀연, 2002; 정혜경, 안옥희, 2001; 현은민, 2000). 이에 덧붙여 부모의 자녀양육 태도와 관련하여 정혜경과 안옥희(2001)는 어머니가 자녀 양육에서 과보호적인 태도를 취하거나 성취 지향적이지 않은 태도로 자녀를 양육하는 경우 가출을 유발시킬 위험이 높다고 밝히고 있다. 또한 김민정(1999)은 부모와 자녀 간에 원만한 의사소통이 이루어지지 못하거나 부모가 자녀에 대해 올바른 지도감독을 못할 때, 그리고 부모와 자녀 간에 부정적인 감정유대가 형성될 때 가출청소년의 재가출행동이 증가한다고 밝히고 있다.

그 밖에도 남미애 등(2007)의 조사에서 쉼터거주 조사대상자의 26%는 부모님이 자신을 심하게 때린 적이 있다고 하였고, 29.7%는 부모가 자신에 대해 전혀 관심이 없다고 생각하고 있었으며, 18.5%는 부모가 어디 있는지도 모르고 있고, 22%는 되돌아갈 집이 없다고 응답하였다. 이를 통해서 볼 때 조사대상자 4명 중 1명꼴로 가정 내에 폭력문제가 상당히 내재되어 있고, 10명 중 3명 정도는 부모의 적절한 보호와 관심을 받지 못하고 있다고 인식하고 있어 가정에서의 소외감과 거부감, 원망이 내재되어 있음을 짐작케 한다. 요더 등(Yoder et al., 2001)도 방임된 청소년은 그렇지 않은 청소년보다 가출행동이 3.25배 증가하였고, 성적으로 학대를 당한 청소년은 그렇지 않은 청소년에 비해 이러한 행동이 3.12배 증가하였다고 설명하고 있다.

이러한 가정환경의 악화로 인해 가출한 청소년에 대해서 실무자는 다음과 같이 언급하고 있다.

"가족기능을 회복시킬 수 있는 방법이 현실적으로 없을 때 힘들다. 가정폭력이 심한 경우, 아이들은 차라리 집을 나오는 것이 더 행복하다. 부모들은 무조건 집으로 돌려보내라고 요구하지만, 집에 돌아가는 것이 더 위험할 때도 많다. 그러나 이 경우, 아이들을 보호할 수 있는 곳도 마땅치 않고, 그렇다고 부모를 교육시키거나 도와주는 시스템도 없고, … 어렵다."(방은령, 2003: 96)

이들 대부분의 경우 설사 거리에서 잡히더라도 귀가 처리가 전혀 효과가 없는데 그 이유는 이들은 돌아갈 집이 없거나 돌아가더라도 변화하지 않은 가정환경으로 인해 끊임없이 재가출을 시도하기 때문이다. 따라서 실무자들은 가출청소년의 귀가를 가장 우선적인 목표로 여김에도 불구하고 귀가서비스가 쉽지 않고 설사 청소년이 귀가하더라도 적지 않은 수가 재가출로 이어짐에 따라 귀가서비스에 대한 검토는 물론 귀가가 어려운 청소년을 위한 서비스에 대한 관심이 커지고 있다(김경희, 2002; 유승권, 2002).

윤현영과 강진구(2005)의 조사에서는 청소년쉼터 입소청소년의 약 70% 이상이 가정적 문제로 가출하였는데 이들 중 상당수는 쉼터 퇴소 후에도 집으로 복귀하지 않겠다고 하였다. 즉, 가출청소년의 다수가 자발적인 귀가보다는 강제적인 귀가로 인해 부모와의 갈등을 지속적으로 겪으면서 재가출이 늘고 있는 시점에서 귀가가 어려운 청소년이 증가하고 있어 심각성을 더해 가고 있다. 한 예로 신림청소년 쉼터의 보고서에 따르면 1998년에 귀가가 60%를 차지했으나 그 비율이 점차 감소하고 청소년 스스로 자립하거나 중 · 장기시설로의 의뢰가 눈에 띄게 늘어나고 있다(우리세상, 2003). 이러한 사실로 미루어 볼 때 가정해체가 점점 더 심각해지는 시점에서 가정적 문제로 인한 가출청소년의 수는 증가하게 될 것이다.

호머(Homer, 1973) 등의 연구에 따르면 청소년이 가출하는 원인은

크게 두 가지로 분류할 수 있는데 하나는 청소년이 집 밖에 존재하는 쾌
락적 유혹이나 낭만을 쫓으려는 것(추구형)이고, 다른 하나는 청소년이
집에서의 빈곤이나 학대와 같은 어려움을 견디지 못하는 것(탈출형)이
다. 이러한 유형과 관련 시 가족문제로 인해 가출한 청소년은 대부분 탈
출형 가출유형으로서 외형상 추구형의 가출로 여겨지는 많은 가출청소
년이 실제로는 가정에서의 어려운 생활을 견디다 못해 집을 나와야 했
던 경험을 갖고 있는 것으로 밝혀졌다(윤현영 외, 2006). 비록 청소년 스
스로 가출한 이유가 '놀고 싶어서'라고 응답하였다고 하더라도 심층적
인 면접을 실시해 보면 부모의 허락을 받지 않고 집에서 벗어나고 싶은
충동을 느끼게 한 어려움이 나타나는 경우도 적지 않다.

3. 가출의 저연령화

2000년대에 들어오면서 중학교 1, 2학년의 가출이 늘고 있고, 특히
초등학생의 가출 또한 적지 않은 수치를 보이고 있어 가출의 저연령화
현상을 보이고 있다. 청소년은 대부분 사춘기가 본격적으로 시작하는
시점에서 가출을 시도하는데 사춘기 연령이 점차 낮아지면서 가출 연령
도 낮아지는 것이 아닌가 짐작케 한다. 반면에 중학교 3학년부터는 첫
가출을 시도하는 비율이 낮아지는데 이것은 가출행동을 저지를 가능성
이 있는 청소년은 이 시기 이전에 이미 최초의 가출행동을 경험했기 때
문이라 추측된다.

가출청소년의 연령별 특성은 청소년기의 인지발달 및 정체감형성과
밀접한 관련이 있다. 청소년기 초기, 즉 13~16세 정도에는 자아정체감
혼란이 계속되고 자기중심적인 사고를 벗어나지 못해 가출과 비행이 반

복적으로 이루어지다가, 어느 정도 자아정체감이 안정되고 타인을 이해하며 수용할 수 있는 청소년 후기로 갈수록 자신의 앞날에 대한 생각이 많아지면서 가출에 대한 충동은 낮아지고 자립을 추구하거나 귀가를 원하는 경우가 많음을 볼 수 있다.

> "나이별로 하자면 열여섯 살 이전, 그러니까 열세 살부터 열여섯 살까지는 가출이 계속 반복되더라고요. 나이에 따른 것도 있어요. 그래서 우리 친구들이 하는 말이, 무슨 말하냐면은, 선생님! 중학생은 건드리지 마세요. 차라리 고등학생을 건드리세요. 왜냐면 우리도 중학생 때는 아무것도 안 보였다고. 그래서 저희 마을에 애들이, 가출하잖아요. 재가출하면, 몇 살이냐, 그러면 열네 살, 열다섯 살, 그렇게 그때 많이 하거든요? 하면은, 아이고, 앞으로 한 대여섯 번은 더 하겠다… 보통은 열일곱이 되면은 자리를 잡아요. 그러니까 그건 연령에 따라서도 재가출이 될 수 있다고 저는 보고 있습니다."(이순형, 이혜승, 2004: 70)

이러한 추세에는 일반청소년이 갖고 있는 가출행동에 대한 관대한 태도도 한몫을 하고 있다. 이러한 저연령화 추세는 어린 나이에 거리에 산재해 있는 각종 위험에 노출될 우려가 커지고 비행이나 유해환경에 접할 기회가 많아지면서 만성가출자로 전락할 가능성이 크다. 여기서 문제는 가출 등과 같은 청소년 문제행동이 처음으로 발생한 시점이 언제인가에 따라서 이후 문제행동의 패턴이 달라지고, 이 시점이 빨라질수록 훗날 더 심각하고 다양한 문제행동이 발달하게 되므로 가출의 저연령화에 따른 심각성에 대한 정확한 인식과 대책 마련이 시급히 요구되고 있다.

4. 재가출의 증가

가출의 저연령화 추세는 어린 나이에 거리를 배회하게 되면서 거리에 산재해 있는 각종 위험에 노출될 기회가 많고 비행이나 유해환경에 접할 기회가 잦다 보니 귀가가 여의치 않게 되면서 만성가출자로 전락할 가능성이 크다. 또한 가출청소년의 다수는 자발적인 귀가보다는 타의로 어쩔 수 없이 귀가하는 경우가 많은데 가출 전의 문제가 미해결상태이고 가출행동으로 인한 가정 내에서의 엄한 규제로 인해 재가출의 가능성이 증가하면서 만성가출자가 늘고 있어 가출의 심각성을 더해 주고 있다.

이러한 반복적인 청소년 가출이 문제가 되는 것은 단순히 집을 뛰쳐나가기 때문이 아니라, 가출 횟수를 거듭할수록 가출기간이 길어지면서 길거리에서 각종 비행과 유해환경에 쉽게 젖어들 수 있는 위험성이 커지기 때문이다(김경희, 2002; 김민정, 1999; 한은신, 2001; Thompson & Pollio, 2006). 김민정(1999)은 첫 가출 이후 또래의 비행 정도가 상습가출에 영향을 미치는 것으로 나타나 비행에의 연루 및 이와 관련된 또래와의 만남이 상습적인 가출자로 되는 계기가 되고 있다고 설명하였다. 이에 덧붙여 배문조와 박정선(2002)의 연구 결과에서도 가출충동 정도가 높은 청소년이 낮은 청소년에 비해 친구의 비행 정도가 높은 것으로 나타났다. 특히 톰슨과 폴리오(Thompson & Pollio, 2006)는 다수의 가출경험이 있는 청소년이 보이는 위험패턴은 심각한 성인노숙자들이 스스로 보고한 위험 내용과 매우 유사하다고 설명하고 있다. 이러한 연구들을 통해서 볼 때 가출 횟수가 증가함에 따라 가출기간이 증가하고 결국 가출이 장기화, 만성화되는 것을 알 수 있으며 심지어 성인노숙자와 유사한 위험성을 내포하고 있다.

이러한 재가출과 관련하여 가출청소년과 함께 일하는 실무자들은 여러 의견을 제시하고 있다.

"재가출은 가출원인에 따라 다르다. 가정폭력의 경우 거의 다 다시 가출한다. 그러나 단순히 호기심이나 친구권유에 의해 처음 가출했던 경우에 집에 돌아온 후 다시 가출하는 비율은 상대적으로 낮다."(방은령, 2003: 72)

"재가출을 자꾸 하게 되는 가장 큰 원인은 가족의 기능이 없다는 것이다. 대개 부모가 자녀에게 무관심하고 정서적으로 관계가 형성되어 있지 못하기 때문에 처음의 원인이 점점 심화되고 가출을 점점 더 강화시킨다."(방은령, 2003: 78)

그렇다면 가출이 재발할 때마다 가출원인이 달라지는가? 많은 가출청소년을 만나 본 실무자는 처음 가출하는 청소년과 재가출 경험이 많은 청소년의 차이점에 관해 다음과 같이 이야기하고 있다.

"처음 가출을 하는 청소년은 두려움이 많다. 이들은 비행을 최대한 주저하고 꺼리며 자신을 도와줄 기관을 찾는다. 그러나 재발 횟수가 높은 청소년은 가출상태에 잘 적응하여 일자리도 찾고, PC방에서 지내는 것도 편안하게 생각하며, 비행도 자발적으로 저지른다. 또한 이들은 자신을 도와줄 기관을 찾지도 않는다."(방은령, 2003: 81)

이를 종합하면 청소년이 처음 가출을 할 때는 두려움이 많고 비행을 저지르는 것을 주저하며 도와줄 기관을 찾지만, 가출 횟수가 높아질수록 두려움이 없어지고 가출생활에 대한 적응력도 높아져서 도와줄 기관을 찾지 않으며 주저 없이 비행도 저지르는 것으로 보인다.

5. 보호시설에 대한 인지 부족

현재 가출청소년을 위한 보호시설은 청소년쉼터와 같은 일시보호시설과 그룹홈과 같은 장기보호시설, 그리고 선도시설 등이 있는데 이러한 시설은 가출청소년의 일차적인 욕구인 의식주는 해결해 주고 있지만 보호시설에서의 적응상의 어려움으로 인해 재가출도 적지 않아서 아직까지는 보호시설의 역할이 미비한 실정이다. 뿐만 아니라 이러한 보호시설이 절대적으로 부족하다 보니 가출청소년 중에서 이러한 보호시설에서 서비스를 제공받는 수는 전체 가출청소년의 1%에도 못 미칠 정도로 미미하다(청소년보호위원회, 2000).

이에 덧붙여 대부분의 가출청소년은 그나마 마련되어 있는 보호시설에 대한 정보나 이용방법을 잘 몰라서 필요한 서비스를 제대로 제공받지 못하고 있다. 국가청소년위원회(2006a)의 조사에 따르면 일반청소년 집단의 경우 응답자의 9.4%만이 청소년쉼터의 장소나 이용방법을 잘 알고 있다고 응답한 반면에, 절반 이상이 청소년쉼터에 대해 전혀 모르고 있고, 청소년쉼터가 있다는 것은 알지만 장소나 이용방법을 모른다고 응답한 경우도 29.7%로 청소년쉼터에 대한 인지도가 매우 낮은 것을 알 수 있다. 심지어 위기청소년 집단조차도 10명 중 3, 4명 정도만이 청소년쉼터의 장소나 이용방법을 잘 알고 있는 것으로 나타나 청소년쉼터가 정말로 필요한 청소년조차도 이러한 보호시설에 대한 정보가 없어서 필요한 도움을 제공받지 못한 채 거리에 방치되는 경우가 허다하다.

가출청소년을 위해 마련된 대표적 서비스인 가출청소년쉼터는 현재 전국 약 70여 곳에서 청소년에게 무료로 숙식을 제공하면서 상담서비스와 교육관련 정보도 제공하고 있다. 최근에는 기존의 청소년쉼터와 달리 숙박이 불가능한 드롭인센터도 문을 열어 청소년이 낮시간 동안 자유롭게 들락거리며 휴식을 취하고, 먹을 것과 필요한 위생 물품을 제공받으며, 상담과 기타 서비스 정보를 얻을 수 있는 공간으로 자리 잡고 있다. 따라서 청소년이 이러한 시설이나 기관을 적절하게 활용하기만 한다면, 집을 나와서도 거리에서 위험에 노출되지 않고 유해환경에 빠지지 않은 채 안전한 생활을 유지하면서 자신들의 당면한 문제를 해결하는 데 필요한 도움을 받을 수 있다.

이러한 청소년쉼터의 장점에도 불구하고 실제로 가출한 청소년은 가출 후 상당 기간이 경과된 후에야 이러한 서비스에 대해 알게 되는 경우가 많다. 가출하면 당장 생존을 위한 도움이 절실하게 필요함에도 불구하고 많은 청소년은 자신들이 필요한 도움을 제공하는 서비스 기관이 존재한다는 사실조차 모른 채 상당한 시간을 거리에서 보내곤 하는데 그 이유는 청소년쉼터와 같은 사회서비스 기관이 청소년 사이에 잘 알려져 있지 않기 때문이다. 뿐만 아니라 설사 이러한 기관에 대한 정보를 갖고 있더라도 자신들이 신뢰할 수 있는 곳인지에 대한 판단을 내리는 것도 쉽지 않기 때문이다. 물론 일부 청소년의 경우 이러한 서비스 기관의 존재를 알고 있어서 이러한 기관에서 필요한 도움을 제공받아 생활의 전환을 이루기도 하지만 이러한 서비스 기관이 자신의 생존 문제를 해결해 줄 수 있다는 사실을 설사 알고 있더라도 이러한 기관의 환경 요인과 관련하여 자유를 구속하고 행동을 제약하는 곳이라는 부정적인 견해를 갖고 있어서 이를 이용할 생각조차 없는 청소년도 많다. 그 밖에도 청소년이 집에서 가출을 반복하듯이 여러 서비스 기관에 입소하였다가 퇴소하는 과정을 반복하거나 여러 서비스 기관들을 전전하는 모습도 볼 수 있다. 물론 극소수이지만 이러한 서비스 기관에 대해 많은 정보를 갖고 있는 청소년들은 각 서비스 기관의 차이점을 인지하고 자신에게 적합한 기관을 찾아가는 사례도 있다.

어쨌든 중요한 사실은 많은 가출청소년이 자신들에게 필요한 도움을 제공받을 수 있는 보호서비스 기관이나 시설에 대해 아는 바가 없다는 점이다. 따라서 가출 후에 필요한 서비스를 제공받아 힘든 환경에서 벗어날 수 있음에도 불구하고 정보 부족이나 왜곡된 정보 등으로 인하여 서비스 이용 자체를 거부하는 경우도 적지 않은데 이는 매우 안타까운 현실이다.

04장

가출청소년의 욕구

    가출청소년은 일반청소년과 마찬가지로 한 인간으로서 몇 가지 권리—생존에 관한 권리, 가족에게서 양육과 보호를 받을 수 있는 권리, 교육받을 권리, 사회구성원으로서의 권리 등—를 누릴 수 있음에도 불구하고 자신의 권리와 인권을 거의 찾지 못한 채 위험한 생활을 영위하고 있다. 가출청소년도 우리와 똑같은 인간으로서 다양한 욕구를 갖고 있는 존재임은 분명하지만 자신의 욕구를 가정이나 사회에서 충족시키지 못함으로써 많은 좌절과 고통을 안고 살아가고 있을 뿐이다.

    따라서 가출청소년이 어떤 욕구를 갖고 있고 이러한 욕구가 충족되지 않음으로써 어떤 어려움을 겪는지를 이해하는 것은 청소년과 함께 일하는 데 있어서 기본 전제가 되어야 한다. 이에 덧붙여 매슬로(A. Maslow)의 욕구 5단계에 대한 이해는 실무자가 가출청소년이 무엇을 원하고 어떤 생각을 하는지를 파악하는 데 매우 중요하다.

1. 생존 욕구

욕구이론에 따르면 인간의 생명을 유지하기 위한 기본적인 욕구이자 권리인 생존문제는 매슬로의 생리적 욕구와 안전의 욕구에 해당하는 부분으로 의식주, 보건·의료, 안전 등의 문제가 여기에 포함된다.

생존문제는 모든 청소년에게 중요한 문제이지만 청소년이 처한 위기 상황에 따라서 심각성의 정도가 다르다. 대부분의 청소년은 생존에 대한 욕구를 가정에서 충족시켜 주고 있지만 청소년이 집을 나서는 순간부터 생존에 필요한 의식주에 관한 욕구는 스스로 해결해서 충족해야 한다는 절박한 과제에 부딪치게 된다. 따라서 청소년이 가출한 상황에서는 하루 종일 아무것도 먹지 못하거나, 잠잘 곳이 없어서 위험에 노출되어 있는 공원, 빈집, 거리 등을 배회하거나, 식사를 규칙적으로 하지 못하는 등 인간으로서의 가장 기본적인 욕구조차 충족되지 못함에 따라 의식주 문제는 물론이고, 보건·의료 등의 다양한 문제까지도 심각한 수준에 이르고 있다.

잘 알려져 있는 바와 같이 청소년이 경험하는 생활환경 중에서 주거지는 일차적인 생활공간으로서 청소년의 심리적·정서적 측면은 물론이고 청소년의 사회화에도 지대한 영향을 미치고 있다. 많은 위기청소년은 열악한 가정환경이나 빈곤 등 심각한 가족문제를 이유로 자신의 집에서 거주하지 못하고 가족과 아는 사람 사이를 배회하거나, 은신처, 야외, 공공장소 등에서 생활하곤 한다. 특히 노숙청소년과 가출청소년들은 수없이 많은 폭력이 난무하는 거리를 배회하면서 원치 않는 폭력에 휘말리는 경우가 많고, 하루하루 의식주를 해결하고자 별다른 생각 없이 절도, 윤락행위 등에도 개입하곤 한다. 즉, 인간으로서 생존하기에는 매우 열악한 환경에 처하게 되면서 생존 그 자체를 위협받곤 한다.

김경준, 김지혜, 류명화, 정익중(2006)의 조사에 따르면 가출청소년의 지난 1년간의 의식주 생활을 살펴보면, 하루 종일 아무것도 먹지 못한 경험을 한 청소년은 30.6%, 식사를 규칙적으로 하지 못한 청소년은 54.6%, 계절에 맞지 않는 옷이나 더러운 옷을 입은 경험이 있는 청소년은 24.6%, 잘 곳이 없어서 밖에서 자거나 밤새도록 돌아다닌 경험을 한 청소년은 55.9%로 나타났다. 이것은 대다수의 가출청소년이 의식주라는 가장 기초적인 생존욕구가 충족되지 못한 상태에서 가정과 사회에서 방임된 채 생활하고 있음을 보여 준다.

한편 이들은 적절치 못한 숙식과 거리생활로 인하여 종종 심각한 건강문제를 겪고 있다(김경준 외, 2006; 김성경, 1997; 김향초, 1998; Farrow, Deisher, Brown, Kulig, & Kipke, 1992). 김경준 등(2006)은 지난 1년 이내에 1일 이상 가출상태에 있었던 조사대상 청소년 중에서 지난 1년간 건강검진을 받은 경험이 있는 청소년을 조사한 결과 절반 정도(53.8%)의 청소년이 건강검진을 받아 본 것으로 밝혀졌다. 이러한 결과는 가출청소년이 가출로 인해 다양한 질병에 쉽게 노출됨에도 불구하고 이러한 질병을 조기에 발견하고 치료하기 위한 조치가 제대로 이루어지지 못하고 있음을 보여 준다. 또한 이들의 지난 1년간의 질병 경험을 보면, 66.8%가 질병이 있었다고 응답하였는데 경험한 질환 가운데에는 충치 · 잇몸 질환이 23.9%로 가장 많았고, 다음으로 위장내과질환 18.6%, 피부질환 15.1%, 각종 사고 8.8%, 성문제질병 6.7% 등의 순으로 나타났다. 이러한 질병을 경험한 청소년 가운데 72.4%만이 질병을 치료했다고 응답하였을 뿐 대부분의 청소년은 치료비가 없다는 경제적 이유로 질병에 대해 치료를 받지 못했거나 귀찮다는 이유로 치료받기를 거부하기도 하였는데 이러한 질병의 방치는 더 큰 위험을 유발시킬 수도 있다.

특히 이들의 가출기간이 장기화되면 될수록 불안정한 주거로 인해 더 심각한 상황에 처하게 되고 또 안전하고 장기간 거주할 수 있는 주거지에 대한 욕구가 더욱 절실해지는데 그 이유는 주거지가 복합적인 문제 해결의 실마리가 되기 때문이다. 그러나 주거지 해결 차원에서 비슷한 처지에 있는 다른 가출자들과 함께 집단생활을 함으로써 불량 집단에 개입되기 쉽고, 무분별한 혼숙, 동거생활 등으로 인하여 성병, 임신 등의 문제가 발생하기도 한다(김성경, 1997). 이러한 불안정한 거주지는 신체적 건강은 물론 정신적 건강에까지 해를 끼쳐 높은 우울증 증세를 유발하고 결국 알코올이나 약물을 복용하다 자살로 생을 마감하는 경우도 있다.

가출청소년에게 있어서 의식주 보장은 건강 유지, 위험으로부터의 안전 확보, 인간으로서의 기초적인 권리 보장이라는 측면에서 사회가 당연히 주의를 기울여야 할 부분이다. 흔히 가출청소년에 대해서는 일탈자라는 사회적 인식이 팽배하여 이들이 겪는 곤란을 인과응보로 해석하고 당연시하는 풍토가 만연해 있다. 하지만 이들은 가정이 제 기능을 다하지 못할 때 당연히 사회의 보호를 받아야 할 존재로서 이들이 겪는 생존 위협은 오히려 이들을 보호해야 할 사회가 자신의 의무를 유기한 것이다. 가출청소년의 기본적 안전과 생존을 보존하지 못했을 때 발생하는 사회적 손실을 고려한다면 더더욱 가정이 일시적 혹은 장기적으로 청소년을 보호하는 기능을 하지 못하고 있을 때 사회는 이들에게 안전망을 마련해 주어야 한다. 어찌 보면 가출청소년이 경험한 의식주에 따른 생활수준은 우리 사회가 얼마나 청소년의 성장을 위해 안전망을 갖추고 있는지를 알려 주는 척도이기도 하다.

　이런 점에서 볼 때 가출청소년을 위한 청소년쉼터는 이들의 생존욕구를 일정 부분이나마 충족시켜 줄 수 있는 의미 있는 시설이지만 열악한 규모와 운영으로 인하여 쉼터에 대한 만족도가 낮고 그것마저도 극소수의 가출청소년에게만 혜택이 돌아가고 있는 실정이다. 다행히 최근 청소년복지지원법 개정에서 이러한 청소년쉼터의 법적 근거 및 서비스 대책과 관련한 법적 근거를 마련한 점은 의의가 있다.

2. 발달 욕구

　청소년기는 급격한 신체적 성숙, 지적 성장, 그리고 새로운 사회적 요구에 대응하여 사회적 기술을 개발해야 하는 시기로 발달단계에 따라 다양한 욕구가 나타나는데 이러한 욕구성취는 자기존중감을 높이는 데 효과가 있다. 반면에 이러한 청소년시기의 욕구가 제대로 충족되지 못하면 학교에서의 소외, 자기존중감 및 소속감의 상실, 비행과 약물 등에 대한 대처방법의 상실 등이 종종 발생한다. 이러한 상황에서 청소년은 음주, 흡연과 같은 문제행동의 발생 가능성이 높아지고 자기존중감이 낮아지는 경향이 있다.

　이와 관련하여 스케일스(Scales, 1991)는 초기 청소년을 특징짓는 일곱 가지 발달 욕구로 성인 또는 또래와의 긍정적인 상호작용, 통제된 구조로부터의 탈피, 신체적 활동, 창조적인 표현, 효능감 및 학업성취, 가족과 학교에서의 의미 있는 참여, 공동체 참여 등을 언급하였다(김경준 외, 2006: 26).

　한편 생태학적 발달이론에서는 청소년 발달을 청소년과 환경 간의 상호작용으로 설명하고 있다. 즉, 청소년 발달은 어떤 특정한 한 가지 요인에 의해서 이루어지는 것이 아니라 청소년과 가정, 청소년과 학교, 지역사회 규범과 가치 등과 같은 다양한 환경적 요인에 의해서 영향을 받는데 이를 자세히 살펴보면 가정에서의 부적절한 지도감독, 가족구성원 사이의 갈등, 부적절한 친구관계, 부정적인 학업경험, 지역사회 친밀도 및 지역사회 조직화의 저하 등은 청소년 발달에 위험요인으로 작용하고 있다. 반면에 김경준 등(2006)은 청소년 발달에 도움을 주는 요소로 또래 및 성인과 긍정적인 관계의 형성, 안전하고 매력적인 장소의 제공, 적절한 생활기술의 개발, 지역사회 참여기회의 제공, 안전한 환경에서의 새로운 도전 기회의 제공 등을 열거하고 있다.

이러한 환경적인 요인 중에서도 교육욕구는 큰 영향을 미치고 있다. 가출청소년은 우리 사회에서 학생으로서 살아갈 수 있는 권리를 제대로 누려 보지도 못한 채 학교 밖으로 나가 다시는 학교체계 안으로 돌아오지 못함으로써 넓은 의미의 교육 기회의 상실로 인한 욕구불만이 클 수밖에 없다. 김경준 등(2006)의 조사를 살펴보면 조사대상자 중 정규학교에 재학하고 있는 가출청소년은 39.4%였고, 정규학교에 다니지 않는 가출청소년은 60.6%로 절반 이상을 차지하고 있다. 이는 대다수의 가출청소년이 교육받을 권리를 보장받지 못하고 학업이 중단된 채 학교체계 밖에 방치되고 있는 것으로 가출청소년에 대한 교육권의 침해가 얼마나 심각한지를 잘 보여 주고 있다. 특히 이들은 가출하기 전부터 학교생활에 잘 적응하지 못하여 결국 학교 다니는 것을 중단하고 있는 상태이다. 그러나 이들 중 상당수는 복학하고자 시도하거나 복학할 의사가 있는 것으로 드러났지만 많은 가출청소년이 학업에 대한 두려움을 갖고 있고 복학 절차의 까다로움과 입학 · 복학과 관련된 정보의 부족 등의 장벽을 경험하면서 복학에의 의지가 약해지곤 한다. 이러한 가출청소년의 학업중단은 궁극적으로는 실업, 빈곤 등으로 인한 사회적 비용을 증가시킬 수 있어 크게 우려되는 현상이다.

3. 보호 욕구

청소년 보호는 청소년의 문제행동을 사전에 예방하기 위하여 취하는 조치라고 볼 수 있지만, 인권적 차원에서는 청소년이 사회의 건전한 구성원으로 성장할 수 있도록 하기 위해서 국가나 사회에 요구할 수 있는 정당한 권리를 의미하기도 한다. 이러한 보호욕구는 기본적으로 가정에서 제공받아야 하고 사회에서도 한 구성원으로서 자신의 권리를 인정받아야 한다.

콜레스(Coles, 1995)는 보호권(protection rights)을 사회적 착취와 학대로부터 청소년을 보호하기 위한 권리 영역으로서 특히 성적 학대, 신체적 학대, 그리고 노동현장에서의 착취로부터의 보호에 초점을 두고 있다(한국청소년개발원 편, 2005). 결국 청소년보호에 관한 권리는 모든 형태의 학대, 방임 및 착취로부터 청소년을 보호하기 위한 권리를 의미한다고 볼 수 있다. 이러한 관점에서 볼 때 가출청소년은 보호권이 거의 없는 생활을 지속해 왔다고 할 수 있는데 이와 관련하여 김경준 등(2006)은 가출청소년이 가정에서 신체적 학대, 정서적 학대, 방임, 심지어 성적 학대까지도 당하면서 생활했다고 밝히고 있다. 예를 들어, '너만 없으면 속이 편할 것이다'와 같은 정서적인 학대와 관련하여 수치심과 모욕감을 느낄 정도로 꾸짖음을 받은 경험이 있는 청소년이 67.9%에 달하였다. 즉, 절반 이상의 청소년이 심각한 신체적 학대와 정서적 학대를 경험하였고, 30~50%의 청소년이 가정폭력을 목격하였으며, 30% 내

외의 청소년이 방임을 경험한 것으로 드러남으로써 가정이 청소년의 보
호욕구를 충족시키기는커녕 오히려 이들을 가정 밖으로 내몰고 있다.

이에 덧붙여 가출청소년은 근로시장에서도 전혀 보호권을 인정받지
못하고 있다. 청소년 노동의 착취는 일 자체나 작업 환경, 특별한 위험요
소의 존재여부, 일에 대한 보상, 고용관계의 특성을 포함하는 다양한 요
인에 의해서 좌우되는데 근로와 관련된 우리나라 청소년의 인권 침해는
근로계약 위반, 저임금, 임금체불, 폭력 및 성희롱 등 다양한 형태로 나
타난다. 한 예로 김경준 등(2006)의 조사에 따르면 가출청소년이 일(아르
바이트)을 할 때 발생한 인권침해 경험은 임금체불이 27.4%, 부당해고
가 15.8%, 부당연장근로가 23.5%, 심한 욕설이나 비난이 23.2%, 신체
적 폭행 피해가 4.6%, 성추행이나 성폭행이 3.1% 등으로 밝혀졌다.

이러한 내용을 통해서 볼 때 가출청소년은 사회의 관심에서 벗어나
있고 일반청소년보다 더 많은 피해에 노출되어 있다. 뿐만 아니라 이들
이 직장이나 아르바이트 현장에서 받은 피해에 대해서 적극적으로 대처
하지 못한 채 피해를 고스란히 감수하고 있으며, 문제해결의 통로인 성
인이나 공식적인 기관을 활용하는 청소년은 극소수에 불과하다.

대부분의 가출청소년은 용돈과 생활비 마련의 차원에서 아르바이트
를 하고 싶어 하는데 단기 · 중장기 쉼터 입소청소년을 대상으로 한 남
미애 등(2007)의 조사에 따르면 가출기간 중 아르바이트를 한 적이 있
다는 응답이 51.1%에 달하여 절반에 가까운 청소년이 아르바이트를 경
험한 것으로 나타났다. 그러나 조사대상자의 16.5%가 보수를 제대로
받지 못한 경우가 있었고, 15%는 일하다 다친 경험이 있었으며, 7.2%
는 사장이나 손님에게 구타나 폭행당한 경험이 있는 것으로 밝혀졌다.
그 외에도 아르바이트 시 성희롱 당한 경험이 7.5%이었고 6.6%는 성폭
행당한 적이 있다고 응답하였다. 이러한 결과는 가출청소년이 아르바

이트 시 많은 위험에 노출되어 있고 자신의 권리를 전혀 보호받지 못하고 있음을 잘 보여 주고 있다.

이와 같이 적지 않은 수의 청소년이 합법적인 생계수단이자 진로설계와 관련된 노동에 대해 그 가치를 깨닫기도 전에 노동현장에서의 피해, 부당대우 등의 부정적인 노동경험을 하게 됨으로써 좌절감을 느끼고 비합리적인 수단을 선택하는 경우도 적지 않다. 따라서 이들이 노동시장에서 자신의 권리를 보호받으면서 건강하게 생활할 수 있도록 지원하는 경제활동지원책 마련이 시급하다.

4. 참여 욕구

청소년을 지역사회의 주요한 구성원으로 인정하고 일정한 역할을 부여함으로써 지역사회에 기여하게 하는 일은 대부분의 국가나 지역사회의 주요한 관심사가 되고 있다. 우리 사회도 제2차 청소년육성 5개년 계획 이후 청소년 참여를 위한 법과 제도를 정비해 왔으며, 이와 관련된 프로그램들을 개발하고 있지만 청소년 참여에 대한 사회적 인식은 여전히 개선되고 있지 못하다.

김경준 등(2006)의 조사에서 가출청소년 중에서 청소년으로서 누려야 할 자신의 권리를 잘 알고 있다고 응답한 청소년은 51.4%로 절반이 조금 넘었다. 또한 진학문제 등 자신에게 직접적으로 영향을 미치는 중요한 문제를 결정할 때 자신의 의사가 존중된다는 청소년은 67.6%인 반면에 환경문제, 폭력문제, 성폭력문제 등 자신과 관련된 사회문제에 대해서 의견을 말할 수 있는 통로가 있다는 청소년은 46.9%로 과반수에 조금 미치지 못하였다. 이러한 조사를 통해서 볼 때 가출청소년은 사

회문제에 대한 개인 의견을 제시해 볼 수 있는 기회조차 거의 없음을 알
수 있다.

청소년은 지역사회 참여 기회를 통해서 다양한 가치를 실현할 수 있
는 장점이 있다. 실제로 청소년은 지역사회 이슈와 같은 긍정적인 일의
참여를 통해서 책임감과 리더로서의 역할, 의사결정의 기회를 가지게
될 때 문제행동의 가능성을 줄이고 다양한 가치를 개발하는 것으로 나
타나고 있다. 그러므로 지역사회 관련 조직에서는 청소년에게 민주적
으로 참여할 수 있는 기회를 제공함으로써 자아정체성, 지역사회 정체
성, 사회적 효능성과 기능, 자기결정성 등 청소년 개인의 가치뿐만 아
니라 지역사회의 가치를 개발할 수 있는 기회를 제공하는 것이 중요하
다(김경준 외, 2006).

지금까지 가출청소년이 가지고 있는 네 가지 욕구를 살펴보았다. 이
러한 욕구는 개별적인 욕구가 아니라 서로 연계되어 있어서 특히 청소
년과 함께 일하고 있는 실무자가 기본적으로 알고 있어야 할 내용이다.
가출청소년은 가장 기본적인 생존의 욕구가 충족되기 전에는 실무자에
게서 제공받을 수 있는 타 서비스의 내용에 대해 거의 관심이 없다고 할
만큼 의식주의 해결은 가장 절실한 욕구이다. 이들이 길거리로 나오게
되면 가장 중요하고 긴급한 것이 하루하루 먹고 자는 것을 해결하는 것
이므로 이러한 의식주와 관련된 서비스의 제공은 그의 기본적인 욕구이
자 인간으로서 당연히 보장받아야 할 권리를 충족시키기 위해 필요한
서비스이다.

이와 더불어 가출청소년의 위험한 의료적 상황에 대한 인식이 요구
되고 있다. 이들은 비위생적인 환경에서 생활하다 보니 영양실조는 물
론이고 특히 생존을 위해 성매매를 경험하는 경우 성병에 걸리거나, 임

신한 경우에는 임산부로서의 적절한 관리의 결여, 부적절하게 낙태를 시도하면서 신체적 질병을 얻기도 한다. 그 밖에도 식사는 제대로 하지 않는 반면 음주나 흡연을 심하게 하여 이로 인한 신체적 이상을 경험하기도 하지만 청소년은 스스로 자각하지 못하거나, 자각하더라도 병원이나 보건소를 찾아갈 엄두를 내지 못하고 이를 방치하는 경우가 대부분이다. 따라서 가출청소년을 위한 의료 서비스의 제공은 기본적인 생존 욕구의 해결책이라 할 수 있다.

그 밖에도 대부분의 청소년쉼터에서는 찾아온 청소년에게 가장 먼저 먹고 잠을 잘 수 있는 서비스를 우선적으로 제공하여 생존 욕구를 충족시키면서 안정을 취하게 하는데 이러한 안정을 통해 자신을 돌아볼 수 있는 시간의 여유를 갖게 함으로써 안전한 환경에서 보호받고 있다는 인식을 갖게 하는 것이 중요하다.

앞에서 설명한 바와 같이 가출청소년의 욕구는 단순히 배고픔을 해결하고 잠자리를 해결하는 것에서부터 교육을 받거나 가족과의 갈등을 해결하는 것 등 매우 다양하고 방대하지만 이들과 함께 일할 때 꼭 기억해야 할 사실은 이러한 다양한 욕구의 충족에 있어서도 우선순위가 있다는 것이다. 가출청소년을 위해서 열심히 일하는 실무자들조차 그를 위해 돕고자 하는 마음이 앞서면서 종종 범하는 실수 중의 하나가 당장 배가 고픈 청소년을 앞에 앉히고 그의 장래 희망에 대해 이야기하기를 기대하는 것이다. 인간으로서의 가장 기본적인 욕구도 충족해 본 경험이 없는 가출청소년에게 실무자의 가치관, 기준에 입각해서 지나치게 무리한 기대를 하는 것은 오히려 부정적인 영향을 미치므로 이들을 만나기에 앞서 이들이 충족하고자 하는 욕구에 대한 정확한 이해를 갖추어야 한다.

05장
가출 이후의 삶

"가출청소년은 사회적 보호망이 제대로 구축되어 있지 못해서 범죄의 사각지대에 놓여 있다."(박명숙, 2006) 또한 청소년 가출은 단순히 일회성 사건으로 끝나는 것이 아니라, 가출청소년에게 신체적, 정신적, 사회적으로 심각한 영향을 미치는 사건이다. 물론 가출은 그 행동 자체가 심각한 비행은 아니지만 청소년의 신체적·정신적·사회적 기능을 손상시키고, 가족에게는 심각한 스트레스를 유발시킴으로써 가족의 역기능을 강화시키며, 사회적 측면에서는 학교와 지역사회에 악영향을 미친다. 그렇다면 '왜 가출하였는가?' 만큼이나 중요한 질문은 '가출 이후 어떻게 되었는가?' 라는 것이 아닐까?

간단히 말해서 집을 떠난 청소년이 살아가야 하는 거리라는 곳은 앞에서도 언급된 바와 같이 항상 기본적인 생존을 위협하고, 사회인으로 성장하기 위해 필요한 교육과 근로에 대한 기회조차 제공하지 않으며, 청소년을 부당하게 배척하곤 하여 가출청소년이 인간으로서 누려야 할 가장 기본적인 생명 유지의 권리조차 위협하고 있다. 그렇다면 거리는 어떤 곳일까? 가출한 청소년의 생활과 관련하여 일반인이 가출청소년과 동행하여 직접 거리 체험을 하면서 느낀 내용을 살펴보고자 한다.

　　기찬이(가명)가 가장 먼저 찾은 곳은 보라매 공원이었다. "공원에는 간섭하는 사람도 없고 편하죠. 벤치에 누워 잘 수도 있고, 식수대랑 화장실도 있고…. 돈 없을 때 빈둥거리며 시간 보내기엔 최고예요." (중략) 오후 5시. 벤치에 누워 한 시간쯤 낮잠을 잔 기찬이는 인근 백화점으로 걸음을 옮겼다. 백화점을 순회하며 시식 코너에서 한 끼 식사를 때우는 건 생존법칙 제1조. 잘게 잘라 놓은 햄과 삼겹살, 불고기, 만두에다 종이컵에 담긴 냉면과 메밀국수까지…. 흘겨보는 종업원들의 눈초리를 외면하며 허겁지겁 배를 채우던 기찬이는 "오늘 밥은 이걸로 끝이니까 많이 먹어 두세요."라고 충고했다. (중략) 얼마 전까진 아이들을 위협해 돈을 뺏는 '삥뜯기'를 하거나 친구들과 작당해 빈 택시를 터는 것이 일과였다. 지난해 10월엔 택시를 털다 붙잡혀 보호관찰 2년을 받았다. "웬만하면 나쁜 짓은 안 하려고 하는데 너무 힘들고 배고프면 어쩔 수가 없어요." 게임방 몇 곳에 들러 구경을 하며 시간을 보낸 후 날이 어두워지자 잠자리를 찾아 다시 보라매 공원으로 돌아가 벤치에 누웠다. 온종일 걸은 탓에 발바닥은 온통 가시에 찔린 듯 따끔거리고 몸은 물에 젖은 솜뭉치처럼 천근만근이었다. 기찬이가 "힘들죠?"라고 놀리듯 물었다. 그에게도 거리생활이 재미없고 힘들기는 매한가지다. 기찬이는 그래도 고아원으로는 결코 돌아가지 않겠다고 했다. "힘들어도 여기 나와 있는 게 맘이 편하다."라는 것이다. 자정을 넘기자 5월 밤의 한기가 뼛속까지 스며들었다. 오돌오돌 떨다가 좀 더 따뜻한 곳이 없는지 물었다. 기찬이는 "되게 칭얼거리네."라고 타박을 주며 인근 병원으로 안내했다. 문병

온 손님인 척 들어가 1층 대기실에 누워 잠을 청하는 수법이다. 딱딱한 의자에 누우니 몸이 부대껴 쉬이 잠이 오지 않았지만 뒷자리에선 이내 기찬이의 코 고는 소리가 들렸다. 오전 6시. "여기서 자면 어떡하냐."라는 경비원의 고함소리에 부시시 일어나 쫓겨나듯 거리로 나섰다. 따스한 아침 햇살과 싱그러운 바람을 맞으며 사람들이 하나둘 집 밖으로 나서고 있었다. 그러나 기찬이에겐 먹을거리와 잠자리를 찾아 헤매야 하는 고단한 일상의 시작일 뿐이었다(어느 기자의 체험, 한국일보 2005. 5. 22.).

1. 정상적인 성장기회의 상실

코플랜드(Copeland, 1974)에 따르면 청소년은 고조된 감수성으로 인하여 때때로 과잉반응을 보이고 삶을 강렬하게 경험하곤 하는데 종종 매우 작은 의미 없는 것들을 대수롭게 넘기지 못함으로써 사소한 관심사가 주요 문제로 비화되기도 한다. 또한 정서적 불안정으로 인하여 기쁨과 슬픔의 정서적 반응이 갑자기 그리고 동시에 발생하면서 빠르고 강렬한 정서변화를 보이고 충동적 성향으로 인하여 일반적으로 반항행동을 보이는데 극단적인 경우에는 비행과 반사회적 행동도 불사하곤 한다(한국청소년개발원 편, 2005). 이러한 정서 상태는 종종 청소년 스스로도 통제하지 못함으로써 각종 문제를 초래하기도 하는데 그중의 하나가 가출충동으로 사소한 다툼도 이러한 충동을 가출행동으로 연결시키곤 한다.

문제는 이러한 가출행동이 거리에서 살아가는 데 있어서 가장 기본적인 의식주 해결이 어렵고 장기화되면서 이들의 신체적·정신적 건강 문제는 물론, 학교체계로부터의 격리로 인한 교육기회의 상실 등 여러 가지 어려움에 처하게 되면서 정상적인 성장기회를 상실하게 된다는 사실이다. 남미애, 홍봉선, 양혜진(2007)의 조사에 따르면 쉼터 이용 청소년이 인식하는 가출 당시 가장 어려운 때 1순위는 잠잘 곳이 없을 때가 31.6%로 가장 높았고, 용돈이 없을 때(24.6%), 먹고 싶은 것을 먹지 못할 때(18.4%)의 순으로 절반 정도가 의식주의 어려움을 지적하였다. 또한 가출한 후 보호시설, 종교기관 등 성인이나 전문가의 도움을 받은 곳에서 잠자리를 해결한 청소년은 8.9%에 불과하고, 심지어 11.4%는 옥상이나 공원 등 밖에서 노숙을 하며 여러 가지 위험 요소와 함께 생활하고 있음을 알 수 있다.

이러한 내용은 가출청소년 285명을 대상으로 조사한 김지혜(2005a)의 연구에서도 뒷받침되고 있다. 즉, 가출 후 집 밖에서 지내면서 하루 종일 아무것도 먹지 못한 경험이 적어도 한 번 있는 청소년이 전체의 67.1%를 차지하였고, 잘 곳을 찾지 못해 밖에서 자거나 밤새도록 돌아다닌 경험이 적어도 한 번 있는 청소년은 전체의 74.6%로 거의 대부분을 차지하였다.

> "온종일 돌아다녔어요. 잠은 안 잤어요. 이삼 일을 하루도 안 자고. (도와준 사람이 아무도 없었나요?) 없었어요."[남, 16세](김지혜, 2005)

이와 같이 불규칙한 식사와 비위생적인 잠자리에서 지내면서 이들의 신체적 건강은 악화될 수밖에 없다. 가출청소년의 전반적인 신체 발달 상황과 관련하여 윤현영, 권선중, 황동아(2007)의 조사에 따르면 가출청소년과 일반청소년을 비교한 결과 전체적으로는 유사한 수치를 보이고 있지만 일반청소년의 저체중 비율이 6.6%인 데 비해서 가출청소년의 저체중 비율은 34%에 이르고 있고, 특히 14세 이하 가출청소년의 저체중 비율이 42.7%에 달하는 것으로 나타나 어린 나이에 가출하는 청소년의 건강이 심각한 수준임을 보여 주고 있다. 좀 더 자세히 살펴보면 이들의 건강과 관련하여 직장채용검사에 의한 판정 결과 조사대상 가출청소년의 5.1%가 불합격 혹은 판정보류라는 결과가 나타났는데, 이러한 수치는 교육인적자원부(2005)에서 실시한 일반청소년의 체질검사 결과에 나타난 요주의자가 1.08%인 것에 비해 거의 4.7배나 높게 나타난 것이다. 이러한 불합격 내지는 판정보류의 이유를 살펴보면 빈혈, 피부질환, 간질환 등이다. 이와 같이 이들의 건강상태가 집에서 생활하는 청소년에 비해 매우 형편없는 수준임에도 불구하고 소수의 청소년만이 이들을 돕고자 하는 의료 관련 프로그램에 접근하고 있을 뿐이다(De Rosa et al., 1999).

이러한 청소년기의 신체적 건강은 성인기와 그 이후의 건강과도 밀접한 관련이 있기 때문에 매우 중요한데 가출청소년은 오랫동안 거리생활을 하면서 위생과 영양상태가 나빠져서 영양결핍이나 피부병 등 신체적 질병을 앓고 있고, 특히 여자 청소년의 경우 임신과 낙태를 경험하는 경우가 많으며 성매매 피해를 경험하면서 성관련 질환에 감염될 위험도 높다(황순길, 이은경, 권해수, 반란성, 2001; Ennett, Federman, Bailey, Ringwalt, & Hubhard, 1999). 그럼에도 불구하고 가출하여 거리에서 지내는 동안 몸이 아픈데도 치료를 받지 못했던 청소년은 51.4%로 절반 이상을 차지하였다(김지혜, 2005a). 미국의 경우에도 이른 나이에 성에 노출되어 다양한 사람들과 연계되면서 어린 나이에 임신은 물론 성관련 질병을 앓고 있고 생존을 위한 성매매도 난무하여 공중 보건을 위협하고 있다(Auerswald & Eyre, 2002).

뿐만 아니라 청소년이 집을 나와 거리를 배회하면서 느끼는 외로움, 거리에서의 불안한 생활, 현재의 고통과 미래에 대한 불안감을 잊고자 술, 담배 및 약물에 쉽게 빠지곤 하는데 이러한 약물남용의 높은 비율은 이들이 위험한 성적 행동에 개입될 위험성을 증대시키고 있다(Greene & Ringwalt, 1997; Kipke, O'Connor, Palmer, & MacKenzie, 1995). 그린 등(1997)의 연구에 따르면 약물남용의 경험이 있는 노숙청소년은 이러한 경험이 없는 청소년에 비해서 생존을 위한 성매매 경험의 비율이 매우 높은 반면에 콘돔을 사용하는 비율은 상대적으로 낮게 나타났다. 윤현영, 권선중 등(2007)의 조사에서도 가출기간이 길어질수록 술을 마시고 다른 사람과 시비를 벌이거나 성관계를 갖는 경우가 늘어나고 있어서 음주가 2차 비행으로 연결되고 있음을 보여 주고 있다.

이에 덧붙여 가출청소년은 정신건강에서도 많은 어려움을 겪으며 살아가고 있다. 가출 전에 이미 가정에서 학대, 방임, 그리고 혹사당함 등의 부정적인 사건을 경험하였던 청소년이 이를 피하고자 거리에서 지내면서 또다시 부딪치는 스트레스의 연속은 이들로 하여금 더 심각한 정신질환의 증세를 겪게 하고 있다(Whitbeck, Hoyt, & Bao, 2000). 미국의 경우 매년 5,000여 명의 노숙청소년이 질병, 타인의 공격, 자살로 인해 죽는 것으로 추정되는데 이들은 스스로 생활하면서 각종 폭력에 많이 노출됨으로써 불안, 우울증, 외상 후 스트레스 질환, 그리고 자살의 높은 위험도를 보이고 있다(Yoder, 1999; Youth Homelessness Series, 2006).

우리나라의 경우에도 가출청소년과 관련된 자살의 위험성과 심각성에 대한 연구가 이루어지고 있다(노혜련, 김형태, 이종익, 2005; 윤현영, 유외숙 외, 2007; 남미애 외, 2007). 남미애 등(2007)의 조사에서 가출청소년의 61% 이상이 가출 전후에 자살 생각을 한다는 응답은 그들의 삶이 매우 견디기 힘들다는 것을 보여 주고 있을 뿐만 아니라 윤현영, 유외숙 등(2007)의 조사에서도 자살사고는 일반청소년에 비해 2배, 자살시도는 거의 5배의 높은 비율을 나타내고 있어 가출청소년의 자살행동의 심각성을 잘 보여 준다. 이러한 가출 시 두려움, 미래에 대한 절망감 등으로 인한 우울증, 자살기도 등의 정서적 어려움은 정신건강 발달에 악영향을 미치고 있다.

> "남자친구가 갖고 있던 수면제 한 … 100알쯤 됐었나 봐요. 그걸 둘이서 반씩 나누어 먹고 같이 죽자고 했죠. 그애는요, 평소에 불면증이 있었거든 요. 그래서 매일 수면제 2알 정도 먹고 잤었어요."
>
> "그러고 났더니, 힘이 쭉 빠지는 걸 느끼겠더라고요. 손발이 차츰 마비가 되어 오는 거예요. 그리고 비틀거려지더라고요. 그러고 나서 토했어요. 그 때는 짝(학교친구)이 생각났어요. 먼저 가출했을 때 개랑 친했거든요. 이런 게 바로 죽는 거구나 싶었어요. 몸이 마비가 돼 오고요, 꼬집어도 감각이 없 어지더라고요. 손이 아주 파랗고 … 그러니까 굉장히 무섭더라고요. 그런 데 글쎄 잠은 안 오는 거예요. 그냥 고통스럽기만 한 거예요. 혀도 마비가 되고요, 이제는 정말로 죽는구나, 진짜로 죽는구나 했죠. 그리고 잡힐까 봐 불안해서 그랬는지 벽에서 헛것이 막 나와서 나를 잡을려고 하는 것 같더라 고요."
>
> "저녁 8시쯤이었어요. 그때부터 다음 날 5시까지 잤던 거예요. 눈을 딱 뜨고 보니까 굉장히 배가 고프더라고요. 사실 2일을 꼬박 굶은 상태였거든 요. 그래서 걔가요 우리 죽지 않았으니까 … 이왕 이렇게 됐으니까 … 우리 돈 벌면서 열심히 살자고 하는 거예요."(정운숙, 2002: 75)

다행히 현재 가출청소년쉼터에 입소하거나 이용하는 가출청소년은 의료서비스의 혜택을 제공받을 수 있으나 이러한 시설에 입소하지 않거 나 퇴소한 많은 가출청소년은 이러한 의료혜택을 제대로 받지 못하고 있는 실정이다. 문제는 가출기간이 길어질수록 각종 질병에 대처하지 못하고 악화시키는 결과를 초래하여 결국에는 사회적 부담이 커질 수밖에 없는 상황으로 전개된다는 사실이다.

2. 교육 기회의 상실

청소년은 누구나 학교에서 교육받을 권리가 있음에도 불구하고 다양
성이 결여된 교육과정, 학생들의 인권이 존중되지 않는 학교환경에 적
응하지 못하면서 학업을 포기하거나 학교 등교를 거부함으로써 학교체
계로부터 멀어지고 있다. 한국청소년쉼터협의회(2002)의 조사에 따르
면 조사대상자의 절반 이상이 학교관련 문제를 갖고 있어서 가출과 학
교부적응 간의 연결고리를 짐작케 한다. 즉, 이 조사에 따르면 첫 가출
당시 학교상태를 조사한 결과 학교를 다닌 청소년이 74.7%였으며 자퇴
를 한 청소년은 17.5%, 학교 휴학이 6.6%를 차지함으로써 조사대상자
의 약 1/4 정도는 첫 가출을 시도하기 전에 이미 휴학이나 자퇴 등으로
학교를 다니지 않았음을 알 수 있다. 특히 성별로 보면 남자 청소년의
경우 자퇴를 한 경우가 상대적으로 높은 반면에, 여자 청소년의 경우는
학교를 다니고 있었던 경우가 상대적으로 높았다. 뿐만 아니라 김경준,
김지혜, 류명화, 정익중(2006)의 조사 결과에 따르면 조사대상 가출청
소년 가운데 정규학교에 재학하고 있는 청소년은 39.4%인 반면, 정규
학교에 다니고 있지 않는 청소년은 60.6%를 차지하여 1.5 배 이상으로
나타났다. 이 조사에서 정규학교를 다니고 있지 않은 청소년 가운데 복
학경험이나 복학의도가 있는 청소년이 46.2%였고, 학교에 가고 싶은데
갈 수 없었던 경험을 한 청소년이 41.1%로 나타났다.

그 밖에도 윤현영과 강진구(2005)의 조사에 따르면 거리생활이 청소
년의 가출이 장기화되면서 지속적인 생활상태로 유지되는 현상으로 나

타나 학업으로부터의 장기적인 이탈도 크게 우려되고 있다. 뿐만 아니
라 가출청소년 가운데 상당수는 가정폭력과 가정해체로 인해 사실상 집
에 돌아갈 수 없는 상태이고(우리세상, 2003), 그로 인하여 학업의 기회
도 장기적으로 박탈되고 있어 심각한 문제가 되고 있다. 결국 이러한 가
출로 인한 교육기회의 중단은 취업능력을 저하시키고 궁극적으로 직업
선택에도 영향을 미치게 되어 성인이 되어서 자립하는 데 걸림돌로 작
용함은 물론, 훗날 정상적인 사회인으로 생활하는 데에도 어려움을 초
래하여 노숙자의 길로 빠져들 위험이 크다.

특히 김지혜와 안치민(2006)의 연구에서는 학업 중단이 비행행동인
가출 때문이기보다는 가출의 기간 자체가 학업을 중단시키는 데 결정적
인 영향을 미친다는 점에 주목하면서 가출청소년의 학업 중단을 이해하
기 위해서는 가출 이후의 상태에 더 많은 관심을 기울일 것을 강조하고
있다. 그 밖에도 성적, 교사와의 관계, 학교생활 스트레스, 학교 체벌경
험 등을 청소년 가출에 영향을 미치는 요인으로 언급하고 있다(김준호,
박정선, 1993; 박영호, 김태익, 2002; 배문조, 전귀연, 2002; 조학래, 2004).
한 예로 박영호와 김태익(2002)은 청소년이 학교생활에 대한 스트레스
수준이 높을수록 또는 교사에 대한 태도가 낮을수록 가출충동이 높아지
고 실제 가출행동을 취할 가능성이 커진다고 언급하였다.

외국의 경우도 이와 유사하여 노숙청소년의 경우 학교에서 어려움을
많이 겪고 있고, 자주 결석하며, 수업에서 쫓겨나거나, 중퇴하는 수가
일반 청소년보다 많은 것으로 조사되었다. 바크윅과 시겔(Barkwick &
Siegel, 1996)에 따르면 쉼터거주 청소년의 52%가 책을 읽는 능력에 문
제가 있고, 28.5%는 수학과 작문에 문제가 있으며, 단지 19.5%만이 정
규과정을 이수할 수 있는 능력을 갖추고 있다. 이와 유사하게 린제이와
윌리엄스(Linsey & Williams, 2002)도 가출했거나 노숙청소년이 된 수

많은 청소년은 집을 떠나기 전부터 이미 학교체계에서 어려움을 겪고 있었다고 밝히고 있다.

물론 집을 떠난다고 해서 반드시 교육과 모든 성장의 기회에서 이탈되는 것은 아니지만 대다수의 가출청소년은 가출과 더불어 학교와 여타 교육의 기회가 단절되는 경우가 많다. 한 예로 김지혜(2005a)의 조사에 따르면 가출청소년 가운데 정규학교의 교육이 중단된 청소년은 54.8%였고, 대안학교나 학원 등을 포함하여 다른 형태의 교육이 모두 중단된 청소년은 52.3%로 역시 절반 이상을 차지하였다.

이들은 대부분 자신의 능력으로는 따라가기 힘든 학업 속에서 좌절감, 심리적 갈등을 겪으면서 학업에 대한 흥미를 상실하고, 무단결석 등으로 인해 학교를 스스로 포기했거나 학교에서 처벌을 받은 자들로, 그대로 방치할 경우 사회구성원으로서의 준비과정이 결여되어 사회로의 복귀가 불가능해질 가능성이 크다. 뿐만 아니라 청소년보호위원회(2002)의 조사에 따르면 가출 후 귀가하여 학교에 복학하더라도 규칙적인 학교생활에의 적응이 어렵고, 학업진도를 따라가는 것이 힘들며, 교사와의 갈등을 빚는 등 학교생활에의 적응이 쉽지 않다. 이러한 어려움을 겪으면서도 극소수를 제외한 학생청소년 집단은 학교에 다니는 반면에, 가출청소년 집단은 10명 중 7명 정도가 학교를 그만둔 것으로 나타나 가출청소년의 학교로의 복귀에 대한 대책 마련이 시급하다.

3. 근로 현장에서의 부당한 대우

우리나라 헌법 제32조에서는 모든 국민에게 일할 권리와 의무가 있음을 밝히고 있고 여성의 노동과 연소자의 노동은 특별히 보호를 받아야 한다고 명시하고 있다. 또한 근로기준법에서는 성인남성 노동자를 기준으로 근로조건을 정하면서 연소노동자에 대한 특별 보호규정을 함께 두고 있다. 따라서 청소년이 일을 할 경우에는 아르바이트의 형태를 가진 단시간 노동일 경우가 많은데 근로기준법에서는 단시간 노동이라는 이유로 불이익을 받지 않도록 단시간 노동자에 대한 보호규정도 두고 있다.

집을 떠난 청소년은 일차적인 보호체계인 가족에게서 벗어났으므로 스스로 생존문제를 해결해야 하는 과제에 직면하게 되면서 아르바이트를 원한다. 그러나 가출청소년이 '이왕이면 정당하고 떳떳하게' 합법적인 방법으로 돈을 벌려고 하는 동기를 갖고 있더라도, 현실적으로 청소년이 근로를 하기 위해서는 신분 확인과 보호자 동의서 요구 등의 제약으로 인해 취업 기회조차 갖지 못하는 것으로 보고되고 있다(김지혜, 2003).

이와 같이 불안정한 고용구조 속에서 가출청소년은 쉽게 사용자로부터 부당하게 이용당할 위험에 노출되어 있다. 물론 근로현장에서의 부당한 경험은 단지 가출청소년만이 겪는 일은 아니며, 일반적으로 많은 청소년이 경험하는 현실이기도 하지만(참여연대, 2002), 그럼에도 불구하고 특히 가출청소년의 경우 고용주가 청소년의 가출 상황을 악용하기 때문에 급여를 제대로 받지 못하거나, 장시간 근로를 강요당하는 경향이 더 높은 것으로 나타났다(권병덕, 2002; 김지혜, 2005b; 윤현영, 강진구, 2005). 윤현영과 강진구(2005)의 연구에 따르면 쉼터에 거주하고 있는 청소년 가운데 약 46%가 가출기간 동안 아르바이트를 경험하였는데 이들 중 많은 청소년이 약속한 급여를 제대로 받지 못하는 등 노동시장에서 부당한 대우를 경험한 것으로 나타났다. 이들은 다른 대안이 없는 가운데 당장 숙식이 필요한 긴박한 상태이므로, 고용주에게 쉽게 이용당한다고 볼 수 있다.

> "열 시간 일하는데(한 달에) 45만 원 줬어요. 하루에 열 시간 일하는데, 그
> 런데 거기서 취직하니깐 열 시간이 아니라 열세 시간, 열네 시간 하루 풀타임
> 뛸 때도 있고. (…) PC방이요. 하루종일 닫질 않으니까 계속 시키고 그러다
> 가 전 짜증나죠. 월급 주는 것(다른 사람과) 똑같은데 풀타임 시키고 (…) 제
> 가 거기서 숙식해 갖고 짤렸(해고되었)거든요." [남, 18세](김지혜, 2005a)

이와 같이 가출청소년의 불법 취업이 문제가 되는 이유는 불법 취업
을 이유로 고용주가 청소년에게 임금을 제대로 지불하지 않거나, 법정
허용시간인 하루 7시간(최대 8시간)을 초과하여 장시간 근로를 시키거
나, 신체적, 정서적, 성적으로 학대하는 등 부당행위를 하는 경우가 많
기 때문이다(김지혜, 2005b). 또한 가출청소년은 직업을 오랫동안 유지
하지 못하고 자주 일자리를 옮기는 경향이 있는데 이것은 청소년의 충
동성과 대인관계 기술의 부족과 같은 개인적인 문제도 있겠지만, 청소
년이 근로현장에서 자신이 누릴 수 있는 권리를 모른 채 일방적으로 부
당한 처우를 당하기 때문인 경우도 적지 않다.

참고로 우리나라의 경우 근로가 가능한 연령은 15세 이상부터이며
18세 이하인 경우 부모의 동의서를 받아야 하고, 13세 이상 15세 미만
의 경우는 취직인허증이 추가적으로 필요하다. 따라서 청소년의 경우
는 합법적으로 일을 하려고 해도 나이가 어려서 일을 할 수 없거나, 있더
라도 할 수 있는 일의 종류가 매우 제한적이다. 또한 합법적으로 취업을
하려면 신분 확인과 보호자 동의가 필요하기 때문에 가출청소년은 부모
에게 자신의 신상이 노출되는 것을 우려하여 이러한 일을 피하다 보니
결국 청소년은 합법적인 일자리를 구하지 못하는 경우가 허다하다.

4. 비행에의 연계

청소년은 가출을 전후로 하여 자연스럽게 비행 또래집단과 어울리다 비행문화에 합류하게 되며, 이성친구와 거리낌 없이 어울리면서 문란한 성관계를 갖기도 한다. 특히 가출이 장기화할 경우, 의식주 문제의 해결을 위해 비행을 저지르거나 각종 문제에 연루되면서 유해환경에서 벗어나지 못하는 경우가 종종 있다.

국가청소년위원회(2006a)의 조사에 따르면 가출청소년 집단의 경우 술, 담배 사용 이외에도 절도나 폭력을 사용하였으며 성매매를 포함한 성관계의 경험도 있는 것으로 나타나 다양한 비행행동에 개입하고 있음을 알 수 있다. 특히 성별에서 차이를 보이고 있는데 남자 청소년은 폭행, 돈 뺏기, 물건 훔치기, 이성과의 혼숙, 성관계, 환각제 등의 약물 복용 등에서 더 높은 수치를 보인 반면에, 여자 청소년은 음주, 흡연에서 비슷하거나 약간 더 높은 수치를 보이고 있다. 그 밖에도 청소년쉼터 등 보호시설 거주와 관련하여 일반청소년 집단의 경우에는 남자 청소년이 더 높은 수치를 보이는 데 반해, 위기청소년 집단에서는 여자 청소년이 3배 이상 더 높은 수치를 보이고 있다. 이와 관련하여 윤현영과 강진구(2005)의 조사에서는 가출 후 생활비를 구하기 위한 방편으로 절도나 금품갈취를 경험한 청소년이 40%, 성매매를 경험한 청소년이 9~10% 정도로 나타나 비행에의 연계가 심각한 수준임을 알 수 있다.

가출청소년을 대상으로 가출 전후에 경험한 문제 행동을 조사한 결과 폭행, 돈 뺏기, 돈이나 물건 훔침, 성인 유흥업소 출입 및 취업, 이성과의 혼숙, 성관계, 흡연, 술 등 대부분의 비행이 가출 전보다 가출 후에 증가하였으며, 특히 가출빈도가 높을수록 비행 횟수도 증가한 것으로 조사되었다(남미애 외, 2007). 예를 들어, 가출 후 폭행 경험이 적어도 한 달에 1~2회 이상이라고 응답한 청소년들이 가출 전과 비교하여 10.9% 증가함으로써 폭행 횟수가 가출 후 빈번해짐을 알 수 있다. 또한 돈이나 물건 훔침을 한 번이라도 해 본 적이 있다는 응답이 가출 전(48.1%)보다 가출 후(55.7%)에 증가하였으며, 특히 적어도 한 달에 1~2회 이상 훔쳤다는 응답이 가출 후 15.1%나 증가한 것으로 나타났다. 그 밖에도 돈을 받고 이성과 성관계를 가진 경험을 한 번이라도 해 본 적이 있다는 응답이 가출 전(5.7%)보다 가출 후(11.3%)에 약 2배가량 증가하였다.

이러한 결과로 미루어 볼 때 청소년이 가출 시 생존을 위해 유흥업소, 퇴폐업소에 불법적으로 고용됨으로써 비행으로 연결될 가능성이 커지고, 거리에서 생존하고자 폭력, 절도 등 범죄행동을 저지르곤 한다는 것을 알 수 있다. 특히 여자 청소년의 경우 거리에서 경제적 도움을 얻고자 전화방, 원조교제 등을 통해 윤락행위에 개입하면서 성폭행당할 위험도 높은 것으로 나타났다. 이들은 가출 후에 합법적인 취업이 거의 불가능함에 따라 주로 법적으로 출입과 고용이 금지된 유해업소, 윤락업소 등지에서 일자리를 찾다 보니 소비지향적, 퇴폐향락적인 유해환경에 쉽게 노출되어 있음은 물론 특히 여자 청소년의 경우 윤락행위로의 참여를 부추겨 탈선에 빠지게 함에 따라 사회를 위협하는 결과를 낳고 있다.

비행에의 연류와 관련하여 좀 더 심각한 사실은 이러한 비행적 생존 양식이 다른 또래와의 관계를 통해 학습되고 실천되고 있다는 점이다. 김지혜(2003)의 연구에 따르면, 청소년이 비행행동을 주요한 생계 방법으로 삼게 되는 시점에서 중요한 타인과의 접촉이 발견되는데 거리에서의 생존 방식을 이미 터득하고 있는 누군가를 만나고 그를 통해서 생존의 방법에 대한 정보나 기술을 얻게 된다. 처음에는 그와 함께 지내면서 도움을 받지만, 점차 그가 사용하고 있는 방법을 관찰·습득하면서 직접 실행에 옮기게 되고, 이러한 과정을 거치면서 거리에서 독립적으로 생계를 유지할 수 있게 됨을 깨닫고 비행적 생존양식을 지속하면서 살아간다. 따라서 가출한 후 새로운 비행양식을 습득하면서 범죄의 악순환이 되풀이되는 현상이 전개되고 있음을 간과해서는 안 된다.

5. 범죄의 피해자

흔히 청소년은 가출하면 거리에서 폭력, 절도 등으로 다른 사람들에게 피해를 주는 존재로 인식되곤 한다. 물론 많은 가출청소년이 생존을 위해 범죄를 저지르는 것이 사실이지만 이들도 거리에서 우리가 모른 수많은 폭력에 노출된 채 생명의 위협을 받으면서 범죄의 피해자로 살아가고 있고, 심지어 죽는 사례도 있지만 이에 대한 관심은 거의 없는 편이다. 종종 이들은 범죄의 가해자가 되기 이전에 범죄의 피해에 노출될 가능성이 적지 않다.

■ 10대 소녀 '죽음의 진실' 8개월 만에 밝혀지다

10대 노숙청소년이 자신들의 돈 2만 원을 훔쳐 갔다는 이유로 역시 같은 정신지체 10대 노숙소녀를 때려 숨지게 했다가 8개월여 만에 검찰에 붙잡혔다. 검찰 조사 결과 이들은 지난해 5월 14일 오전 2시경 경기 수원시 권선구 수원역 대합실에서 김 양이 자신들의 돈 2만 원을 훔쳤다고 의심해 인근 ㅅ고교로 끌고 가서 1시간 동안 때려 숨지게 한 혐의다. 시각장애에 정신지체까지 있는 김 양은 당일 오전 5시 30분쯤 온 몸에 멍과 머리에 상처를 입고 숨진 채 발견됐다. 당시 경찰은 노숙자 정 모(29 · 구속 기소) 씨와 강 모(29 · 불구속 기소) 씨 등 2명을 범인으로 붙잡았다. 그러나 정 씨 등은 당시 단순히 구경하러 갔다가 폭행을 거든 것으로 밝혀졌고, 범인은 김 군 등 10대 노숙청소년 5명이었던 것으로 뒤늦게 밝혀졌다.

검찰은 수감 중 동료 소년수로부터 "내 친구들이 노숙소녀 살해사건의 주범이고, 다른 노숙자가 모든 죄를 혼자 뒤집어쓰고 구속돼 친구들이 괴로워하고 있다."라는 얘기를 들은 석방자에게서 제보를 받고 이 사건에 대해 재수사를 시작해 주범인 김 군 등을 붙잡았다.

검찰 수사결과 숨진 김 양은 돈을 훔쳤다는 아무런 증거가 없었고, 심지어 일부 피고인은 이유도 모른 채 폭행에 가담한 것으로 드러났다. 사건 후에도 김 군 등 2명은 빈집털이, 차털이 등 특수절도죄를 여러 차례 저질렀고, 조 양 역시 특수절도 혐의와 관련해 소년분류심사원에 수용되는 등 제2의 범죄를 저질렀다고 검찰은 설명했다. 하지만 이들 역시 부모의 이혼이나 어머니의 가출 등 가정불화로 집을 나와 1~2년씩 노숙생활을 하던 중 수시로 폭행을 당했다고 털어놨다. 이들은 검찰에서 "우리도 노숙인한테 수차례 폭행을 당해 봤기 때문에 이 정도 때려서는 죽지 않을 것으로 생각했다."라고 말했다.

검찰 관계자는 "이번 사건은 시각장애에 지적능력이 떨어지고 혼자 노숙생활을 하는 피해자가 피의자들의 추궁에 횡설수설한다는 이유만으로 묻지마식으로 폭행당해 사망하게 된 것"이라고 말했다. 특히 사건을 맡았던 부장검사는 "10대 노숙인은 죽어도 누가 죽었는지, 누가 죽였는지를 알 수 없을 정도로 방치되어 있다는 게 충격이었다."라고 말했다. (연합뉴스, 2008. 01. 30.)

김지혜(2005a)의 조사에 따르면, 돈을 빼앗긴 경험이 있는 청소년이 전체의 25.6%, 심하게 두들겨 맞은 경험이 있는 청소년이 42.1%, 칼이나 흉기로 위협을 받은 경험이 있는 청소년이 17.2%, 칼이나 흉기로 공격을 받아 다친 경험이 있는 청소년이 14.7%, 성추행이나 강간을 당한 경험이 있는 청소년이 21.1%로 나타나 가출청소년이 거리에서 폭력을 휘두르는 존재라는 인식과는 달리 이들도 심각한 피해를 입고 있음을 잘 알 수 있다. 특히 성추행이나 강간의 경우, 남자 청소년 가운데에서는 5.9%가, 여자 청소년 가운데에서는 31.5%가 적어도 한 번 이상 피해를 경험한 것으로 밝혀졌다.

또한 연성민과 민수홍(2004)은 가출을 경험한 청소년 가운데 25.4%가 금품갈취의 피해를 당한 적이 있고, 24.7%가 구타, 협박 피해를 당한 적이 있다고 보고하였다. 또한 키프케 등(Kipke, O' Connor, Palmer, & MacKenzie, 1997)의 연구에서도 조사대상 청소년의 51%가 집을 떠난 후 심하게 매를 맞은 경험이 있고, 50%가 신체적 상해에 대한 위협을 받은 적이 있으며, 19%가 칼로 공격당하거나 찔린 적이 있고, 15%가 성폭행을 당한 경험이 있었다고 밝히고 있다. 이에 덧붙여 가출청소년의 범죄피해 수준은 일반 청소년의 범죄피해와 비교하여 유의미하게 높은 것으로 나타나, 가출청소년 가운데 상당히 많은 수의 청소년이 범죄피해를 입는 상황에 노출되어 있으며 일반 청소년에 비해 더욱 취약한 상황에 처해 있다고 볼 수 있다.

이와 같이 가출청소년이 범죄의 피해자가 되는 이유는 다음의 세 가지로 설명할 수 있다(김지혜, 2005a). 첫째, 가출청소년은 청소년을 보호하거나 옹호하는 가족이나 학교 등의 체계에 속해 있지 않은 사회적 약자의 위치에 놓여 있어서 쉽게 범죄의 표적이 될 수 있다. 둘째, 가출청소년은 많은 시간을 거리에서 배회하며 지내는데, 이 '거리' 라는 곳은 범죄 의도를 가진 사람들이 쉽게 접근할 수 있는 환경이다(Sampson & Lauritsen, 1990). 마지막으로, 가출청소년이 생계를 해결해야 하는 시

급한 문제에 당면해 있다는 잘 알려진 사실 때문에 거리에서 더욱 쉽게
이용당할 수 있다.

흔히 가출청소년은 사회에 대해 가해자로 인식되는 경우가 많은데
(Gaetz, 2004), 이러한 연구결과에서 나타난 바와 같이 가출청소년은 광
범위한 피해에 노출되어 있는 약자임에 분명하다.

6. 사회에서의 배척

가출청소년은 주어진 사회구조 내에서 생존을 위해 싸우는 사회적
약자임에도 불구하고 오히려 사회에서 문제를 유발시키는 위험한 청소
년으로 인식되곤 한다. 이와 관련하여 페스트(Fest, 1998)는 일반인이
가출청소년에 대해 흔히 '동기부여가 안 되어 있다' '공격적이다' '사
람을 속인다' '정직하지 않다'는 등의 낙인을 찍으면서 이들이 사회에
서 매우 바람직하지 못한 집단으로서 성공 가능성이 거의 없고 다루기
힘든 대상으로 인식되고 있다고 지적하였다.

일반적으로 타인에게서 부정적인 존재로 규정되고 있다고 인식할
때, 더구나 한두 명의 개별적인 타인이 아니라 일반적인 사회가 자신을
그렇게 평가한다고 인식하게 되면 청소년은 그 사회 속에서 '기대된 대
로' 부정적인 행동을 취하기 쉽다. 따라서 사회가 자신을 불공정하게
부정적으로 낙인찍고 있다고 인식하면서 점점 더 사회의 주변인으로 살
아가게 된다. 가출청소년은 가정에서 학대를 경험하면서 이러한 상황
에서 벗어나고자 거리로 나오지만 사회에서 더욱 심각한 피해를 입는
경우가 많은데(Whitbeck et al., 1997), 무엇보다도 이들을 배척하는 사
회적 태도가 청소년을 더욱 소외시키고 주인공이 아닌 주변인물로 만들

기 때문이다. 즉, 이들은 주위의 사람들이 자신을 멸시하고 쓸모없는 존재로 여긴다고 생각하고 아무도 자신들에 대해 관심을 갖지 않는다고 믿으면서 결국에는 스스로 가치 없는 존재라는 정체성을 갖게 된다.

> "가출한 애들 보면 다 나쁘고 다 공부 못하고 그런 애들이라고 생각하는데요 (…) 솔직히 애들을 잘 돌보지 못한 부모들이 많은데 무조건 가출한 애들이 나쁘다고 하면 솔직히 진짜 어른들 믿기 싫거든요. 그렇게 안 해 주셨으면 좋겠다고요." [남, 18세](김지혜, 2005a)

또한 가출청소년은 거리에서 범죄의 피해자가 되는 경우가 많음에도 불구하고 피해에 대해서는 적절하게 보호받지 못하고 있다(Gaetz, 2004). 오히려 직접 비행에 관여되지 않았음에도 이들은 단지 현장에 있었다는 이유만으로 억울하게 범죄자로 취급당하는 경우가 많아 가능한 한 경찰을 피하려고 하는 경향이 있다. 한 예로 시민을 보호할 의무가 있는 경찰과의 관계에서도 경찰의 보호를 받는 청소년도 많지만 반면 경찰과의 부정적인 경험을 하는 경우도 있는데, 예를 들어 집이 어딘지 말하라고 강요당하거나, 죄를 자백하도록 위협받거나, 범인 취급당하거나, 강제로 귀가조치를 시키는 등의 경험을 하면서 성인과 공식기관에 대해 불신감을 갖게 된다(김경준 외, 2006). 이러한 경험을 통해서 경찰은 자신들의 안전을 보호해 주려는 모습보다는 자신을 범죄자로 바라보거나 집으로 돌려보내기 위해 강압과 위협을 행사하는 경우가 많다고 인식하곤 한다.

키드(Kidd, 2004)가 지적한 바와 같이 청소년은 가정과 사회에서 일련의 부정적인 경험을 겪으면서 사회에서 바람직하지 못한 존재로 낙인찍힘에 따라 자신은 더 이상 이 사회 속에서 자리할 곳이 없다고 결론지으면서 스스로를 사회에서 주변화하고, 이렇게 주변화된 정체성을 획득함으로써 자신과 유사한 주변화된 하위 집단과 더욱 공고하게 연합관계를 형성하곤 한다. 뿐만 아니라 가출청소년의 문제는 본질적으로 가족과 사회가 청소년을 보호하는 데 실패하는 데서 발생하는 것임에도 불구하고, 사회는 오히려 희생자인 가출청소년을 비난하는 오류를 범하면서 이들이 주변화되는 것을 바라고 있다. 다시 말해서 아직까지도 가출청소년을 도움이 필요한 존재로 인식하고 위기 상황에서 가능한 한 빨리 벗어날 수 있도록 도우려고 하는 사회적 분위기가 형성되지 못하고 있다.

지금까지 살펴본 바와 같이 청소년이 일차적인 보호체계인 가족으로부터 보호를 받지 못한 상태에서 학업중단으로 인하여 이차적으로 사회에서 교육과 발달의 기회를 박탈당한다면, 결국 개인적인 부적응, 사회에서의 낙오는 물론 지속적인 사회적인 비용과 손실을 초래하게 된다(김지혜, 안치민, 2006). 다시 말해서 어린 나이에 가출한 청소년이 장기간에 걸쳐 가출상태를 유지하게 되면 더 많은 다양한 사회서비스를 요구하게 되고 가출청소년과 관련된 다양한 문제는 성인범죄로까지 연장되면서 사회에 부담을 더해 주고 있다. 또한 만성가출청소년은 교육 부족, 취업능력의 부족으로 성인이 되더라도 자립이 어려운 상태에 놓이게 됨에 따라 결국 자립의 기회를 잃고 빈곤의 악순환 속에서 살아가며 건강한 가족을 형성하는 것조차 여의치 않게 될 수 있으므로 결국에는 국가에 의존해서 살아갈 가능성이 커지고 있다. 따라서 위기청소년에 대한 사회적 부담을 줄이기 위해서라도 조기에 발견하고 적절한 개입을 통해 가출을 예방하는 것이 바람직하다.

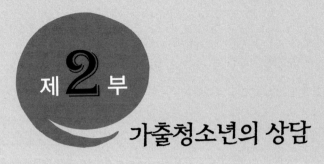

제2부

가출청소년의 상담

가출청소년과 함께 일을 하고자 하는 실무자라면 무엇보다도 먼저, 이들이 자발적으로 남들과 다른 방식으로 생활함으로써 더 나은 사회가 실현될 수 있도록 사회에 반항하는 이상적인 개인이 아니고, 모험이나 흥미로 사회를 떠나는 허클베리 핀이나 톰 소여도 결코 아니라는 사실을 인정해야 한다. 즉, 이들이 청소년기를 거치는 동안 일반 청소년과는 다른 생활환경 속에서 당면하고 있는 어려운 현실을 직시하고 이들이 거리생활에서 벗어나기 위해 정말로 필요로 하는 것이 무엇인지를 이해하고자 하는 태도가 가장 중요하다. 아울러 가출청소년이 시민의 한 사람으로서 사회경제적 기회로부터 적절한 혜택을 받지 못하고 있는 사회의 희생자임을 분명히 인식하고 그들의 권리를 찾아 주고자 노력해야 한다.

　　이러한 기초적인 이해를 바탕으로 가출청소년을 돕고자 하는 실무자라면 이들을 만나서 일을 하기에 앞서 이들에 관한 준비를 충분히 해 두어야 한다. 즉, 청소년과 관련된 전문지식을 갖추는 것은 물론이고, 자기 훈련을 해 두어야 하며 책임감이 있고 윤리적이면서 무엇보다도 실무 수행에 효율적이어야 한다. 이를 위해서 실무자들은 끊임없이 새로운 관련지식을 습득하고 개발되는 신기술을 배우고 이를 실천에 옮겨야 한다. 이들과 상담하기 위해서는 상담기법에 대한 이해와 훈련이 필요한데 가출청소년의 다양한 유형에 따라서 필요한 상담기법도 다르다 보니 여기에서 이러한 내용을 다루기에는 무리가 있다. 따라서 구체적인 상담기법에 대한 내용은 상담교재와 한국상담원, 상담지원센터, 한국청소년쉼터협의회, 각 쉼터 사이트 등의 사이트를 참고해 주기 바란다.

　　상담 전 준비해야 할 것에는 여러 가지가 있는데 무엇보다도 먼저 이들을 보호할 수 있는 법적 장치, 즉 국가에서 마련하고 있는 가출청소년과 관련된 법과 제도에 대한 이해가 우선시되어야 한다. 아울러 이러한 청소년과 상담하고 서비스를 제공하기 위해서 갖추어야 할 상담지식과 기법에 익숙해야만 가출청소년을 대할 때 당황하지 않고 이들에게 필요한 서비스를 적절하게 제공할 수 있다(김향초 외, 2002b 참조).

06장
상담자가 갖추어야 할 지식

1. 가출청소년 관련법

현재 우리나라에서 청소년관련법은 250여 개나 되지만 입법 목적과 입법 대상이 각각 다르기 때문에 하나의 범주 속에 포함시킨다는 것은 쉬운 일이 아니며, 하나의 법령이 둘 이상의 범주에 중복 포함되는 경우도 있다(홍봉선, 남미애, 2006 참조). 따라서 여기에서는 실무자가 알고 있어야 할 법 몇 가지를 간단하게 살펴보고자 한다.

1) 청소년기본법

청소년기본법은 청소년과 관련된 업무를 수행함에 있어 가장 먼저

접하게 되는 법으로서 헌법 다음으로 효력을 가지는 청소년육성정책의
존재형식이며 청소년육성정책에 관한 법률들의 기본 법적 지위를 가진
다. 따라서 청소년정책을 다루는 다른 법령을 제정, 개정할 때에나 행
정기관이 청소년육성에 관련되는 계획을 수립할 때에는 위 헌법 규정과
청소년기본법의 규정에 위반되어서는 안 된다(조영승, 1999).

이 법은 청소년의 권리 및 책임과 가정 · 사회 · 국가 및 지방자치단
체의 청소년에 대한 책임을 정하고 청소년육성정책에 관한 기본적인
사항을 규정함을 목적으로 하는데 여기서 '청소년' 이라 함은 9세 이상
24세 이하의 자를 의미한다.

청소년기본법의 기본 법령의 주요 내용을 살펴보면 다음과 같다.

① 청소년과 청소년육성의 정의를 명백히 밝히고 청소년육성에 관한
기본 이념을 밝히고 있다.
② 청소년의 성장을 위하여 가정과 사회가 그 책임을 수행할 수 있게
하는 필요한 법적 · 제도적 장치와 재원을 마련하는 책임을 국가
와 지방자치단체에 부여하고 있다.
③ 청소년육성에 관한 국가의무를 수행하기 위한 정책을 심의하기
위한 국가 및 지방자치단체 차원의 기관과 조직으로 국무총리를
위원장으로 하는 청소년육성위원회를 두며 지방자치단체의무를
수행하기 위한 기관으로서 특별시 · 광역시 · 도 및 시 · 군 · 구에
지방청소년위원회를 설치하도록 하고 있다. 또한 청소년육성에
관한 국가 및 지방자치단체의 업무를 총괄하는 부서를 문화관광
부로 두고 있다.
④ 청소년육성에 관해서는 직접적인 기본법적 성격을 가지면서 청소
년 전반에 관해서도 중요한 기본적인 사항을 규정하고 있다. 이를

구체적으로 살펴보면 청소년육성의 기능을 청소년수련활동, 청소년교류활동, 청소년복지, 청소년환경, 청소년문화, 청소년비행선도, 청소년상담의 일곱 가지로 나누어 규정하고 있다.

⑤ 청소년의 권리와 책임을 선언적으로 규정하고 있다.

이 법의 내용 중에서 가출청소년과 관련된 조항들을 살펴보면 제6조 가정의 책임과 관련하여 "가정의 무관심·방치·억압 또는 폭력 등이 원인이 되어 청소년이 가출하거나 비행을 저지르는 경우 친권자 또는 친권자를 대신하여 청소년을 보호하는 자는 보호의무의 책임을 진다."라고 규정하고 있다(전문개정 2005. 12. 29.). 뿐만 아니라 제7조 사회의 책임과 관련하여 "모든 국민은 경제적, 사회적, 문화적, 정신적으로 어려운 상태에 있는 청소년들에게 특별한 관심을 가지고 이들이 보다 나은 삶을 누릴 수 있도록 노력해야 한다."라고 명시하고 있는데 여기서 어려운 상태에 있는 청소년 범주에 가출청소년이 포함될 수 있다.

또한 제50조 청소년의 가출 및 비행 예방과 관련해서 "국가 및 지방자치단체는 청소년의 가출 및 비행을 예방하고 이들의 건전한 사회복귀를 돕기 위하여 필요한 복지적 지원을 제공하여야 한다."라고 명시하고 있다. 이에 덧붙여 "가정은 국가 및 지방자치단체에 우선하여 청소년의 가출 및 비행을 예방하기 위하여 노력하여야 하며, 가출·비행청소년의 건전한 사회복귀를 위한 국가 및 지방자치단체 등의 노력에 적극 협력하여야 한다."라고 명시하고 있다.

이 법에 기초하여 시·도 및 시·군·구에 지방청소년종합상담센터 및 지방청소년상담센터가 설치·운영되고 있다(제46조). 또한 지방청소년종합상담센터 및 지방청소년상담센터는 가출청소년 및 지역 내 청소년 및 부모를 대상으로 상담, 상담프로그램 개발 및 운영, 상담자원봉사자 및 청소년 지도자교육 및 연수, 청소년상담 관련자료 수집 및 제공, 그 밖에 청소년상담을 위하여 필요한 사업을 수행하고 있다(제46조 2항).

청소년상담활동 외에도 청소년기본법상 가출청소년보호활동에 관련될 수 있는 조항으로는 제6장의 청소년복지에 관한 규정인 제46조 제2항에서 "국가 및 지방자치단체는 수련활동·교육·직업훈련·의료보호 등의 시책을 추진함에 있어서 경제적·정신적·신체적으로 특별한 보호·지원을 필요로 하는 청소년에 대하여는 우선적으로 배려하여야 한다."라고 규정하고 있는데, 이 규정에 따르면 가출청소년이 '특별한 보호·지원을 필요'로 하는 청소년의 대표적인 경우가 될 수 있다. 그러나 제46조는 실질적으로 가출청소년보호의 법적 근거로 기능하기에는 한계가 있다는 문제점을 인식하여 청소년기본법중개정법률안(법률 제6569호)은 제49조 제2항을 신설하여 국가 또는 지방자치단체가 가출청소년을 임시보호하고 선도하기 위한 청소년쉼터를 설치·운영할 수 있는 법적 근거를 마련하였다.

2) 청소년보호법

청소년보호법은 19세 미만 청소년을 유해환경으로부터 보호하는 것을 주목적으로 청소년기본법 제6장의 청소년복지와 관련한 규정을 대폭 확충하여 특별법으로 제정되었으며 이 법에 의해 국무총리 산하에 청소년보호위원회가 설치되었다. 이후 1999년의 개정 청소년보호법에서는 그동안 식품위생법, 미성년자보호법 등 관련 법규상 '청소년 보호연령'이 18~20세 미만으로 각기 달라 혼선을 빚었던 단점을 보완하기 위해 '연 19세 미만'으로 보호연령을 통일했고 청소년을 상대로 한 유해행위에 대한 처벌을 대폭 강화하였다.

이 법의 의의와 특징을 살펴보면 다음과 같다. 첫째, 이 법의 보호대상 청소년을 19세로 규정하고 있다. 둘째, 청소년 유해환경의 규제에 관한 형사처벌에서 이 법은 다른 법률에 우선하여 적용됨을 밝히고 있다. 셋째, 국가는 청소년보호를 위해 청소년 유해환경의 정화에 필요한 모든 시책을 강구·시행해야 할 책임을 분명히 하고 단속의 실효성을 보장하고 유해환경 정화에 광범위한 국민적 참여 장치를 마련하고 있다. 넷째, 청소년보호를 위한 전담 행정조직의 설치근거를 규정하였다. 마지막으로, 불법유통물에 대한 규제와 단속에 초점을 두었다. 이 법의 시행으로 각종 매체물에 상이하게 적용되던 기존의 심의기준이 청소년보호를 위해 통일된 심의기준을 적용하게 되며, 유해 표시, 포장, 구분진열, 방송 제한 등의 방법으로 유해매체물과 약물의 청소년 대상 유통을 강력히 제한 금지하고 있다(홍봉선, 남미애, 2006).

따라서 이 법은 유해매체, 유해약물, 유해행위 등 이른바 청소년 유해환경에 대한 규제법으로서의 성격이 강하지만 가출청소년이 청소년 유해환경에 접근하거나 그 구성요소가 될 가능성이 많은 현실을 고려한다면 청소년보호법상의 제도도 가출청소년의 보호에 활용될 수 있는 여지가 많다.

또한 이 법에서는 청소년 폭력이나 학대 등 유해환경으로부터 청소년을 임시로 보호하기 위해 청소년보호센터의 설치를 명시하고 있으며, '청소년보호종합지원센터(The Youth Center)'를 운영하고 있다. 이 센터는 가정과 학교에서 학대와 폭력을 받은 청소년, 가출청소년, 성범죄 피해청소년, 임금체불 등 근로현장에서 보호를 받지 못한 청소년, 약물남용 청소년 등 위기에 처한 청소년에 대한 통합적인 원스톱(one-stop) 서비스를 제공할 목적으로 2003년 9월부터 운영되고 있다.

청소년보호종합지원센터는 더욱 효과적이고 효율적으로 피해청소년을 지원하기 위하여 지역별로 활동하는 NGO와 경찰, 행정당국 간의 네트워크 구축사업을 전개하여 2004년도에는 가출청소년과 성매매 구조 청소년 등 위기청소년의 긴급구조와 일시보호를 위한 드롭인센터(Drop-in-Center)를 개설하였다. 또한 2005년부터는 서울 지역에서만 부분적으로 운영되던 청소년종합지원센터를 부산, 광주, 경기, 경남 등으로 확대 운영함으로써 지역단위에서도 위기청소년 지원사업 추진을 위한 기반을 마련하였다.

3) 청소년복지지원법

2004년 2월에 제정된 청소년복지지원법은 청소년기본법 제49조 제4항의 규정에 따라 청소년복지 증진에 관한 사항을 정함을 목적으로 하고 있다. 이 법에 따라 국가 및 지방자치단체는 특별청소년에 대한 지원책을 강구해야 하는데, 여기서 특별지원청소년이라 함은 청소년의 조화로운 성장과 정상적인 생활에 필요한 기초적인 여건이 미비하여 사회적·경제적 지원이 필요한 청소년을 말한다. 다만, 국민기초생활보장법 등 다른 법률의 적용을 받는 청소년은 제외된다. 그리고 이 법에서 '보호자'라 함은 친권자, 법정대리인 및 사실상 청소년을 보호하는 자를 말한다.

청소년복지지원법시행령에 따른 특별지원청소년은 9세 이상 18세 이하인 자로서 청소년이 속한 가구의 소득인정액(국민기초생활보장법 제2조 제8호 및 제9호의 규정에 의한 개별가구의 소득평가액과 재산의 소득환산액을 합산한 금액을 말한다.)이 청소년위원회 규칙이 정하는 범위 내에 있는 청소년으로서 이러한 특별청소년은 세 가지로 범주화하고 있다. 첫째는 보호자가 없거나 보호자의 실질적인 보호를 받지 못하는 청소년으로 가출청소년, 소년소녀가장, 빈곤계층 가정의 청소년, 요보호청소년 등이 이에 속한다. 둘째는 학업중단 청소년으로 고등학교 이하의 학교에서 학업을 중단한 청소년을 말한다. 셋째는 교육적 선도대상 청소년 중 비행예방의 필요성이 있는 청소년으로 학교폭력 피해 및 가해 청소년, 집단따돌림 피해 및 가해 청소년, 비행청소년, 범죄 피해 및 가해 청소년, 우울 및 자살위험이 있는 청소년 등을 지칭하고 있다.

이 법의 내용을 살펴보면 다음과 같다.

첫째, 청소년의 인권보장 및 복지향상과 관련된 내용으로 청소년은 사회의 정당한 구성원으로서 본인과 관련된 의사결정에 참여할 권리를 가지며 국가 및 지방자치단체는 이를 위한 노력을 강구해야 하고 청소년의 권리에 관한 교육적 조치를 시행하도록 규정하였다.

둘째, 청소년의 건강보장과 관련된 내용으로 국가 및 지방자치단체, 청소년의 보호자 등은 청소년의 건강증진과 체력향상을 위하여 청소년의 체력검사와 건강진단을 실시할 수 있으며 건강진단결과를 분석하여 필요한 대책을 수립 시행하여야 한다고 규정하였다.

셋째, 특별지원청소년에 대한 지원으로 국가 및 지방자치단체는 특별지원청소년에 대하여 기초적인 생활지원, 학업지원, 의료지원, 직업훈련지원, 청소년활동지원 등을 지원해야 한다고 명시하였다.

마지막으로, 교육적 선도와 관련된 내용으로 국가 및 지방자치단체는 청소년 본인, 당해 청소년의 보호자 또는 학교의 장의 신청에 의하여 당해 청소년에 대한 교육적 선도를 실시할 수 있다고 하였다.

이 법에서는 제14조에 국가 및 지방자치단체로 하여금 가출청소년의 일시적인 생활지원과 선도, 가정·사회로의 복귀를 지원하기 위하여 청소년쉼터를 설치·운영할 수 있도록 명시하고 있고, 시행령 제13조 1항에서는 청소년쉼터가 다음과 같은 사업을 수행하도록 규정하고 있다.

① 가출청소년의 일시보호 및 숙식제공
② 가출청소년의 상담·선도·수련활동
③ 가출청소년의 학업 및 직업훈련 지원활동
④ 청소년의 가출예방을 위한 거리상담활동
⑤ 그 밖에 청소년복지지원에 관한 활동

다음으로 청소년쉼터의 설치기준을 언급하고 있는데 청소년쉼터에는 청소년지도사, 청소년상담사 및 사회복지사 중 2명 이상을 확보·유지하여야 하고 다음과 같은 시설설치 기준을 충족하여야 한다(청소년복지지원법시행규칙 제13조).

① 숙식시설(침실·식당 및 욕실을 포함한다)
② 단체활동실 1개소
③ 상담실 1개소
④ 사무실 1개소

그 밖에도 청소년쉼터의 설치자 또는 운영자는 청소년쉼터에서 보호를 받고 있는 청소년의 생명·신체에 관한 손해를 배상할 것을 내용으로 하는 보험에 가입하여야 하고, 국가 및 지방자치단체는 예산의 범위에서 청소년쉼터의 설치·운영 및 활동에 소요되는 경비의 전부 또는 일부를 지원할 수 있다고 명시하고 있다.

이상의 내용을 살펴보면 청소년복지지원법은 청소년을 아동과 구분하여 차별화된 지원의 필요성을 인정한 법이라는 데 의의가 있지만 실제 이름과 걸맞지 않게 청소년복지 부분 중에서도 매우 제한적인 내용만을 다루고 있다. 즉, 이 법에서는 가출청소년의 일시적인 생활지원과 선도, 가정사회로의 복귀를 지원하기 위하여 청소년쉼터를 설치 · 운영할 수 있으며 청소년쉼터의 설치운영 및 활동에 소요되는 경비의 전부 또는 일부를 지원할 수 있다고 규정하였지만 청소년쉼터 이외에 기타 청소년복지시설에 대한 규정이 전혀 없으며 청소년복지지원에 관한 주요사업을 청소년상담원 또는 상담센터에서 담당하도록 권장하고 있으나 실제 이들 기관이 복지기능을 담당할 수 있느냐는 의문이 제기되고 있다. 이에 덧붙여 청소년복지의 중요 사업인 청소년의 자립지원에 대한 내용이 전혀 다루어지지 않고 있다(홍봉선, 남미애, 2006).

뿐만 아니라 이 법에서는 청소년에게 실질적으로 서비스를 제공하는 것과 관련해서는 누가 어떤 절차를 거쳐 어떻게 제공해야 되는지에 대한 세부조항이 마련되어 있지 않다. 실제로 이와 관련해서는 제16조에서 국가와 지방자치단체가 필요한 시설의 설치 · 운영, 선도프로그램의 개발 · 보급, 선도활동에 대한 지원 및 지도자교육 등 선도의 실효성을 확보하기 위한 노력을 강구하여야 한다고 추상적으로 규정하고 있을 뿐이어서 위기청소년에 대한 지원이 실질적으로 법적 근거를 갖고 실천되기 위한 보완책이 마련되어야 한다(구본용, 금명자, 2005). 그 밖에도 청소년쉼터에 대한 어느 정도 법적 지위는 마련하고 있지만 이것만으로는 다양한 욕구를 가진 가출청소년에 대한 보호와 지원을 행하기에는 매우 제한적이다. 특히 드롭인센터, 중장기쉼터에 대한 근거 및 세부적인 규정들이 마련되어 있지 않다. 따라서 청소년쉼터에서 일하는 실무자들은 업무 수행과 관련하여 청소년복지지원법의 시행령이나 시행규칙에 포함되어야 할 내용으로 다음과 같은 건의사항을 제안하고 있다. 첫째, 공공요금, 기부금 감면혜택 등 혜택을 받을 수 있도록 이 법을 사회복지사업법체계에 포함시킴, 둘째, 청소년쉼터를 청소년복지시설로 인정하고 청소년쉼터의 기능 강화, 셋째, 청소년복지지원법의 전반적인 의무사항 강화 개선, 넷째, 일시쉼터, 단기쉼터, 중장기쉼터에 관한 역할 및 지원 강화, 다섯째, 쉼터전달체계의 일원화 및 체계화, 여섯째, 특별지원청소년의 범위, 지원내용, 지원방법의 구체화, 일곱째, 기관 간의 협력 강화를 위한 조항 추가, 여덟째, 청소년쉼터 근무자의 근무 여건 및 복지증진 개선 그리고 운영비가 보조금 예산의 30~40%를 넘지 않아야 한다는 내용 등이다(남미애, 홍봉선, 양혜진, 2007).

4) 청소년의 성보호에 관한 법률

청소년성보호법은 청소년 성매매 행위가 심각한 사회문제로 등장하면서 이에 대한 대책으로 마련된 것으로 2000년 7월부터 시행되고 있다. 그 내용을 살펴보면 청소년의 성을 사거나 이를 알선하는 행위, 청소년을 이용하여 음란물을 제작·배포하는 행위 및 청소년에 대한 성폭력 행위 등으로부터 청소년을 보호·구제하여 이들의 인권을 보장하고 건전한 사회구성원으로 성장할 수 있도록 함을 목적으로 하고 있다. 이에 덧붙여 청소년성보호법의 특징 중 하나는 범죄자의 성명, 직업 등 신상을 공개할 수 있도록 한 점으로, 이를 도입한 취지는 '청소년성범죄 행위에 대한 일반 국민의 경각심을 높이고 범죄예방 효과를 강화'하기 위한 것이다.

이 법의 시행으로 아동·청소년에 대한 성폭력·성매수 범죄가 파렴치한 인권유린 범죄라는 사실을 확고한 규범으로 자리잡게 하는 데에는 기여했다고 할 수 있지만 여기에 몇 가지 보완책이 요구되고 있다. 첫째, 청소년성보호법의 사회복지적 성격을 강화해야 할 필요성으로 국가와 지방단체에게 성매매 청소년의 사회복귀를 위한 보호시설과 상담시설을 설치할 의무를 부과해야 한다. 둘째, 윤리방지법과 청소년성보호법 간의 처리과정상의 비형평성 문제의 개선으로 가출한 10대 청소년을 고용한 티켓다방에 대한 윤락법 등 관련법률에 근거한 업주나 관련자에 대한 엄격한 처벌이 요구되고 있다. 마지막으로, 청소년성보호법상 성매매 청소년에 대한 보호처분규정이 있음에도 불구하고 보호관찰과 같은 조치가 제대로 실행될 만한 제도적 여건이 갖추어져 있지 못하다. 즉, 소년수탁시설, 병원 및 요양소 위탁시설, 소년원, 선도보호시설, 청소년재활센터 및 청소년보호센터와 같은 보호시설은 시설 수가 매우 부족하고, 그나마 마련되어 있는 시설마저도 운영과 관리가 제대로 행해지지 못하고 있는 실정이다. 따라서 법규정의 보완과 더불어 기존의 법규정을 뒷받침할 만한 현실적인 조건을 갖추어 나가야 할 필요가 있다(홍봉선, 남미애, 2006 참조).

5) 소년법

소년법은 청소년비행문제를 다루는 법으로서 청소년이 범법행위를 저질렀다고 하더라도 청소년기의 특성상 처벌이나 통제보다는 교정과 재활, 복지에 더 중점을 두고 있다. 이 법은 반사회성이 있는 20세 미만의 소년에 대하여 그 환경의 조정과 성행의 교정에 관한 보호처분을 행하고 형사처분에 관한 특별조치를 행함으로써 소년의 건전한 육성을 도모하기 위한 법이다. 사실 소년의 건전한 육성은 당해 소년의 이익을 위한 측면도 완전히 배제할 수 없으나 사회방위적 목적이 더 강하다.

이 법 제4조 제1항 제3호 나항에서 "정당한 이유 없이 가정에서 이탈한" 12세 이상의 소년이 "그의 성격 또는 환경에 비추어 장래 형벌법령에 저촉되는 행위"를 할 우려가 있는 경우 보호조치를 취할 수 있도록 하고 있다. 이러한 요건에서 알 수 있듯이 가출청소년이 모두 대상이 되는 것이 아니며 비행청소년화한 경우를 대상으로 하고 있다. 그러나 이 법 제32조에 따르면 법원의 소년부에 의해 내려지는 보호처분의 종류가 아주 극단적인 경우 소년원에 송치하는 것 외에 아동복지법상의 아동복지시설 기타 소년보호시설에 감호를 위탁하는 경우나 보호자 또는 보호자를 대신하여 소년을 보호할 수 있는 자에게 감호를 위탁하는 것이 포함되어 있어 외형상 가출청소년 보호시설에 가출청소년을 수용하는 것과 유사하다.

중요한 점은 가출청소년에 대한 보호를 제도화하려는 근본 취지는 소년법과는 달리 가출청소년이 소년법의 규제대상이 될 수 있는 단계에 이르지 아니하도록 선도하고 지도하여 청소년의 법적 지위를 강화하고자 하는 데 있다.

6) 외국의 가출 관련법

여기서는 가출청소년과 관련하여 법제도가 정비되어 있는 미국의 법을 간단하게 소개하고자 한다. 1974년 가출청소년법(Runaway Youth Act)을 제정하여 가출청소년이 가족과 재결합하도록 돕고, 범죄가 아닌 행동을 한 청소년을 수감하는 것을 금지하며, 이들의 욕구를 충족시켜 줄 수 있는 서비스를 제공하는 기관을 개발·지원하도록 하였다. 이후 1980년에 가출 및 노숙 청소년법(Runaway and Homeless Youth Act)으로 개정하면서 기존의 가출청소년법의 서비스 수급대상에 노숙청소년을 추가하였는데 여기서 '노숙청소년'이란 집에서 내쫓겨졌거나 부모의 학대나 가정 내의 심각한 가족갈등으로 인해 집에서 나온 아이들로 부모나 친척과의 재결합이 불가능한 청소년을 의미한다.

이 법의 특징은 청소년서비스 수급대상자의 연령을 확대하였다는 점으로, 성인으로서 필요한 독립적인 생활을 준비해야 할 시기인 16세 이상의 청소년이 아무런 도움을 받지 못하는 문제점을 개선하고자 독립생활 프로젝트(Independent Living Project)를 수립하고 이들에게 자립을 위한 기술습득, 직업훈련 및 다양한 서비스를 제공하는 프로그램에 대한 재정지원의 근거를 마련하였다(김향초, 2002).

1992년 이 법의 개정 시 '가정에 기초한 서비스' 와 '거리에 기초한 서비스' 에 관한 내용을 포함시키면서 처음으로 거리에서의 아웃리치 프로그램을 언급하였고 전환생활프로그램의 목적과 내용을 명시하였다. 그 밖에도 청소년 전환생활 프로젝트(Transitional Living Project)를 마련하여 이들이 자립생활을 영위할 수 있도록 독려하고, 장기적으로 사회의 도움에 의존하는 것을 예방하기 위해 거주지를 마련해 주고 필요한 도움을 제공하고 있다.

한편 노숙청소년의 학교체계로부터의 이탈로 인한 부작용이 커짐에 따라 이에 대한 대책을 마련하고자 2001년에 맥키니-벤토법(McKinney-Vento Homeless Education Assistance Improvements Act)을 통해 노숙상태의 아동과 청소년이 정규 교육제도 안에서 교육서비스의 혜택을 받을 수 있도록 돕는 지원제도를 마련하고 있으며, 이 법에 의해 학교등록 절차에 따른 시간 지체를 최소화하고, 학업에 필요한 물품, 급식, 교통수단 등을 제공하며, 전문 인력을 지역별로 배치하여 관련 행정절차에 도움을 주고 있다(김향초, 2005). 특히 이 법에서는 노숙상태의 아동과 청소년의 학교복귀와 관련하여 모든 교육관할 구역에는 노숙상태인 학생들이 학교에 등록하고 학교생활을 할 수 있도록 도와주는 담당자(법에서는 Liason이라 부름)를 갖추고 있어야 하는데, 이들은 다음과 같은 업무를 통해 노숙상태인 학생들을 돕도록 명시하고 있다.

- 학생이 학교에 등록 시 일반적으로 갖추어야 할 서류 없이도 등록이 되었는지 확인함
- 학생이 예방주사, 예방주사 접종기록, 기타 의료 관련 서류를 필요로 하는 경우 가족과 청소년이 이를 구비할 수 있도록 도와줌
- 부모와 청소년에게 학교통학 교통서비스 제공
- 학생이 필요로 하는 모든 학교서비스를 받을 수 있게 도와줌
- 부모와 보호자에게 학교가 그들의 자녀에게 제공해야 할 모든 프로그램과 서비스를 알려 줌(자세한 내용은 김향초, 2005 참조).

2. 청소년 가출 관련제도 및 서비스

1) 청소년쉼터

최근 사회적 문제인 가족 갈등 심화와 가족 해체 가속화 등으로 인하여 집을 떠나는 청소년이 거리에서 생활하면서 각종 범죄 및 비행 등의 문제행동을 초래하고, 거리생활에 따른 건강훼손 등으로 인해 유발되는 사회적 비용이 더 이상 방치할 수 없는 수준에 이르고 있다. 따라서 국가 차원에서 청소년 가출을 사전에 예방함은 물론 이미 가출한 청소년은 신속하게 선도보호, 일시보호, 상담, 교육문화활동을 지원함으로써 비행과 일탈을 방지하고 가정복귀 및 사회적응을 지원함으로써 청소년의 건전한 성장과 육성을 도모하고자 청소년쉼터의 설치 · 운영을 지원하고 있다.

청소년가출이라는 주제가 사회문제로 등장한 것은 1980년대 후반으로 가출청소년은 더 이상 비난이나 처벌의 대상이 아니라 사회적으로 다각적인 보호와 도움을 필요로 하는 존재라는 인식이 확산되면서 이들을 위한 구체적인 서비스가 마련되어야 한다는 요구가 증대되었다. 이러한 분위기 속에서 1992년 체육청소년부가 YMCA청소년쉼터에 청소년육성기금으로 운영비를 지원함으로써 가출청소년이 가장 필요로 하는 의식주 서비스를 제공하기 시작하였다. 이후 가출청소년에게 기본적인 의식주 서비스 외에도 상담서비스, 의료서비스, 그리고 다양한 문화활동을 제공하면서 가출청소년의 복지를 향상시키고자 청소년쉼터를 확대해 왔는데 이러한 청소년쉼터의 발전단계를 살펴보면 다음과 같다.

첫 번째 단계인 도입기는 1992년 최초의 청소년쉼터인 YMCA청소년쉼터가 설치·운영되기 시작하면서부터 IMF 위기로 가정해체가 주된 사회문제로 등장하기 시작한 1997년까지의 시기로, 청소년가출이 국가 정책으로 인식되면서 1998년에 5개 광역시에 청소년쉼터가 설치·운영되었다. 이 시기에는 청소년쉼터가 가출청소년을 일시적으로 보호하고 귀가시키는 것을 목적으로 한 일시보호시설로서 이들을 10일 이내의 짧은 기간 동안 보호하면서 상담을 통해 집으로 돌려보내고 학교에 잘 적응할 수 있도록 돕는 데 일차적 목표를 두었다.

두 번째 단계인 확대기는 정부가 가출청소년 예방 및 선도를 목적으로 청소년쉼터를 정책적으로 지원하기 시작하면서 전국적으로 청소년쉼터가 확산되고 청소년가출이 국가의 정책으로 자리 잡는 계기가 된 시기다. 경제위기가 심화되면서 부모의 이혼, 가출, 별거 등으로 인하여 돌아갈 가정이 없는 가출청소년이 늘어나면서 일시적 보호만으로 충분치 않고 자립할 때까지 보호가 불가피한 청소년이 점차 늘어나면서 중장기 보호시설의 필요성이 제기되었다. 특히 이 시기에 2001년 청소년기본법에 청소년쉼터의 법적 근거를 마련(2003년 이후 청소년복지지원법으로 변경)하고 2004년 드롭인센터 설치·운영하기 시작하였으며, 2005년에 중장기쉼터를 설치·운영하기 시작하였다. 이를 좀 더 자세히 살펴보면 수많은 가출청소년이 청소년쉼터를 기피함에 따라 쉼터실무자가 이들을 찾아 현장인 거리로 직접 나가 거리상담 서비스를 제공하면서 얻은 경험을 통해 가출청소년이 위기상태에 처해 있으나 서비스체계에 쉽게 접근하지 못하여 문제가 더욱 심각해진다는 사실을 인식하면서 청소년에 대한 접근이 용이한 드롭인센터와 같은 일시쉼터의 필요성이 제기되었다.

마지막 단계인 성숙기는 청소년가출이 국가정책으로서 제도를 정비하면서 새로운 도약을 시작하는 시점으로 2006년부터 청소년쉼터의 정체성, 전문성 제고를 위한 정책 및 프로그램을 개발·시행 중에 있다. 또한 2007년부터 청소년쉼터의 내실 있는 운영을 위하여 '성과관리' 체제로 전환되었다.

가출청소년쉼터는 9~24세의 청소년을 입소대상으로 하고 있으나, 실질적으로는 미성년자 청소년이 주로 이용하고 있고, 보호기간도 6개월 이하의 단기보호를 원칙으로 365일 24시간 개방하고 있다. 그 밖에도 많은 가출청소년이 필요한 도움을 받지 못한 채 거리에 방치되어 지내면서 점점 더 위험한 상황에 처하고 있음을 인식한 청소년쉼터의 실무자들은 쉼터라는 제한적인 공간에서 이들이 찾아올 때까지 기다리기보다는 이들이 주로 시간을 보내고 있는 현장, 즉 대학로, 동대문 상가 주변 등지로 직접 찾아가서 필요로 하는 서비스를 즉석에서 제공함으로써 상황이 악화되는 것을 예방하는 효과를 인식하였다. 이에 따라 2002년부터 '거리상담(street outreach)'이라는 이동상담 프로그램을 실시하고 있다.

이러한 가출청소년쉼터의 필요성이 더욱 커짐에 따라 청소년위원회는 위기청소년 보호시설의 체계화를 위하여 기존의 단기쉼터 외에도 2004년에 가출청소년의 긴급보호를 위하여 일시보호시설인 드롭인센터를 서울과 인천, 대전에 각각 설립하였고, 2005년도에 최초로 중장기쉼터를 15개소를 설치하였다. 이러한 접근은 위기청소년의 보호·복지시설을 확충하고 연계체계를 구축하고자 하는 의도로 위기청소년의 특성, 상황 및 요구에 따라 가출 경로별로 맞춤형 청소년쉼터의 운영과 시설을 마련하였다.

청소년쉼터는 가출청소년이 보호받을 수 있는 기간을 기준으로 일시보호 기능의 드롭인센터와 단기쉼터, 중장기쉼터의 세 가지 유형으로 구분하고 있는데 그 이유는 어떤 기간의 보호형태를 유지하느냐에 따라 청소년쉼터의 위치, 시설, 비품, 지도력, 프로그램, 의뢰체계 등이 달라질 수 있기 때문이다.

첫째, 일시쉼터는 보호시설이기보다는 이용시설로서의 성격이 더 강해서 가출청소년은 물론 다양한 청소년이 자유롭게 이용할 수 있는 시설이다. 따라서 위기청소년이 밀집하여 있는 현장에서 접근성이 높은 서비스를 제공하고자 설치된 것으로 12~24시간 이내의 기간 동안 서비스를 제공하면서 숙박이 안 되는 것을 원칙으로 하고 그 이상의 보호를 원하는 청소년은 단기쉼터로 연결해 준다. 일반청소년과 거리에서 생활하는 청소년이 주 이용 대상이며, 차량을 이용한 이동형과 청소년 유동지역을 중심으로 한 고정형의 쉼터인 드롭인센터로 구분되는데 2007년 현재 9개소가 운영되고 있다.

이 쉼터는 가출 예방은 물론, 가출청소년의 조기발견 및 초기개입, 그리고 연계중심의 복지서비스 지원을 특성화하고 있다. 따라서 주 기

능으로 위기개입, 진로지도, 적성검사 등 상담서비스를 제공하고 있을
뿐만 아니라 가출청소년의 구조 및 발견을 통해 이들을 청소년쉼터와 연
결시키는 업무도 수행하고 있다. 그 외에도 먹을거리, 음료수는 물론이
고 빨래, 샤워, 개인적 위생용품 등 기본적인 서비스를 제공하고 있다.

둘째, 단기쉼터는 보호가 주 기능으로 주로 단순 가출의 형태를 띤 청
소년을 주 대상으로 하여 3개월 이하의 보호서비스 제공을 원칙으로 하
되 1회에 한하여 그 기간을 연장할 수 있으나, 중장기쉼터와의 체계화
를 위하여 서비스 제공기간을 합리적으로 축소하도록 유도하고 있다.

이 쉼터는 주요 도시에 위치해 있으면서 단기간 동안 서비스를 제공
하며 보호, 선도 및 가정, 사회로의 복귀 중심의 복지서비스의 지원을
특성화하고 있다. 따라서 의식주 및 의료지원 등 보호서비스를 제공하
고, 가정 및 사회복귀를 위한 가출청소년을 분류하여 필요한 경우에는
이들에게 타 기관으로의 연계 및 의뢰서비스 등도 제공하고 있다. 그 외
에도 가출청소년 문제해결을 위한 상담서비스, 치료서비스의 제공은
물론 가출 예방활동도 전개하고 있으며 2007년 현재 전국적으로 46개
소가 운영되고 있다.

셋째, 중장기쉼터는 집으로 복귀하기 어려운 위기청소년에게 6개월
이상 최대 2년 이내의 기간 동안 서비스를 제공하며, 주택가에 위치하
여 청소년이 안정된 환경 속에서 생활하면서 사회복귀와 자립에 필요
한 준비를 하도록 도와주는 곳으로 입소정원은 7~10명 이내로 규정하
고 있는데 청소년의 연령과 필요한 서비스에 따라 보호기간에 차이를
두고 있다. 이용 대상은 가정이 없거나 가정으로 돌아갈 수 없는 가출
청소년 중 자립의지와 동기가 있는 특별지원청소년으로 여기서 특별지
원청소년이라 함은 청소년복지지원법 제2조에 의거하여 청소년의 조화
로운 성장과 정상적인 생활에 필요한 기초적인 여건이 미비하여 사회

적 · 경제적 지원이 필요한 청소년을 의미한다. 2007년 현재 전국적으로 24개소가 운영되고 있고 자립 중심의 복지서비스 지원을 특성화하고 있다.

2) 청소년전화 1388

청소년 상담서비스는 '청소년전화 1388'을 중심으로 이루어지는데 이 전화는 그동안 운영되었던 청소년상담, 가출, 위기상담, 신고 등의 모든 기능을 하나로 통합한 서비스를 제공하고 있다. 실제적인 통합서비스를 제공하는 기관은 한국청소년상담원과 시 · 도 청소년종합상담센터, 120개 시 · 군 · 구 청소년상담센터, 서울 · 부산 · 광주의 청소년종합지원센터이며, 상담서비스는 [그림 6-1]과 같은 과정을 거쳐 제공되고 있다.

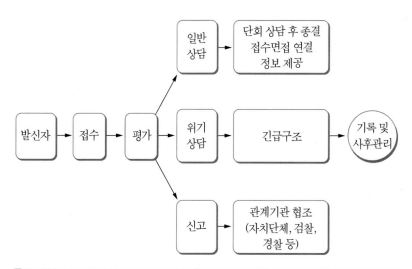

[그림 6-1] '청소년전화 1388' 서비스 지원체계

출처: 윤철경, 이혜연, 2005, p. 42.

청소년 이용자가 전화로 상담을 요청하면 전문상담자가 전화를 받아 이용자가 필요로 하는 서비스를 제공하게 되는데 청소년이 일상에서 겪는 대인관계, 진로, 학업, 가정 문제 등의 일반상담은 전화로 일회 상담을 진행하거나 정보만 제공한 후 종결하는 경우가 있고 문제에 따라 지속상담으로 연결하여 상담실로 방문하도록 안내하기도 한다. 이때 유선으로 전화를 건 경우에는 전화를 건 장소에서 가장 가까운 곳에 위치한 시·도 청소년종합상담센터 및 시·군·구 청소년상담센터로 연결이 되며 무선으로 건 경우에는 전화를 건 장소의 시·도 청소년종합상담센터로 연결되게 되어 있다.

또한 가출, 성폭력, 성매매, 학교폭력 등의 위기긴급상담인 경우 사례에 따라 긴급구조 및 지원을 할 수 있도록 상담자가 적극 개입하고 있다. 이러한 신고전화는 청소년 유해환경에 대한 신고를 접수하며 관계기관과의 연결을 통해 처리하고 있다.

3) 청소년종합지원센터

청소년위원회가 '위기청소년 사회안전망 구축사업'의 하나로 추진하고 있는 청소년종합지원센터는 요보호청소년의 긴급한 도움 요청에 대응, 청소년의 상황에 따라 긴급구조, 상담, 법률 및 의료 지원부터 사후복귀까지 종합적 원스톱 서비스를 제공하기 위해 설립되었다. 2007년 현재 청소년위원회가 전국적으로 서울, 광주, 부산의 세 지역에 종합지원센터를 지원하고 있고, 오는 2009년까지 전국 16개 시·도 지역에 설치해 청소년을 위한 사회안전망을 전국화할 계획으로, 이는 지역생활권을 중심으로 위기청소년 지원체계를 운영하되 청소년위원회를 중심으로 한 전국적인 체계 구축을 의미한다.

청소년종합지원센터는 '1388 청소년지원단'을 중심으로 24시간 긴
급 구조활동 및 상담 · 권리구제를 중심으로 한 서비스를 제공한다. 즉,
이들 종합지원센터는 위험노출 청소년 대상 상담활동은 물론, 청소년
위기보호 및 긴급구조, 긴급보호, 시설연계, 긴급의료지원, 수시귀가지
원, 입소연계, 법률지원 등의 사회복귀 지원활동을 실시하고 있다. 또
한 빈곤 및 위험노출 청소년 자립을 위해서 자립금 지원, 방문심리치료,
정신건강치료, 치료진료, 재활지원, 검정고시, 학습능력향상, 자립프로

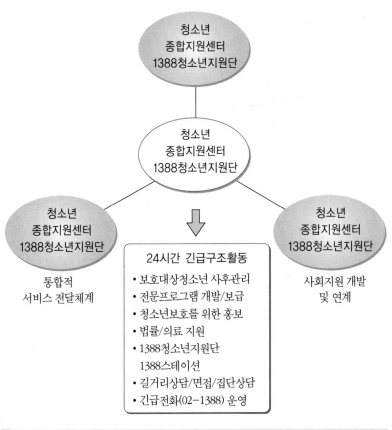

[그림 6-2] 청소년 종합지원센터 위기청소년 원스톱서비스 지원체계

출처: 윤철경, 이혜연, 2005, p. 43.

그램 등의 자활지원과 더불어, 학교폭력가해자 선도프로그램, 청소년 대상 성범죄자 교육 프로그램 운영, 청소년접근성 제고를 위한 홍보 등을 실시하고 있다.

이러한 지원활동은 정부, 민간단체, 시설, 치료재활시설, 교육기관, 보호기관, 기업, 전국조직, 단체 등 간의 연계 · 협력을 통해 보완 · 강화되고 있고 지역 사회의 청소년 보호시설과 단체, 전문가 기관, 다양한 지역사회 자원과 네트워크를 구축하는 허브 기능을 수행한다. 청소년종합지원센터의 위기청소년 원스톱서비스 지원체계는 [그림 6-2]에 나타나 있다.

4) 청소년상담센터

청소년의 문제해결과 건전육성을 종합적으로 지원하기 위해 마련된 청소년상담센터에서는 전문적 원조인 상담을 통해 부모와 아동 및 청소년의 위기를 예방 혹은 극복하고 만족스러운 생활을 영위하도록 돕는 것이 주목적이다. 이 센터는 전국 청소년상담센터를 총괄하는 한국청소년상담원과 생활권 중심으로 실질적인 청소년 상담체제를 구축하고 있는 시 · 도 청소년종합상담센터, 그리고 시 · 군 · 구 청소년상담센터로 유형화할 수 있다.

한국청소년상담원에서는 청소년상담과 관련된 각종 프로그램 및 연구자료를 개발 · 보급하고 청소년상담사업을 시범운영하며 청소년상담사 국가자격제도를 운영하고 청소년상담기관 간의 협력체제를 구축하고 이를 지원하고 있다. 시 · 도 청소년종합상담센터에서는 청소년 밀집지역 방문상담, 청소년상담전문직 자원봉사체제 구축, 사이버상담실 운영, 부모교육, 청소년또래상담, 청소년품성계발프로그램 운영, 학교

밖 청소년지원센터 운영 등을 실시하고 있다. 특히 이전의 청소년상담센터 연계망인 1588-0924를 청소년위원회의 위기긴급전화인 1388로 통합하여 24시간 원스톱 상담서비스를 제공하고 있다.

마지막으로 시·군·구 청소년상담센터는 지역 내 청소년에게 물리적으로 접근이 용이하고 문화적으로 적합한 상담서비스를 효율적이고 통합적으로 제공하고 있다. 주요 서비스로는 1388 위기긴급구조상담, 개인상담, 집단상담, 전화상담, 사이버상담과 지역 내 청소년상담지도자 양성을 위한 교육연수사업, 지역 내 청소년실태/욕구조사를 바탕으로 한 특화프로그램 개발, 유관기관과의 협력 및 지원 사업 등이 있다.

이 밖에도 지역사회 내의 가용자원—청소년보호시설, 청소년상담, 문화시설 등 청소년 관련기관, 응급실, 병원, 정신건강센터, 후원기관, 직업훈련원, 경찰, 유해환경감시단 등—에 대해서도 기초적인 지식을 겸비하고 이들과의 연계망 확대에 노력해야 한다.

07장
상담자가 갖추어야 할 태도

1. 가출청소년 상담자의 자세

안정적이고 양육적인 가정은 청소년으로 하여금 건강한 성인으로 성장할 수 있는 여러 가지 긍정적인 요소를 제공할 뿐만 아니라 반사회적 행동을 막는 실제적 관문으로서의 역할을 수행하며 사회적 네트워크의 기능도 갖추고 있다. 그러나 위기청소년은 가정에서 이러한 기회를 충분히 제공받지 못했을 뿐만 아니라 기타 성인보호자에게서 어떠한 보호와 지원을 받지 못한 상태에서 방치된 채 청소년기를 보내고 있다.

대부분의 가출청소년은 정도의 차이는 있지만 청소년기에서 성인기로 전환해 가는 항해 속에서 개인적 어려움과 가족 내에서의 어려움을 경험한다. 우리는 이들이 왜 집을 나서고, 거리에서 어떤 위협에 부딪히고 있으며, 어떠한 생활패턴을 유지하는지 등에 대해서는 많이 알고 있으나 그럼에도 불구하고 이들이 어떻게 당면 문제와 도전적인 요인을 헤쳐 나가서 성인기로의 성공적인 전환을 이끄는지에 대해서는 아는 바가 거의 없다. 그렇다면 과거의 가출청소년은 위험한 환경에서 생활은 물론, 위험한 행동에 개입되기도 하는 등의 험란한 파도를 헤쳐서 어떻게 성공적인 성인기로의 전환이라는 항해를 해 왔을까?

이와 관련하여 린제이 등(Linsey, Kurz, Jarvis, Williams, & Nackerud, 2000)은 성공적인 항해를 하기 위해서는 두 가지 요소가 필요하다고 설명하고 있다. 하나는 새로운 태도와 행동의 학습으로 이전과는 다른 새로운 태도는 인지적 혹은 애정적 전환(affective shift)을 통해 익히고 긍정적으로 여겨지는 행동을 습득하는 것으로, 예를 들면 독립심, 책임감, 타인에 대한 배려 등을 익힘으로써 자신의 삶의 전환을 가능하게 한다. 또 하나는 자기 자신에 대한 학습으로 자신을 돌보는 것의 중요성을 인지하고 자신을 어떻게 돌볼 것인가를 학습하며, 어떠한 목표가 자신에게 중요한 것인지를 발견하는 것 등을 의미한다. 자신을 사랑하고 받아들이는 것을 학습하는 것은 자신의 삶을 돌아보는 계기가 되어 매우 중요하다.

한 예로 "전에는 내가 무엇인가를 하면 항상 잘못해서 나 자신을 절대로 좋아하지 않았다. 그러나 이제 나는 모든 사람이 실수를 하고 있고 그러한 실수를 받아들인다는 사실을 안다. 정말로 무엇인가 잘못되었을 때는 그저 신에게 용서해 주기를 청한다. 그래서 나는 나 자신을 사랑하는 방법을 배웠다."(p. 125) 여기서 자신을 사랑함은 신체적, 정서적, 정신적, 그리고 영적으로 사랑함을 의미한다. 이에 덧붙여 타인을 인정해 주고 그들과 효과적으로 상호작용할 수 있는 방법을 배워서 타인과 관계를 형성하는 것도 성공적인 전환에 매우 중요하다.

잘 아는 바와 같이 청소년기의 특성상 일반 청소년과 함께 일하는 것도 쉽지 않은데 하물며 위기청소년, 특히 가출청소년과 함께 일을 하는 것은 실무자 입장에서는 매우 힘든 업무임에 틀림없다. 이들은 살아오면서 만났던 대부분의 성인과 바람직하지 못한 경험을 더 많이 겪다 보니 성인에 대한 불신감이 커져서 웬만해서는 실무자로 하여금 쉽게 접근조차 못하게 함으로써 이들의 마음의 문을 열도록 하는 것은 더더욱 어려운 과제로 남아 있다.

그럼에도 불구하고 실무자는 이러한 청소년이 건강하고 능력 있는 성인으로 성장할 수 있도록 보호와 지지를 제공해 줄 수 있는 중요한 존재라는 점은 분명하다. 이와 관련하여 황미란(1998)은 사회복지사의 지지를 받은 청소년은 이러한 지지를 제공받지 못한 청소년에 비해 심리적 우울을 적게 느꼈고, 낮은 가족 지지를 받은 청소년에게 사회복지사의 긍정적인 지지가 보상 역할을 한 것으로 나타나 사회복지사를 가출청소년의 심리적 안정과 위기 시 즉각적인 개입을 통한 중요한 타자의 역할 수행에 매우 중요한 존재로 설명하고 있다. 강민정(2000)도 이러한 내용을 뒷받침하면서 적절한 사회복지사의 지지가 가출청소년의 일에 대한 태도, 자립생활에 영향을 미쳐 궁극적으로 이들이 사회에 적응하는 데 긍정적인 영향을 준다고 설명하고 있다.

청소년담당 실무자가 거리를 배회하는 청소년뿐만 아니라 청소년쉼터, 기타 보호시설 등에서 생활하고 있는 위험한 상황에 처해 있는 청소년을 돕는 일을 하고자 철저히 준비를 했더라도 돌발 상황 전개 시 눈앞의 상황을 신속하게 정리하기란 쉽지 않다. 하물며 많은 실무자가 열악한 현실적 여건 속에서 업무 수행에 필요한 최소한의 준비과정만을 거친 후 곧바로 우울, 불안 또는 파괴적이고 위험한 행동을 보이는 청소년과 함께 일을 하다 보니 어디서부터 어떻게 시작해야 하는지, 이들과 어떻게 관계를 형성해야 하는지 등의 기본 자세조차 준비 안 된 경우가 허다하다.

이러한 실무자의 준비 부족은 청소년과의 만남 시 곧바로 드러나면서 서비스를 제공받은 청소년은 실무자가 자신의 욕구를 제대로 충족시켜 주지 못한다고 불평하고 더 이상의 서비스 받기를 거부하는 모습도 종종 볼 수 있다. 따라서 중요한 점은 충분한 교육과 훈련을 받은 실무자를 많이 배출하여 위기청소년에게 그들이 원하는 적절한 서비스가 제공되도록 함으로써 이들이 정상적인 궤도로 돌아와 건강한 성인으로 성장할 수 있도록 도와주는 것이다.

대다수의 가출청소년은 필요한 서비스를 받고자 할 때 다양한 상담 기법을 통해 여러 가지 바람직한 조언을 제시하기보다는 여러 조언 중에서도 이들이 선택할 수 있는 구체적인 내용을 설명해 주는 실무자를 만나길 희망하고 있다. 아울러 상황을 변화시키는 것을 가능케 하는 것보다는 실제로 변화시키는 작업을 실행케 하는 힘을 갖춘 실무자를 원한다(Thompson, McManus, Lantry, Winsor, & Flynn, 2006). 따라서 가출청소년의 주 생활무대인 거리에서의 삶을 실무자가 어떻게 이해하는가가 가출청소년과의 상담 시 관계를 형성하는 데 기초가 되므로, 실무자는 무엇보다도 청소년과 관련된 기본 지식은 물론, 특히 가출청소년의 특성과 이들의 거리에서의 삶에 대한 풍부한 지식을 갖추고 있어야 한다. 이에 덧붙여 위기청소년을 담당하는 실무자로서의 자기 훈련이 되어 있어야 하며, 책임감이 있고 윤리적이면서 무엇보다도 업무 수행에 효율적이어야 한다.

그렇다면 실무자가 가출청소년과 함께 일하기 위해서 어떤 요소를 갖추어야 하는지 우선 살펴보아야 한다.

1) 청소년에 대한 가치관

가출청소년과 함께 일을 하기 위해서는 무엇보다도 먼저 청소년에 대한 가치관이 확립되어 있어야 하는데 이러한 가치관에는 다음과 같은 내용이 포함된다.

첫째, 청소년은 존엄성을 가진 인간이다. 인간은 누구나 행복할 권리를 가지고 있으며 성, 연령, 학력, 신체, 재산 등에 의해 차별받아서는 안 되므로 청소년은 행위로서가 아니라 존재로서 존중받아야 하고, 자신의 존엄성을 지키고 자신의 가치를 발휘할 수 있는 적절한 보호와 교육의 기회를 제공받아야 한다. 그러나 대다수의 가출청소년은 가정은 물론 사회 속에서 이러한 존엄성을 인정받지 못한 채 주변인으로 살아가고 있고 가출청소년에 대한 일반적인 부정적 시각 속에서 스스로 약자라는 인식이 팽배하여 개인의 가치를 보장받는 것은 엄두도 못 내고 있다. 이러한 점은 아르바이트를 할 때 자신의 권리를 주장하지 못한다거나 거리에서 경찰에게 검문당할 시 이들이 보이는 태도에서 잘 나타난다.

따라서 실무자는 가출청소년이 자신의 존엄성과 가치를 인식함은 물론 이를 지키며 살아갈 수 있도록 도와야 하는데, 이를 위해서 가출청소년의 신체, 학력, 성, 외모 등에 대한 편견을 가져서는 안 되고 특히 가출청소년의 행위로 그를 판단하거나 심판하는 일은 없어야 한다. 아울러 가출청소년은 개인의 특성, 성장과정, 환경, 환경에 대한 대응방식이 제각기 다르기 때문에 집단의 규율을 앞세우기보다는 개인의 요구를 최대한 존중해 주고 가능한 한 전체를 대상으로 하는 규칙보다는 개인 간의 약속을 중요시하는 실무자의 모습이 요구되는데 그 이유는 실무자를 통해 자신의 개별성을 인정받음은 궁극적으로 청소년의 정서적 안정감과 자기존중감을 고양시킬 수 있기 때문이다.

둘째, 청소년은 자율적인 인간이다. 청소년은 스스로 인생을 살아갈 수 있도록 자신의 능력을 개발하고 올바른 판단을 훈련하는 시기 속에서 시행착오를 겪으면서 성장하기 때문에 자율적인 인간으로 성장하는 데에는 타인의 도움이 절대적으로 필요하다. 여기에는 가족은 물론 주변의 의미 있는 타자가 이 범주에 포함되는데 실무자도 그중의 한 사람으로서 가출청소년에게 다양한 정보와 기회를 제공하여 자신의 생활 속에서 부딪치는 일에 대해 스스로 판단하고 결정케 하며, 자신의 삶에 스스로 책임을 질 수 있도록 도와야 하고, 자신의 미래에 대한 올바른 판단을 할 수 있도록 도와주어야 한다.

실무자는 가출청소년의 선택과 결정을 결코 대신해 줄 수는 없지만 그의 선택과 결정에서 필요한 도움을 제공해 줌으로써 긍정적 영향을 미칠 수 있다. 즉, 실무자는 청소년의 자기 결정권을 존중하면서 다양한 정보와 기회를 제공해 주어 가출청소년이 자신의 삶과 관련된 주요 과제에 대해 힘들지만 스스로 결정할 수 있도록 격려해 주고 도와주어야 한다. 따라서 서비스 제공은 실무자가 아닌 '청소년으로부터' 시작되어야 하며, 청소년 스스로가 최선의 길을 찾아가도록 도와주어야 한다. 그러나 가출청소년 자신이 이러한 도움을 원치 않는 경우 실무자는 어떠한 도움도 제공해 줄 수 없으므로 그가 자신의 욕구를 발견하도록 적극적으로 도와주고 실무자를 경계하는 마음을 없애 자신의 욕구를 표현할 수 있도록 하는 상담기술이 필요하다.

물론 실무자 입장에서 가출청소년을 위해 '좋은 길'이란 과연 무엇일까? 다른 일반 청소년처럼 학교로 돌아가 졸업을 하는 것일까? 인정받을 수 있는 자격증을 따도록 하는 것일까? 적어도 거리에서는 살지 않도록 해야 하는 것일까? 등의 여러 가지 대안을 모색하는 것은 당연하다. 그러나 실무자가 할 수 있는 일은 이러한 여러 가지 선택 사항을 가출청소년에게 제시해 줌으로써 그가 자신에게 적합한 진로를 폭넓게 생각해 볼 수 있는 기회를 제공해 주는 것일 뿐 마지막 선택은 가출청소년 스스로 해야 한다는 점을 명심해야 한다.

　이러한 도움 제공 시 실무자는 비심판적이고 수용적인 태도를 유지해야 한다. 대다수의 가출청소년은 자신의 삶에서 무엇이 문제이고 어떤 것이 최선의 선택인지 가장 잘 알고 있는 사람은 바로 자신이라고 믿고 있기 때문에 이러한 점을 충분히 이해하여 그들을 존중하고 그들의 이야기를 진지한 자세로 들으면서 그들의 선택과 결정을 지지하는 협조자의 역할을 수행하는 실무자를 원하고 있다. 또한 청소년의 행동에 대해 옳고 그름을 판단하는 심판자가 아니라, 이들을 돕는 입장에 서서 편견을 갖지 않고 자신의 생각을 강요하지 않는 실무자를 원한다.

　따라서 실무자는 가출청소년에 대한 옳고 그름의 가치판단을 보류한 채 그들을 있는 그대로 받아들여야 한다. 청소년과 대화를 하는 도중에 그들의 행동이나 외양에 대해 옳다 그르다 혹은 바람직하다 바람직하지 않다는 판단을 해서는 안 되며, 그러한 모습을 있는 그대로 수용하고 이해할 수 있어야 한다. 또한 짧은 시간 동안 대화를 하더라도 청소년의 단점과 어려움을 발견하는 것 이상으로 청소년의 강점과 꿈과 희망을 발견하고 공감하며 격려할 수 있어야 한다. 실무자가 궁극적으로 기대하는 것이 무엇이든 간에, 현재 마주하고 있는 청소년과의 만남을 성공적으로 수행하기 위해서는 자신의 모든 가치판단과 기대를 잠시 보류한 채 그의 이야기를 경청해야 한다(윤현영, 김지혜, 황동아, 2006). 즉, 실무자는 청소년이 어떤 태도와 행동을 보이더라도 이를 수용할 수 있는 마음의 준비와 청소년이 말하는 서비스 욕구에 관해 경청할 준비를 갖추고 있어야 하고, 친밀한 인간관계 형성과 정서적 안정을 위해 청소년의 말과 행동을 수용하는 태도를 갖고자 노력하는 모습을 보여 주어야 한다.

셋째, 청소년은 사회적인 인간이다. 청소년은 사회 속에서 성장하며 자신의 가치를 실현해 나가는 사회적 존재이므로 실무자는 청소년이 건강한 사회구성원으로 살아갈 수 있도록 사회적 능력의 향상을 도와야 함은 물론 청소년이 사회적 약자를 배려할 수 있도록 도와야 한다. 가출청소년은 현재는 사회적 궤도에서 벗어났지만 언제든지 궤도로 다시 들어갈 수 있는 능력을 가진 존재라는 점을 명심해야 한다.

이를 위해서 실무자는 이들이 사회성을 키울 수 있는 분위기와 환경을 조성해 주어야 한다. 가출청소년의 거짓말, 절도 등 반사회적인 행동에 대해 스스로 깨닫고 자신의 행동을 수정할 수 있도록 돕고 또 청소년끼리의 관계에서 따돌림, 폭력 등 다른 청소년을 괴롭히는 경우가 없는지도 주의 깊게 관찰해야 한다. 아울러 가출청소년의 언어, 습관, 문화를 이해하고 그들의 잠재적 능력을 개발할 수 있도록 도와야 하며 청소년의 대인관계 능력 향상을 위해 언어, 행동, 대처능력 등의 향상을 도와 사회 속에서 타인과 더불어 살아갈 수 있는 성인으로 성장하도록 적극적인 지지와 이해를 갖추어야 한다.

이러한 가치관을 갖고 실무자는 청소년의 의식주를 비롯한 기본적인 욕구를 충족시켜 주어야 하는데 특히 건강, 질병, 심리적 불안 등 신체적 안전의 욕구가 충족되고 있는가를 주의 깊게 관찰해야 한다. 또한 청소년의 표현의 자유, 선택의 자유, 행동의 자유, 신앙의 자유를 최대한 보호해야 하고, 청소년이 중요한 사항을 결정하기 전에 함께 협의할 수 있는 분위기를 조성해야 한다.

2) 거리청소년의 이해

■ **열두 살 명수의 사례**

"별로 할 말이 없는데 ⋯ 하고 싶은 말은 욕밖에 없어요, 스트레스가 많아서." 한눈에 봐도 오랫동안 한뎃잠을 잔 티가 났다. 흰색 티셔츠는 때가 잔뜩 묻어 짙은 회색으로 변해 가고 있었다. 코를 찌르는 퀴퀴한 냄새. 의자에 앉은 키 작은 아이는 고개를 숙인 채 바닥에 닿지 않는 다리를 쉴 새 없이 까딱거렸다. 사람을 대하는 것이 익숙하지 않은 듯 말수는 적고 말투는 삐딱했다.

열두 살이었다. 명수(가명)는 지난달 25일 밤 9시 30분께 서울 신림사거리에서 금천이동쉼터 직원들의 눈에 띄었다. 이동쉼터 차에서 상담을 받은 뒤 옆에 설치된 컴퓨터 게임기 앞에 앉은 명수는 틀림없는 초등학생 나이의 소년이었다. 그러나 아이의 '집'은 지하철 역과 거리였다. 운수업을 하는 아빠는 항상 술에 취해 가족을 때렸다고 했다. 새엄마는 참고 살았지만, 두 살 위인 형은 초등학교 5학년 때 집을 나갔다. 명수도 초등학교 4학년이던 지난해 처음 집을 나왔다. 그 뒤 1년 동안 가출을 반복했고, 이번에는 나온 지 3주째라고 했다. 주로 지하철 역 안에서 지냈고 오가는 사람들이 가끔 돈을 줬다. 이날도 5,000원 정도 벌었는데, 아무 생각 없이 PC방에서 다 써 버렸다. 일주일 동안 제대로 먹지 못했다는 명수는 이동쉼터에서 준 김밥을 허겁지겁 먹어 치웠다.

■ **"제발 한 끼만 ⋯"**

명수처럼 오래도록 노숙을 하는 10대에게 가장 먼저 다가오는 문제는 먹는 것이다. 돈이 있는 초기에는 식당에서 밥을 사 먹다가 점차 라면이나 김밥 등으로 끼니를 때우기 시작한다. 나중에는 과자 부스러기로 허기를 달래는 일도 허다하다.

서울 신림청소년쉼터에서 만난 김 아무개(19) 군은 "너무 배가 고픈 나머지 문 닫은 가게 앞에서 아이스크림 통을 뜯어 아이스크림으로 배를 채운 적도 있다."라고 노숙 생활을 돌아봤다. 김 군은 "일주일 동안 생라면 두 개만 먹고 버틴 친구도 있다."라고 했다. 이 쉼터에서 만난 이 아무개(17) 군은 "아무 식당에나 들어가 제발 한 끼만 먹여 달라고 사정한 적도 있다."라고 말했다.

■ 뜬눈으로 새는 밤

잠잘 곳도 마찬가지다. 처음에는 가지고 나온 돈으로 여관 같은 곳을 찾지만, 점차 돈이 덜 드는 찜질방이나 PC방을 찾게 된다. 밤 10시가 지나면 미성년자가 출입할 수 없는 곳이 대부분이지만, 집을 나온 10대는 이른바 '뚫리는' 곳들을 알아놓는다. 술 냄새를 풍기며 들어가면 붙잡지 않는 경우가 많다고 한다.

그러나 돈이 떨어지면 결국엔 밖에서 밤을 보낸다. 어울려 다니는 친구들과 함께 공원에 앉아 밤을 지새는 경우가 가장 많고, 역 대합실이나 건물 지하주차장, 아파트 옥상이나 계단 등도 자주 이용한다. 성인 노숙인과 달리 10대는 무슨 일을 당할지 몰라 불안한 밤을 보내야 한다. 김 군은 "너무 추워서 주차돼 있는 차 문을 뜯고 들어가 잔 적이 있다."라며 "빈집 같은 안전한 장소를 찾지 못하면, 밖에서는 밤을 새는 경우가 대부분"이라고 말했다.

■ 성매매라도

여자 청소년의 경우 잘 곳은 더욱 마땅찮다. 여관이나 찜질방, PC방과 같은 곳이 아니면 위험에 노출되기 쉽다. 그래서 남자 청소년보다 돈이 더 필요하고, 끝내 인터넷 성매매를 통해 돈을 벌거나 남자 청소년과 어울려 그들의 보호를 받기도 한다. 서울 금천청소년쉼터에서 만난 유 아무개(19) 양은 "친구와 공원 의자에 앉아 밤을 새고 있는데, 어떤 남자가 나타나 완력을 써서 몸을 더듬었다."며 "그때 이후로는 밤에 밖에 있는 게 무서웠지만, 돈이 없으면 방법이 없었다."라고 말했다.

■ 앵벌이, 삥뜯기, 빈집털이

남자 아이들은 노숙을 이어 가느라 다른 청소년한테서 돈을 뺏거나 훔친다. 신림쉼터의 권 아무개(18) 군은 "어떤 아이들은 용돈으로 5~6만 원씩 가지고 다니기도 하고, 학원 수강료는 10만 원이 넘기도 한다."라고 말했다. 이런 '삥뜯기'는 강력 범죄로 이어지기도 한다. 김 군은 '아리랑치기'나 '빈집털이'를 한 적이 있다고 털어놨다.

끼리끼리 뭉쳐 다니는 것은 이들 나름의 생존법칙이다. 서넛 정도는 뭉쳐 있어야 돈을 구하기도 쉽고 위험에 저항하는 방법도 생긴다. 이런 무리에 끼지 못한 노숙 청소년은 생존을 주로 앵벌이에 의지한다. 김 군은 "드문 사례이긴 하지만, 무리에 속하지 않고 혼자 지내던 아이가 성인 노숙인과 어울리기도 한다."라고 말했다. 서울역의 한 노숙인은 "성인 노숙인과 함께 사는 여자 아이들이 많다."며 "당장 먹고 살만한 방법이 없으니까 그렇게 하는 것"이라고 말했다.

■ 가장 어두운 구석으로

하지만 노숙인이 많이 모이는 서울역, 영등포역, 고속터미널 등을 돌아다녀 봐도 청소년 노숙인이 쉽게 눈에 띄지는 않았다. 신림쉼터의 박진규 상담팀장은 "거리의 권력관계에 따라 상대적 약자인 청소년 노숙인은 성인 노숙인에게 좋은 자리를 뺏긴다."며 "외부의 위험을 피하려고 건물 옥상이나 지하 주차장 등 남이 찾기 어려운 곳으로 숨어들어 눈에 잘 띄지 않는다."라고 말했다.

더구나 이들에 대한 사회적 관심 자체가 부족한 탓에 10대 노숙인은 규모조차 제대로 파악되지 않고 있다. 경찰이나 청소년위원회 등 정부기관도, 민간 노숙인 지원단체도 이들에 대한 통계를 갖고 있지 않다. 오늘 밤도 어디선가 고픈 배와 불안한 잠자리를 견뎌야 할 10대들. 그곳은 아마도 우리 사회의 가장 어두운 구석 어디일 것이다(한겨레신문, 사회, 2007. 6. 6.).

우리나라의 경우 몇 년 전부터 가출청소년에 대해 언론이 관심을 가지고 '거리 아이들'이라는 표현을 사용하면서 만성 가출청소년에 대한 염려가 증대되고 있다. 이들은 가출기간이 장기화되고 재가출의 연속인 청소년으로서 거리라는 환경 속에서 하루하루 살아가면서 겪고 있는 문제의 심각성이 알려지면서 이들에 대한 관심과 인식이 증대되고 다양한 서비스의 제공이 요구되고 있다. 이러한 추세와 관련하여 서울 YMCA청소년쉼터(2004)에서 실시한 거리상담 프로그램인 브리지 프로젝트에서 2001년부터 2003년도까지 여의도 한강고수부지와 동대문상가 주변에서 배회청소년을 대상으로 조사한 결과 조사대상자의 54%가 가출 경험이 있다고 응답하였고, 그중 72.1%는 2회 이상 가출 횟수가 있다고 응답하였으며, 가출 기간도 58.5%가 1주일 이상으로 응답하였다. 이러한 내용을 통해서 볼 때 거리에서 만난 청소년의 절반 이상이 가출청소년이고 장기가출자로 전락하고 있음을 잘 보여 주고 있다. 집을 떠난 청소년은 성장기를 거리에서 맞이하면서 이 시기에 일반적으로 기대되는 학업, 진로와 같은 발달 과업은 거의 잊은 채 오로지 어떻게 생존해야 하는가에만 관심을 가지게 된다. 즉, 하루하루 어떻게 먹고 살 것인가, 어떻게 돈을 벌어야 하나 등의 문제가 이들의 발달과업이 되고 거리에서 살아가는 방식을 배우는 동안 청소년은 이미 성장하여 성인으로서의 삶이 이어진다(김지혜, 2003).

이와 같이 거리에서 생존 방식을 터득하는 과정 속에서 가출청소년은 일반인이 상상하지 못할 정도의 어려움을 겪으면서 자신들의 삶을 꾸려 나가고 있어서 대부분의 실무자가 이들의 삶 자체를 이해하기란 결코 쉽지 않다. 문제는 실무자의 이들에 대한 이해 부족이 청소년으로 하여금 신뢰감을 잃게 하고 부정적인 이미지만 심어 준다는 사실이다. 따라서 무엇보다도 먼저 거리청소년에 대한 체계적이고 구체적인 이해가 이들과의 관계 형성에 전제조건임을 깨닫고 그들의 힘든 삶의 실상을 파악하고자 하는 노력을 기울여야 한다.

(1) 거리생활의 이해

우리는 흔히 거리청소년이라 하면 부모의 잔소리가 싫어서, 공부하기 싫어서, 또는 그냥 돌아다니는 것이 좋아서 집을 나와 거리를 배회하는 청소년이라는 이미지를 갖고 있다. 따라서 이러한 청소년은 아무런 생각 없이 하루하루를 살아가면서 별다른 걱정도 없고 뭔가 이루고자 하는 의지나 노력도 없이 자신이 원하는 대로 살아가는 존재로 여기는 경향이 있다.

> "우선 공부해라, TV 보지 마라, 오락하지 마라와 같은 잔소리 안 듣고, 자유롭게 간섭받지 않으니까 또 하고 싶은 거 하니까 좋더라고요." (정운숙, 2002: 40)

그러나 청소년이 가출한 후 거리로 나가면 생존을 위협하는 환경 속에서 살아가고 있어서 거리생활의 심각성에 대한 염려가 커지고 있다. 이러한 분위기 속에서 최근 들어 국내외적으로 기존의 청소년 가출과 관련된 주요 요인을 추출하고 그 상호 관계를 입증하려는 노력에서 벗어나 청소년이 가출 후 거리에서 살아가는 과정, 비행청소년으로 전락해 가는 과정 등을 질적 연구, 문화기술적 연구, 또는 민속학에 기초한 연구 등의 다양한 방법을 통해서 자세히 설명하고 있다(김지혜, 2003; 정운숙, 2002; 현온강, 이홍숙, 2001; Auerswald & Eyre, 2002). 이러한 거리에서의 생존과정에 대한 이해는 더욱 구체적인 가출청소년에의 단계적 개입방법을 개발하고 실천하는 데 매우 중요하다.

정운숙(2002)은 가출청소년의 귀가와 관련하여 경험적 진술을 토대로 하여 개인적 요인, 특히 자아발견에 초점을 두고 청소년이 가출해서 귀가하기까지의 회귀과정을 5단계로 설명하고 있다.

1단계인 '미망기'는 마음이 매우 산란하게 뒤얽혀서 사리에 어두운 상태로 갈피를 잡지 못하고 좌충우돌하며 분출구를 찾아 헤매는 현상을 나타내는 시기로 모든 일련의 행동이 '치밀어 오름'이라는 현상을 중심축으로 전개된다.

2단계인 '미명기'는 일상의 궤도를 이탈하여 사회심리적 반응인 자기혼돈의 상태의 소용돌이에 휘말려 들어 벼랑 끝에 몰리는 경험을 하는 시기로 사회적인 통념과 규범에서 탈피하고 싶은 욕망이 생겨나고, 당연하게 받아들여 온 역할과 행동에 대해서도 거부하고픈 감정이 생기면서 자아를 혼란스럽게 한다.

3단계인 '사고의 반전기'는 자아발견을 위해 청소년 자신이 사고하면서 스스로 깨닫기를 통해 주체성을 찾는 대처행위가 있게 되는 시기로 지금까지 지녀 왔던 사고방식과는 다르게 독립적으로 사고하고 자신이 살아왔던 사회 문화적 맥락에서 형성되었던 자기 관념의 굴레에서 벗어나 자기존재를 인식하는 시기이다.

4단계인 '성찰기'는 자신의 과거를 뒤돌아보며, 자신이 처한 현실을 객관적으로 바라보고 긍정적으로 수용하면서 자신의 것을 소중히 생각하는 시기로 자신과 세계를 더 상대적인 방법으로 볼 수 있게 되고 객관성을 갖게 되며 자아를 일관성 있게 지속적으로 지켜 나가기 위한 의지의 시기이다.

5단계인 '자아정체감 확립기'는 자존감과 성숙한 자아를 형성하는 시기로 자율적으로 행동하고 융통성이 있으며, 자신을 있는 그대로 인식, 수용하고 자신과 타인을 존중함으로써 원만한 대인관계의 유지와 자신의 능력을 충분히 발휘하여 더 나은 자기로의 성장을 이룩해 나가는 시기이다.

결과적으로 가출청소년의 회귀과정은 해방감, 죄책감, 고독감, 불안감, 양가감정, 허무함 등의 사회심리적 반응으로서 깊은 자기 혼돈의 경험을 거친 후에 정신적 고통, 미래에 대한 불안감, 외로움 등을 겪으면서 자신의 내면세계로 눈을 돌려 자신과 자신의 삶에 대해 구체적인 삶의 의미를 찾음으로써 자신의 주체성을 찾고, 자신에 대한 끊임없는 회의와 성찰을 통해 과거 · 현재 · 미래의 연속선상에 놓여 있는 자아를 일관성 있게 지속적으로 발전시켜 나가려는 굳은 의지를 갖고 자아가 성숙 · 발전해 가는 자아발견의 과정이다.

한편 현온강과 이홍숙(2001)은 청소년이 가출해서 거리생활을 함에 있어서 특히 쉼터에 입소하기 전까지의 생활을 3단계로 설명하고 있다.

첫째, '자유의 시기'로 가정에서의 학대나 부모의 이혼 내지는 불화, 학업 부적응 또는 즐거움을 추구하고픈 심정 등을 이유로 자유를 찾아서 가출의 세계로 입문한 처음 2, 3일간의 기간으로 전자오락실, PC방에서 즐거움을 추구하고 주로 공원, 버스대합실, 전철대합실, 독서실 등의 길거리에서 잠을 자면서 시간을 보낸다.

둘째, '또래 집단과의 합숙시기'로 가출 후 3~10일 정도의 기간으로 가출 초기에 가졌던 자유와 자신감은 약 2, 3일간의 유흥생활과 함께 서서히 사라지는 반면에 앞날의 생활에 대한 불안감이 점차 증가하게 된다. 그러면서 PC방이나 전자오락실에서 만난 같은 처지의 가출청소년과 짧은 시간 내에 '서로 마음이 통하는 사이'로 발전하면서 서로의 동질성을 확립하고 선배 가출청소년에게서 살아 나갈 수 있는 요령을 배우면서 또래집단과의 합류가 시작된다. 이 시기에 일부청소년은 아르바이트 직종을 얻기도 하나 그렇지 못한 경우에는 또래에게서 하루

한 끼 정도 얻어먹으면서 지낸다.

셋째, '절망의 시기'로 가출 후 10~15, 20일 정도의 기간으로 또래 집단과의 합숙생활이 자신들이 생각했던 것처럼 신나는 일도 아니고, 배고픔과 절망의 연속이라는 사실을 깨닫기 시작하는 시기이다.

> "나는 약 먹고 죽을 생각까지 했어요. 집에 돌아갈 수도 없고 그렇다고 이런 일 계속할 수도 없고요. 집에 가면 누가 날 반겨 주겠어요. 맞아 죽지 않는 것만도 다행일 거예요."(현온강, 이홍숙, 2001: 172)

> "이럴 땐 정말 꼴 보기 싫은 아빠나 엄마가 날 찾으러 왔으면 해요. 근데 왜 그 사람들은 날 찾지도 않는지 모르겠어요."(현온강, 이홍숙, 2001: 172)

이들은 처절한 생활에서 벗어나고자 여러 가지 출구를 생각해 보지만 어떠한 곳도 자신을 진정으로 이해하고 받아 줄 데가 없다고 생각하면서 절망감에 쌓이게 된다. 그러는 와중에 쉼터에 관한 정보를 또래 가출청소년에게서 전해 듣게 되면 가정으로 돌아가기보다는 쉼터에 들어가는 것이 더 나을 것이라는 결정을 내린다.

한편 김지혜(2003)는 청소년이 가출하여 비행을 저지르는 데 초점을 두고 비행청소년화하는 과정을 추적하여 5단계로 분석하였다. 이 연구에서 1, 2, 3단계의 특성은 앞의 현온강과 이홍숙(2001)의 연구결과와 유사한 내용을 보여 주고 있다.

1단계는 '아는 사람 활용하기'로 청소년은 가출한 후 특정한 목적지를 찾지 못하고 배회하다가 생존의 위협을 경험하게 되면서 친구, 친척, 아는 오빠, 후배 등 이전부터 알고 있던 사람들을 찾아 도움을 구하고자 한다. 즉, 청소년은 혼자서 살아가는 방법을 찾기 전에 먼저 아는 사람에게서 도움을 받는 방법을 찾아 그를 최대한 활용한다. 여기에서 인적 자원 네트워크가 풍부한 경우에는 상당 기간 동안 다양한 자원을 이용하면서 배회의 시간이 연장되지만 이용할 네트워크가 빈곤한 경우에는 짧은 시간 내에 자원이 소멸되면서 혼자 남게 된다. 이러한 인적 자원 네트워크를 이용할 수 있는 기간은 가출에 따른 비행화를 완충하는 시기로 작용하고 있다.

2단계는 '새로운 관계를 통한 얻어먹기'로 인적 자원이 소멸된 청소년은 스스로 생존문제를 해결해야 한다는 사실에 직면하면서 생존의 방법을 활발히 탐색하는데 주로 새로운 인적 자원을 발견하려고 시도한다. 이들이 사용하는 흔한 방법으로는 음식점 주인에게 음식을 달라고 요청하거나 지나가는 사람에게 돈을 달라고 하는 것 등이다. 뿐만 아니라 청소년은 새로운 사람으로 같은 또래의 청소년과 관계를 맺고 도움을 받기도 하는데, 특히 여자 청소년의 경우 관계를 통하여 도움을 얻는 활동이 활발하게 나타나기도 한다. 이와 같이 생계를 목적으로 구성된 인적 자원은 일시적이고 산발적으로 나타났다가 사라져서 또 다른 인적 자원을 찾아 나서게 된다. 청소년이 네트워크를 유지하고 도움을 받는 동안 직접적인 비행 행동으로서의 진입은 연장된다.

3단계는 '독립적 생계의 대안 탐색하기'로 인적 자원을 통한 생존 해결이 더 이상 어려울 때 혼자 힘으로 생존할 수 있는 다양한 대안을 탐색하는 시기로 정보의 통로가 없이 혼자 남겨진 청소년이 가질 수 있는 대안은 기존에 알고 있거나 우연히 알게 되는 몇 가지로 한정된다. 일부 청소년은 일을 통해서 돈을 구하고자 구직을 시도하지만 연령 제한, 신분 노출 등의 이유로 쉽지 않다. 이때 다른 대안이 없으면 생존의 방법으로 비행을 경험하는데 이러한 비행 행동은 지속적인 생계 수단으로 여겨지지 않으며, 배고플 때 어쩔 수 없이 했던 간헐적인 사건으로 이해

한다. 이 단계에서 혼자 살아갈 방법을 찾지 못하면 귀가하기도 한다.

4단계는 '비행적 생계방식 배우기'로 청소년은 거리에서의 생존 방식을 이미 터득하고 있는 누군가를 만나고 이것이 청소년이 새로운 생활 방식을 갖는 분기점이 된다. 이러한 거리의 중요한 타인과의 접촉은 인적 자원이 소멸되었던 청소년에게 거리에서의 새로운 관계망을 형성하는 시작점이 되고 거리에서의 생존 방식에 대한 각종 정보와 기술이 소통되는 중요한 자원이 된다. 이러한 비행적 생계 방식의 접촉은 사람을 통해서뿐만 아니라 매체를 통해서도 이루어지는데, 예를 들면 지역 정보지, 인터넷 등을 통해 구인광고, 유흥업소, 기타 유해업소 등에 대한 정보를 얻곤 한다.

5단계는 '비행으로 홀로 서기'로 더 이상 경제적 문제를 타인에게 의존할 수 없다는 것을 깨달으면서 타인이 해 오던 행동 방식을 '한번 해 보는' 시도를 한다. 이러한 비행적 생존 방식에 익숙해질수록 혼자서도 거리에서 살아남을 수 있는 능력이 커지면서 가출 후 처음으로 누군가의 도움을 받지 않고서도 독립적으로 생계를 유지할 수 있는 경험을 한다. 한편, 이러한 비행적 행동을 할 때 수치심을 해결하는 방법의 하나로 약물을 사용하기도 한다.

모든 가출청소년이 이 모든 과정을 순차적으로 경험하는 것은 아니다. 가출 초기에 이미 형성되어 있는 활용 가능한 자원이 풍부한 청소년은 초기 단계가 오랫동안 지속되다가 귀가하여 비행에 진입하지 않을 수도 있다. 반면에 이러한 자원이 없고 사람들과 관계를 형성하여 얻어먹을 능력도 없는 청소년의 경우에는 초기 단계 없이 바로 비행을 경험하고 습득함으로써 빠른 속도로 비행화될 수가 있다. 청소년이 거리에서 살기 위한 생존 방식을 알게 되는 과정은 이렇게 지도 없는 여행과 같이 길을 가르쳐 주는 누군가의 손짓에 따라 헤매고 돌아가며 얻어진다(김지혜, 2003: 113).

　마지막으로 얼스왈드와 이르(Auerswald & Eyre, 2002)는 샌프란시스
코의 거리청소년에 대한 소규모의 탐색적 민속학에 기초하여 거리청소
년의 노숙 경로에 초점을 맞추고 각각의 경로에서 어떤 경험을 하고 있
고, 어떤 특징을 갖고 있는지를 생활주기 모델(life-cycle model)을 통해
잘 설명해 주고 있다. 이 모델은 특히 노숙청소년의 삶이 단순한 혼돈
상태가 아니라 재생산적인 패턴을 따르고 있으며, 주변인으로 존재하
는 청소년은 주변인으로서의 역할에서 탈출하는 것이 불가능하다는 것
을 재강조하면서 합리화시키는 믿음체계를 공유하고 있음을 보여 주고
있다.

　1단계는 노숙청소년이 가정이나 보호시설과 같은 사회의 주류 속에
서 생활하다가 거리로 나가는 것을 의미한다. 즉, 그는 원래는 사회의
주류 속에서 생활하다가 가정에서 곤경에 처하면서 거리로 나오게 되는
데 이러한 거리생활은 그가 취할 수 있는 타당한 선택 중의 하나로 여겨
진다. 거리로 나온 지 며칠 안 된 16세 여자 청소년에 따르면 "사람들은
가정상황이 아무리 나빠도 그렇지, 어떻게 집을 두고 거리에서 생활하
는지 이해가 안 된다고 말한다. 이것은 가정이 어떤 상황에 처해 있느냐
에 따라 달라진다. 어떤 때는 집을 나와서 혼자 돌아다니는 것이 더 나
을 때도 있다."(p. 1501)

　노숙청소년은 일관된 목소리로 자신들이 거리로 나오기 전에 겪었던
파멸에 이른 가정환경에 대해 이야기를 하는데 종종 부모가 체포되거나
사망과 같은 매우 끔찍한 상태, 또는 집에서 쫓겨나는 상태 등으로 인하
여 거리로 내몰아진다. 이렇게 거리로 나오면서 특정한 목적지를 찾지
못하고 배회하고 다닌다.

　2단계는 거리생활 단계로의 첫 진입으로 청소년은 거리생활에 발을

내디디면서 거리라는 새로운 장소에서 완전히 이방인이라는 느낌 (outsiderness)과 기본적인 신체적 욕구를 충족시켜야 한다는 부담감을 느끼면서 고통을 받기 시작한다. 여기서 이방인의 느낌이란 외로움과 방향감각 상실이라는 편치 않은 감정 상태임과 동시에, 사회 주류에 포함되고자 하는 강한 갈망을 의미한다. 최근에 거리로 나온 19세 여자 청소년은 방향감각 상실에 관하여 "나는 그냥 거리로 나왔고 어디로 가야할지에 관한 어떠한 실마리조차 가진 것이 없다. 오늘, 또 내일 무슨 일이 벌어질지 알 수 없다."(p. 1502)라고 묘사하였다. 일정 기간 거리에서 지낸 경험자는 새로이 거리로 나온 청소년의 행동과 단순한 행위를 통해 이방인이라는 느낌을 알아차림으로써 이들을 쉽게 식별하곤 한다. 사람들은 종종 거리로 나온 지 얼마 안 된 청소년에게 어디서 잠을 자고, 어디서 무료식사를 할 수 있는지 알려 주지만 거리에서 만난 사람들을 진심으로 알 수 없기 때문에 거리에서 지내면서 외로움을 느끼게 된다. 또한 그는 거리로 나오면서 곧바로 음식, 잠자리, 의복, 친구관계에 대한 필요성을 절실하게 느끼곤 한다.

많은 가출청소년은 가출한 상태에 있는 다른 청소년과 함께 지내곤 하는데 이들은 처음부터 함께 가출을 계획하여 나왔거나, 또는 거리에서 처음 만나 동행하기도 한다. 그들은 거리에서 구걸하는 법, 돈을 훔치는 법 등에 대해 이야기를 나누고, 실제 모습을 재현해 보여 주고 또 역할을 나누어 함께 행동하는 등 일종의 학습의 과정을 거치면서 거리에서의 생존방식을 배우는 것은 물론, 거리에서 덜 외롭고 덜 무섭게 지내는 방법을 배운다.

그러나 가출청소년의 또래 관계는 신뢰가 깊지 않고 오래 지속되지 못하는 경향이 있어서 거리에서 믿었던 친구에게 배신을 당하거나 가까운 친구에게서 폭행을 당하고 돈을 빼앗기기도 한다. 이와 같이 또래 집

단 속에서 압력을 받고 피해를 입으면서도 가출청소년은 많은 시간을
또래와 함께 보내는 경우가 많다.

따라서 이 시기는 한 단계에서 다른 단계로 전환하는 임시 상태로 처
음으로 가출한 청소년은 거리에서 여러 가지 어려움을 경험하게 되고
이를 벗어나기 위해 집이나 다른 보호시설로 되돌아가거나 다음 단계로
넘어가게 된다.

3단계는 거리생활의 시작단계로 본격적으로 거리에 내재되어 있는
자원과 거리경제, 거리에서 사용하는 언어, 약물 등에 대해 적응하는
단계이다. 전 단계에서 귀가를 포기하고 거리에 남게 된 청소년은 거리
의 멘터, 즉 거리에서 만난 경험이 풍부한 청소년의 지도하에 거리생활
나름의 문화 속으로 들어가는데 이러한 멘터는 이들을 보호해 주는 대
신에 필요한 것들을 시켜 가면서 함께 생활한다. 멘터는 새로 온 수련자
에게 거리경제의 다양한 영역을 소개해 주는데 이들은 풍부한 경험, 연
장자, 거리에서의 연결고리 등으로 인해 특권과 거리에서 현명하게 살
아가는 데 필요한 기술을 갖고 있어서 역할 모델이 되곤 한다. 여기서
거리에서 현명하게 살아간다는 의미는, 예를 들면 거리에 있는 사람 중
에서 누구에게 말을 걸고 누구에게는 절대로 말을 걸어서는 안 되며, 어
디에 그리고 언제 무기를 들고 갈 수 있는지 등을 깨닫는 것으로 일단
이러한 내용을 깨우치면 거리에서의 삶은 정말로 쉬워진다. 그 밖에도
생존하기 위해 이들은 필요한 자원을 어디서 찾아야 할지 배워야 하고,
누구를 믿을 것인가의 판단을 분명하게 해야 하며, 거리경제의 사회적
구조에 잘 적응해야 한다. 거리생활에서 똑똑하다는 의미는 청소년이
일상적 생존을 위한 능력을 개발시킬 수 있다는 뜻이다.

한편 거리경제와 관련하여 청소년이 주로 하는 일들은 물건을 만들
어 파는 창조적인 것에서부터 거리에서 구걸하거나 쓰레기통을 뒤지거

나 약물거래, 성매매 또는 절도와 같은 불법적인 일을 하는 등 다양한데 이러한 일은 주민등록번호, 신분증, 주소, 참고인, 깔끔한 외모 등을 요구하지 않아서 사회에서 주변인으로 남아 있는 사람들에게는 시도해 볼 만한 일거리이다. 이에 덧붙여 약물은 거리에서 생활하는 청소년에게 있어서 수입원이고 거리문화의 구성원임을 입증해 주는 방법이기도 하다. 이러한 청소년이 거리생활에 더 오랜 기간 노출될수록 이들은 거리생활과 거리경제에 점점 더 익숙해져 간다.

4단계는 거리생활에서 균형을 유지하는 단계로 일단 청소년이 거리경제 속에 동화되면 거리에서 살아가는 것 자체가 생활방식으로 자리 잡으면서 균형단계에 들어가게 된다. 이 단계에서 거리청소년은 하나의 사회를 형성하고 있다는 청소년의 믿음과 노숙생활의 거칠고 모순적인 현실의 묘사 사이에서 겉으로 보이는 갈등을 겪지만 균형은 점차 사회의 주류에서 생활하고 있는 사람이나 기관을 불신하는 단계로 특징지어진다. 예를 들어, 이 단계에 놓여 있는 17세의 한 여자 청소년은 "노숙인끼리는 하나의 사회라는 강한 느낌을 갖고 있어서 피자 한 조각을 갖고 있더라도 반으로 나누어서 다른 사람들과 함께 나누어 먹는다."(p. 1503)라고 표현하고 있고, 4년째 거리생활을 하고 있는 21세의 남자 청소년은 "거리는 정말로 밀착된 가족이고 우리는 서로 챙겨 주고 있다."(p. 1503)라고 자신의 지역사회를 설명하고 있다.

이와 같이 노숙청소년은 조건 없이 자신들을 받아 주고 생존을 위해 중요한 정보를 제공해 주는 또래 커뮤니티, 거리가족 커뮤니티를 발전시키는데 이러한 보호와 연계는 이들이 원가족과 보호시설의 성인에게서 느꼈던 소외감과는 정반대되는 것으로 묘사된다(Rew, 2008). 반면에 거리파트너 관계는 종종 불충분한 자원과 거리에서의 삶의 신체적 위협에 대한 대처전략으로서 일종의 파트너로 내 것 혹은 남의 것이라는 구별이 없이 함께 공유함으로써 혼자라는 생각을 가질 필요가 없고 안전함을 제공받는다. 그러나 이러한 관계 역시 각자 필요한 것이 발생할 경우에는 서로의 물건을 훔치는 일도 불사한다.

이 단계에 놓여 있는 청소년은 가정에서, 그리고 또다시 거리에서 자신의 삶 속에 있는 사람들은 신뢰할 수 없다는 점을 배운다. 또한 사회의 주류는 학대, 거부, 두려움을 갖게 하는 또 다른 자원이어서 더더욱 믿지 못할 사람들이라는 사실을 배우고 특히 경찰, 진료소, 쉼터, 그리고 돕고자 하는 전문가와 부정적인 관계를 경험함으로써 이들을 더 이상 신뢰할 수 없는 대상으로 여김에 따라 대부분의 서비스가 무료임에도 불구하고 도움을 청하는 것 자체를 거부한다. 이로 인하여 이들은 종종 접촉하기 어려운 존재, 관리하기 어려운 존재, 취약하고 불이익을 당한 존재로 묘사되곤 한다.

5단계는 불균형과 거리윤리가 특징인 단계로 살아가고 있는 거리에서 종종 자신도 모르는 사이에 갖고 있던 소지품을 모두 강탈당하거나 쉼터에 찾아가 도움을 받고 싶어도 너무 멀리 위치해 있어 찾아가는 데 어려움을 겪는 등 크고 작은 재난을 촉발시키는 혼란 때문에 거리에서 생존을 지속하고자 하는 청소년의 능력이 위협당하는 단계이다. 즉, 불의의 공격을 당하거나 신체적으로 위협받는 느낌을 갖게 되면 그동안 청소년이 해 왔던 활동이 붕괴되면서 불균형이 초래되고, 병에 걸리거나 신체적으로 피해라도 입게 되면 거리생활에서 갑작스레 제거되기도 한다. 이러한 재난은 종종 발생하기 때문에 안정단계에 놓여 있는 청소년조차도 반복적으로 불균형상태를 거치는 동안 자신들의 상황에 대한 적절한 해결책을 찾아서 거리로 다시 돌아가거나, 아니면 거리를 떠나게 된다.

거리생활에 익숙해진 청소년은 거리에서 기본적 욕구를 충족시키며 적당히 살아가는 항상성 단계에 진입하게 되고 거리에서 만난 또래와 모호하지만 강한 관계를 맺고 주류사회에 대한 불신과 거부감을 키워 나간다. 따라서 거리청소년을 위한 프로그램은 오히려 거리에 있는 청소년의 자유를 가로막는 위협이 되고 거리윤리의 믿음에 도전하는 것이 되어 거부감을 갖게 한다. 또한 거리윤리는 개인이 증명서를 획득하는 것과 같은 사회 속으로의 재진입을 요구하는 과정을 회피하도록 하고 이방인의 주체성을 강조함으로써 주류와의 연결끈의 상실을 합리화시킨다.

가출청소년은 이러한 불균형 상태에 놓이게 되면서 지금까지 지탱해 온 자신의 생활방식에 대해 의문을 갖게 되면서 거리생활에서 벗어나고자 그들을 도울 수 있는 주류사회 제도와의 접촉을 시도해 보곤 한다. 이러한 시도와 노력이 성공적이면 이들은 거리생활에서 탈출하지만, 실패할 경우에는 거리에 그대로 있거나 주류사회에 복귀했다가도 다시 가출하는 패턴을 반복하기도 한다.

6단계와 7단계는 탈출과 상습적 범행의 단계로서 현재 거리에서 지내는 청소년에게 있어서 거리를 떠나거나 탈출하는 내용의 이야기를 이끌어 낼 수 없다. 대신에 이들은 거리에서 벗어나는 것에 대한 장애물에 대해 언급하는데, 특히 약물남용이 주된 장애물임을 반복적으로 묘사하고 있다. 즉, 이들은 약물을 완전히 끊지 않는 한 거리를 벗어나 일자리를 얻는 것이 거의 불가능하다고 여기고, 판에 박힌 외모, 주소, 자격증 등이 없는 것 등을 주류사회에 재진입시 장애물로 여긴다.

그럼에도 불구하고 거리를 벗어나고자 탈출을 시도해 보지만 이러한 주류사회로 재결합하기 위한 탈출 시도는 대부분 실패로 끝나거나 거리로 다시 돌아가도록 잡아당기는 힘에 의하여 굴복당하곤 한다. 그러면서 이러한 상습적 범행의 일화는 청소년에게 거리가 그들이 속해 있어야 하는 곳임을 재확인시켜 준다.

종합적으로 볼 때 이 모델에서는 청소년이 어떤 단계에 놓여 있느냐에 따라 개입효과가 좌우된다고 가정한다. 즉, 거리 아웃리치 프로그램은 이제 막 가출해서 거리에 들어가거나 불균형을 경험하고 있는 청소년, 또는 거리생활이 일상생활로 정착하기 전의 단계에 있는 청소년을 대상으로 지지적인 환경을 제시함으로써 거리생활에서 벗어나도록 하는 데 초점을 두고 있다. 또한 노숙청소년에 대한 멘터링이 노숙생활에서 벗어나게 하는 효과적인 전략이라고 보고 있다. 얼스왈드와 이르(Auerwald & Eyre, 2002)는 청소년이 거리에서 생존하기 위해서 거리생활의 지혜를 배워야 하는 것과 마찬가지로 거리에서 성공적으로 탈피하기 위해서는 주류 사회의 지혜를 배울 필요가 있다고 강조한다. 즉, 청소년이 지역사회에서 지역사회 프로그램, 청소년 스포츠조직, 교육, 청소년 서비스프로그램 등을 경험하면서 주류 사회를 거부하는 신념체계를 수정하고 자신을 지지하는 방법의 습득, 건강한 친구와의 관계 개발 또는 도움이 되는 성인 멘터와 만나는 것 등이 이러한 지혜에 해당된다.

지금까지 살펴본 연구들을 비교해 보면 정운숙(2002)은 가출 후 귀가까지의 가출청소년의 개인적 요인, 특히 자기상태의 변화에 초점을 둔 반면에 나머지 연구들은 가출 후 생활에 초점을 두었다. 현온강과 이홍숙(2001)은 가출청소년이 가출 후 생활에서 느끼는 변화를 중심으로 서술하였고, 김지혜(2003)는 이러한 변화 중에서도 비행청소년으로의 변화 과정에 초점을 두고 설명하고 있다. 이에 덧붙여 얼스왈드와 이르(2002)는 가출 후 노숙생활을 하면서 청소년이 느끼고 경험하는 변화과정을 상세히 서술하고 있다. 특히 김지혜(2003)는 청소년이 거리에서 생존 방식을 터득하고 있는 누군가를 만나고 이렇게 만난 사람을 통하여 생존의 방법에 대한 정보나 기술을 얻고 새로운 인적 자원을 형성하여 생존에 도움을 받는데 이러한 접촉은 거리에서의 새로운 관계망을 형성하는 시작점이 되고 이 관계망은 거리의 생존 방식에 대한 각종 정보와 기술이 소통되는 중요한 자원이 된다고 설명하고 있다. 이러한 내용은 얼스왈드와 이르(2002)의 3단계에서도 자세히 설명하고 있어서 이러한 연구들의 이해는 가출청소년의 거리생활을 이해하는 데 매우 도움이 된다.

(2) 거리청소년의 특징

거리청소년의 특징과 관련하여 오랜 시간 노숙청소년과 함께 일해 온 미국의 청소년 전문가인 페스트(Fest, 1998)의 경험담 등에 기초하여 실무자가 장기 가출청소년에게 서비스를 제공 시 알고 있어야 하는 내용을 간단하게 소개하고자 한다(자세한 내용은 김향초, 2005 참고).

① 삶의 전환의 의미

가정에서 부모의 양육과 보호를 받으면서 생활하는 일반 청소년조차도 청소년기의 특성상 정상적인 발달과정을 밟아 가는 것이 쉽지 않은데 하물며 이미 이 궤도에서 벗어나 있는 가출청소년의 경우에는 더더욱 청소년기의 발달과업을 익히고 수행하는 것이 어려운 과제이다. 따라서 보호기관의 실무자는 물론 국가 차원에서도 이들이 거리에서의 위험한 생활에서 벗어나 정상적인 발달과정의 궤도 속에서 생활하는 것을 최대의 목표로 여기고 이에 필요한 서비스 프로그램이나 서비스 기관을 마련하여 필요한 도움을 제공하고 있다.

우리는 흔히 거리를 배회하던 청소년이 청소년쉼터나 기타 보호시설에 입소하는 순간부터 그들이 갖고 있는 모든 문제가 해결된 것으로 여긴다. 즉, 이들이 임시보호 생활시설로 옮기는 날부터 말 그대로 안전하지 못한 '거리에서 벗어나서' 규칙적으로 먹고, 잠자고, 깨끗한 옷을 입을 수 있으므로 모든 것이 정리되어 안정된 듯 느껴지는 것이다. 그러나 몇 분도 채 지나지 않아서 이러한 보호시설에 거주하는 청소년이 취하는 태도와 행동이 '거리에서 벗어났다'는 표현과는 거리가 멀다는 사실을 깨닫게 된다.

청소년을 '거리에서 벗어나도록' 하는 일, 즉 지금까지의 삶에서 벗어나 다른 삶으로의 전환을 위해 이들을 돕는다는 것은 단순히 그들의 물질적 변화를 돕는다는 의미가 아니라 개념적 변화를 가져오도록 도와야 한다. 즉, 청소년 스스로 자신에 대한 믿음과 개념을 바꾸기 전까지는 자신이 처해 있는 환경적 여건의 변화와는 상관없이 '거리에서의 생활'을 그대로 유지할 것이므로 그로 하여금 거리에서 벗어나도록 돕고자 하는 일에는 그 자신과 그를 둘러싼 세계를 보는 시각의 변화가 우선시되어야 한다.

② '가족'의 의미

실무자 입장에서는 이들이 갖고 있는 가족 개념을 이해하는 것이 매우 중요하다. 그 이유는 거리를 배회하며 생활하고 있는 청소년의 가족 개념이 일반인이 갖고 있는 가족 개념과 크게 다르지 않지만 종종 다르게 해석되기도 하는데 이러한 사고에 신중하게 대처하지 않는다면 이들이 머물고 있는 세계의 현실을 단지 우리가 보고자 하는 현실로 만드는 오류를 범할 수 있기 때문이다. 그러다 보면 우리는 물론 우리가 함께 일하는 청소년의 환상까지도 깨지게 되고 결국에는 도움을 주고자 하는 노력이 실패를 자초하게 된다.

가출청소년 또한 정상적인 가족구조와 부모의 통제가 필요한 시기에 놓여 있으므로 실무자는 이들을 가족과 연계하여 재결합시키는 것이 곧

거리에서 벗어나 안전한 부모의 양육을 받으며 안전한 생활을 유지하게 되는 것이라는 믿음하에 이들을 귀가시키고자 많은 노력을 기울이고 있다. 그러나 실무자가 진심으로 이들을 위해 일하고자 한다면 이들과 가족 간의 재결합을 시도하기 전에 반드시 검토해 보아야 할 사항이 있다. 즉, 가족과 건전한 관계를 맺고 있고 가정에서 필요한 욕구를 충족하는 일반 청소년의 경우에는 거리에서 생존하는 것, 다시 말해 극도의 공포가 순간순간 이어지는 생활양식을 절대로 매력적으로 느끼지 않으며, 어떤 이유로든 청소년 자신이 건강한 가족과의 유대감을 수립하는 데 실패하는 경우에만 거리로 나오게 된다는 것이다. 따라서 실무자가 해야 할 일은 이들이 당면하고 있는 어려운 현실을 직시하고 이들이 거리 생활에서 벗어나기 위해 정말로 필요로 하는 것이 무엇인지를 이해하려고 노력하며 이를 채워 주는 것이 중요하다.

청소년기는 청소년으로 하여금 가족에게서 벗어나 친구, 지역사회로 관심을 돌리게 하는 시기이다. 이러한 관심사 속에서 가족 및 전통적인 체계 사이에서 점점 더 거리감을 느끼기 시작하는 청소년은 지역사회에서 기존의 가출청소년이 이미 확립해 놓은 문화에 접촉하게 되고 일상생활 속에서 자신들과 유사한 문제를 지닌 청소년과 상호작용을 하게 되면서 거리에 있는 청소년과의 '연결(connection)'이라는 느낌을 발전시킨다.

이와 같이 청소년기에 가족과의 유대감에 대한 욕구가 충족되지 못한 채 거리를 배회하는 청소년은 대부분 본래의 자신들의 가족과 이러한 유대감이 전혀 형성되어 있지 않았거나 손상된 상태이다 보니 거리에서 만나는 다른 청소년이 제공해 주는 친척 같은 편안한 느낌과 그들과의 유대감을 형성하는 자신의 능력을 매우 매력적으로 느끼게 된다. 따라서 이들은 거리를 떠도는 다른 청소년과 유대감을 형성할 뿐만 아

니라 본래의 가족에게서 제공받아야 하는 정신적 · 정서적 애착을 느낄
수 있게끔 해 주는 소위 '가족'을 거리에서 형성하는 데 매우 민감하다.
그 결과 이들은 거리에서 지내는 청소년이 형성한 '가족' 형태에 부분
적인 요소로 참여하기 시작하여 이들과 더불어 생활하는 시간이 많아지
면서 결국 정식으로 그 가족의 한 구성원이 된다.

거리를 배회하는 청소년의 생활 경험을 객관적으로 살펴보면 거리에
서 형성된 가족이 본래의 가족에 비해 이들의 생활에 더 많은 긍정적인
경험과 영향력을 제공해 주고 있음을 알 수 있다. 분명히 실무자나 일반
인의 기준으로 볼 때 이러한 긍정적인 영향이 전혀 긍정적일 수 없음에
도 불구하고 거리에서 생활하는 청소년의 기준에서 보면 거리에서 형성
된 가족은 이들이 지금까지 경험해 왔던 집단 중에서 유일하게 긍정적
인 영향력을 줄 수 있는 집단이 될 수도 있다. 따라서 실무자가 이러한
거리 가족에 대해 부정적인 행동을 취하는 경우 자신들이 그 가족과 어
떻게 연결되어 있는지를 보여 주는 데 주저하지 않는다. 즉, 우리에게
우리 가족이 중요한 만큼이나 그들에게는 거리에서 맺어진 가족이 중요
한 것이다.

③ 필요한 존재의 의미

거리에서 생활하고 있는 청소년은 스스로 글자 그대로 '타인이 필요
로 하는 존재'라는 느낌이 결여되어 있지만 이들 역시 한 집단에 속해
있으면서 그 속에서 자신이 마치 특수한 역할을 공유하고 있고, 무엇인
가 중요한 기여를 하고 있으며, 내 가족, 자신이 생활하고 있는 이 사회
가 나를 필요로 하고 있다는 개념을 갖고 싶어 한다. 따라서 이러한 필
요한 존재라는 개념을 충족시키기 위해 나름대로 개발한 것이 '내 친구
가 도움이 필요해요'라는 증후군이다. 이 증후군은 청소년이 실무자에

게 진지하게 관심을 표명하면서 자신이 아닌 그들의 친구가 잠잘 곳이 없고, 충분한 음식이 없으며, 옷이 필요하고, 사용 중인 약물을 끊어야 할 필요가 있다는 등의 내용을 제3자인 내 친구를 빌려서 실무자에게 이야기하는 것이다.

가출청소년이 실무자에게 대한 신뢰감이 없는 상태에서 서비스가 필요한 경우에는 종종 문제를 갖고 있는 친구라는 '제3자' 의 존재를 통해 실무자에게 접근하곤 하는데 이것은 그들이 필요로 하는 서비스에 접근하고 실무자와의 관계를 발전시키기 시작하는 하나의 방법이다. 다시 말해서 그들은 실무자에 대해 신뢰감을 갖기 전에 타인의 당면 문제에 대해 그가 어떻게 다루는지를 자기 나름대로 타진해 보면서 신뢰 수준을 확립하고자 한다.

이 증후군은 실제로는 자신을 위한 서비스를 요청하는 것이므로 누군가를 도와줌으로써 자신들이 긍정적인 기여를 할 수 있는 상황을 만드는 것을 도와달라고 부탁하는 것과 같다. 예를 들어, 한 청소년이 찾아와 약물남용으로 인해 자살한 친구를 이야기하는 경우 실무자는 바로 그 청소년의 팔에서 주사바늘 자국을 관찰할 수 있는데 이러한 상황에서 실무자가 그에게 보이는 반응은 처한 상황과 행동을 어떻게 해석하는가에 따라 달라질 수 있다.

이러한 '제3자' 를 통한 접근은 그들이 편안해질 때까지는 자신들에게 더 안전한 느낌을 제공해 줄 수 있다. 페스트(Fest, 1998)에 따르면 이들은 제3자인 '친구' 문제로 시작해서 대화가 어느 시점에 도달하게 되면 제3자가 아닌 '나' 라는 주어로 대화를 끝내는 경우가 많다고 지적한다. 그러나 이 청소년에게 제3자가 아닌 나로서 자신의 문제에 직면하도록 처음부터 강요하기 시작한다면 이러한 대화는 결코 지속적으로 이루어질 수 없다.

내 친구를 통한 나의 문제에 대한 언급은 실무자에게 자신이 이러한 서비스가 필요하다는 것을 은연중에 알리는 것으로 이 경우 대부분의 실무자는 궁극적으로 청소년 자신의 문제라는 것을 충분히 알아챌 수 있으므로 그들의 친구를 돕는 방법을 구체적이고 상세하게 제시해 줌으로써 청소년과 신뢰를 쌓고 문제해결기술을 가르치는 방향으로 접근하는 것이 바람직하다.

④ 성인의 의미

거리에서 지내는 청소년은 모든 성인을 위선적이고 이기적인 착취자로 여기는데 그 이유는 불행히도 이들은 살아오면서 만났던 대부분의 사람이 좋은 사람이기보다는 자신들을 이용한 나쁜 사람이었던 경험을 갖고 있기 때문이다. 따라서 자신들이 부딪치는 모든 상황에서 결국에는 자신을 해치려는 사람을 믿는 것보다는 돕고자 하는 사람을 거부하는 것이 더 낫다고 보고 자신들이 부딪치는 사람들에 대해 자기 나름대로 신속하게 범주화하면서 실무자가 이들에게서 원하는 것이 무엇인지를 이해하고자 노력한다.

첫 번째이자 가장 큰 범주인 '사용자'는 청소년과 관련된 모든—가족에서부터 데이트 상대자, 포주에 이르기까지 매우 광범위함—사람이 해당되는데, 이들은 종종 청소년이 원하고 필요로 하는 것을 제공해 주지만 그것은 항상 갚아야 하는 것이며, 때로는 청소년에게 더 많은 것을 요구하기도 한다. 따라서 청소년은 어떤 일에는 항상 대가가 있다는 것을 배우면서 자신들을 주의 깊게 보고 있는 성인은 모두 무엇인가 대가를 원하고 있다고 믿게 되고 따라서 항상 갚을 만한 것을 찾으려 하고 갚을 수 있는 무언가가 명백할 때 오히려 더 편안해한다.

이러한 사실은 실무자가 거리를 배회하면서 살아가는 청소년과 빈약

한 관계를 맺고 있는 이유를 잘 설명해 준다. 즉, 실무자의 관심은 청소
년의 욕구를 파악하는 것이고 목표는 이들이 성공하도록 돕는 것인 데
반하여 청소년은 왜 실무자가 자신들에게 잘 대해 주는지 의아해한다.
이들은 실무자가 진정으로 원하는 것이 무엇인지를 찾아낼 수 없기 때
문에 지금은 자신들에게 잘해 주지만 언젠가는 다시 자신들에게 더 나
쁘게 하리라는 생각을 떨치지 못한다. 이것이 이들로 하여금 실무자 주
변에 머물러 있게 하는 것을 어렵게 만든다.

두번째 범주는 '권위자'로 여기서 권위자들은 경찰, 법조계, 그리고
다양한 기관과 프로그램에 속해 있는 성인으로서 이들은 청소년이 해야
할 것에 대해 일종의 법적 위임권이나 권위를 행사하거나, 아니면 마치
권위를 행사할 수 있는 권리를 가진 것처럼 행동하는 사람들이다. 심지
어 권력을 사용할 수 있는 위치에 있는 일부 성인은 그 힘을 남용함으로
써 청소년은 특히 사회 체계 내에서 학대자에게서 폭행당하고 성착취당
하기 쉽다.

거리를 배회하며 살아가는 청소년은 이러한 권위자와 접촉하게 되면
서 결국 자신들이 나쁘거나 무능력하고 처벌받거나 통제되어야 하는 존
재라는 매우 분명한 메시지를 전달받게 된다. 반면에 이들은 권위자와
의 관계를 오히려 편해할 수도 있는데 그 이유는 이들이 종종 권위자가
원하는 것이 무엇인지를 알고 있고, 자신들이 무능하고 처벌이나 통제
가 필요한 존재라는 내용에 동의하기 때문이다.

경찰의 경우 청소년을 청소년쉼터 등 서비스 기관으로 연결시켜 주
는 매개체가 되기도 하지만 흔히 청소년에게 충분히 설명하고 동의를
구하지 않은 상태에서 연계하는 경우가 많다 보니, 청소년은 비자발적
인 의사결정을 통해 이를 접하게 되고 통제기관의 하나로 이러한 기관
을 이해하면서 도망쳐 나가야 할 곳으로 인식하기도 한다. 그 밖에도 청

소년은 가출하였다는 사실 이외에도 가출하여 생활하는 동안 비행에 개입되는 경우가 많아 경찰을 비롯한 사회통제 체계와 접촉하는 기회가 더욱 많아진다.

세 번째 범주는 '구조자'로 거리에서 살아가는 청소년과 함께 일하는 많은 실무자가 이 범주에 해당된다. 구조자는 거리에 있는 청소년을 돕고자 하고 그들의 삶을 더 낫게 하고자 어떤 일이든지 도와주고 싶어 하는 좋은 의도를 가진 사람들로 구성된 비권위적 체계의 대표이다. 그러나 이 범주가 갖고 있는 문제점은 이들을 돕는 이유가 '이들은 무엇인가 잘못되어 있고 따라서 변화가 필요한 존재'이기 때문이라는 생각을 전제하고 있다는 것이다. 이러한 선입견은 청소년 스스로가 이미 나쁜 존재이고, 오염되었으며, 인간에게 상처를 준 존재라고 믿고 있기 때문에 구조자가 제공하는 도움은 종종 도움이 되기는커녕 이러한 부정적인 믿음 체계를 더욱 확인시켜 주는 계기가 되기도 한다.

또 다른 문제는 이러한 내용이 또다시 이들에게 위선을 느끼게 한다는 점이다. 이들은 무엇인가 잘못된 것이 분명한 사회의 대표자를 자신들이 왜 신뢰해야 하는지에 대해 의구심을 갖고 있다. 이들에 따르면 잘못된 것은 오히려 자신들을 해치고 약탈하는 성인임에도 불구하고 이들이 생존하고 있는 거리문화의 경제는 이러한 지역사회의 성인에 의해 유지되고 있다는 사실이 이들을 의아하게 만든다.

마지막 범주는 '솔직한 성인'으로 거리에서 살아가는 청소년과의 관계에서 비교적 솔직하고 순수한 성인으로서 실무자와 그들이 일하고 있는 서비스 기관이 해당된다. 이러한 성인의 유일한 목표는 이들의 삶에 긍정적인 변화를 가져오도록 청소년이 받을 만한 존중과 이들이 필요로 하는 도움을 제공하는 것으로서 같이 일하는 청소년을 착취하지도 학대하지도 않는다. 그러나 동시에 이러한 유형의 성인은 청소년이 평소에

자주 경험해 보지 못한 성인의 범주로서 자신들이 이해할 수 없는 사람
이다 보니 오히려 화를 내며 자신들에게서 원하는 것이 무엇인가 있다
고 생각하여 이를 알아내고자 노력하고, 다른 세 가지 범주의 하나 속으
로 묶어 놓으려 하는데 어디에도 해당되지 않을 때마다 오히려 이들을
더 위협하게 되는 결과를 낳곤 한다.

그러다가 마침내 이들 스스로 이 유형의 성인이 다른 범주와는 진실
로 다르다는 것을 믿기 시작하면서 자신들이 할 수 있는 모든 노력을 시
도하여 이들을 받아들이는 것이 아니라 오히려 밀어내고자 더 도전적이
되고, 더 불량스럽게 되며, 더 부정적인 존재가 되기도 하는데 이렇게
행동하는 이유는 이러한 성인은 청소년의 상상 속에서만 존재할 수 있
었던 사람이기 때문이다. 또한 실제로 이들이 자신들과의 만남을 즐기
고 보호하고자 한다는 사실을 스스로 인식하면서 자신들이 나쁘다는 감
정을 갖기 시작한다. 이들은 스스로가 매우 끔찍하게 오염되고 있고 나
쁜 존재로서, 이러한 성인과 같은 좋은 사람들이 자신들을 진심으로 알
게 된다면 자신들을 떠날 것이라는 믿음을 가지고 있어서 이러한 성인
의 눈에 자신들이 얼마나 가치가 없는 존재인가를 적극적으로 보여 주
기 시작한다.

그러나 중요한 점은 청소년이 보여 주는 더 많은 부정적 행동은 이러
한 성인을 향한 공격이나 실패의 징후가 아니라 자신들이 이들을 보호
하려는 시도이다. 이것은 또한 청소년이 사람들을 신뢰하는 것을 배우
고 사람들로 하여금 자신들에게 접근하는 것을 배우면서 통과해야만 하
는 과정의 일부이다. 그 이유는 이들에게는 사람들의 접근 자체가 위협
적인 일이기 때문이다.

이러한 내용을 통해서 볼 때 무엇보다도 중요한 점은 이러한 청소년
들은 거리 이외의 생활에서 좋은 영향을 줄 수 있는 성인과 비착취적 관

계를 경험할 필요가 있다는 사실이다. 또한 이 사회에는 다른 한편에는 좋고, 정직하며, 건강하고, 남을 보호하려는 사람들이 있다는 점을 깨닫게 해 주면서 청소년이 상처받지 않고 오염되지 않은 이런 세상의 일원이 될 수 있다는 사실을 믿게 하는 것이다.

2. 가출청소년 상담의 특징

이성진(1996)은 청소년상담을 "성장기에 있는 청소년이 사회에 잘 적응하고 자신의 잠재 가능성을 최대한으로 실현할 수 있도록 도와주기 위한 전문적인 활동으로서 청소년이 지금 당장 경험하는 고민을 해결해 주면서도 궁극적으로 미래에 잘 적응할 수 있도록 돕는 활동"이라고 정의 내리고 있다(한국청소년개발원 편, 2005: 15 재인용). 이러한 청소년상담은 청소년이 겪고 있는 정서적인 불안, 부적절한 행동, 정신병 등을 치료하는 한편 청소년이 발달과업을 충실히 달성할 수 있도록 적절한 프로그램을 개발하고 실행하며, 이를 통해 청소년이 더욱 적응을 잘하고 창조적인 존재가 되도록 돕는 것을 추구한다.

청소년상담은 상담자와 청소년 간에 상담의 필요성이 인식되면서 관계가 형성되는 것이 일반적인 과정인데 가출청소년의 경우에는 상담 자체에 대한 지식의 결여, 상담 경험의 부족, 상담에서의 불유쾌한 경험 등으로 인해 상담자와 관계 형성은 고사하고 상담 자체를 거부하는 경우도 적지 않다. 이들은 흔히 거리에서 형성된 네트워크를 통해 얻은 정보를 활용하여 의식주를 해결하다 보니 상담의 필요성을 느끼지 못하고 있을 뿐만 아니라 거리에서의 생활 기간이 길어질수록 이러한 생활이 일상적인 생활방식 패턴으로 고착되기 쉬우므로 이 기간이 길어지기 전에 이들에 대한 적극적인 상담을 통한 개입이 특히 중요하다. 엔사인과 샌텔리(Ensign & Santelli, 1997)가 언급한 바와 같이 우리 사회에서 노숙청소년은 노숙자보다 더 '감추어진' 존재로서 찾아내기가 어렵고 권위를 가진 사람들에 대한 불신감으로 인해 서비스에의 접근이 더 힘든 존재이다(Aviles & Helfreich, 2004). 따라서 이들의 상담에 대한 부정적인 태도를 감안하면서 상담을 실시해야 한다.

1) 개인적 요인의 지지

발달심리학적 관점에서 본 청소년은 정체감 위기로 인하여 소속감을 상실하는 시기에 놓여 있다. 즉, 대부분의 청소년은 성인과는 다른 독특한 자기들만의 세계를 갖고 있는데 이러한 자신들의 가치와 부합되지 않는 기성세대의 가치체계 및 관습을 강요당하면 적응 대신 이탈을 선택하곤 한다. 이러한 이탈의 과정은 심리적 이탈, 지리적 이탈, 그리고 사회적 이탈이라는 소속에서의 이탈 현상으로 나타나는데 가출행동은 심리적 이탈에서부터 출발하여 가정이라는 곳에서의 지리적 이탈, 그리고 사회의 주변인으로 살아가면서 사회적 이탈을 경험하게 된다(한국청소년개발원 편, 2005).

가출청소년은 일반 청소년과는 달리 가정에서 사회화 과정을 습득하지 못하였고 자신에 대해서 탐색해 볼 기회도 없었으며, 자신에 대해서 왜곡해서 지각하는 경우가 많다 보니 대부분의 경우 자신감이 없고 부정적인 자기개념을 갖고 있다. 이와 관련하여 김동기와 홍세희(2007)는 자기통제력이 낮을수록, 공격성이 높을수록 매 학년에서 가출행동을 저지를 가능성이 유의미하게 높아진다고 설명하고 있다.

뿐만 아니라 이들 대부분은 과거에 성인과의 관계에서 겪었던 각종 갈등의 경험 및 성인의 권위의식에서 비롯된 피해로 인해 강한 불신감을 갖고 있다. 또한 대다수의 가출청소년은 자신의 욕구가 무엇인지조차도 모르고 있을 뿐만 아니라 이러한 욕구를 표현하는 것에도 익숙하지 않아서 이를 잘 드러내지 못하는 경향이 있고 혹시라도 이를 말했다가 피해를 입을지도 모른다는 두려움을 가지고 있다. 이에 덧붙여 이들은 자신에게 벌어지는 일들에 대해 스스로 통제할 수 있는 힘이 없다는 무력감을 안고 살아가고 있다.

따라서 각종 심리검사를 통해 가출청소년의 욕구를 파악한 후, 이들로 하여금 자신의 새로운 능력을 발견하고 잘못 인식되었던 자신의 특성을 수정하는 데 무엇보다도 먼저 자기상, 자신감 및 대인관계를 개선할 수 있는 지지적인 상담이 필요하다. 이러한 상담서비스 자체가 청소년의 가출 경향을 변화시킬지에 대한 확신은 없더라도 대부분의 서비스 기관에서 상담에 많은 시간을 할애하고 있는데 그 이유는 이들이 상담을 통해 자신의 어려운 상황을 이야기함으로써 적어도 복잡한 감정을 추스르고 자신에 대해 좀 더 객관적으로 생각할 수 있는 여유를 갖게 해 줄 수 있다는 장점이 있기 때문이다.

> "지금 저는요, 예전보다 많이 달라졌어요. 제가 공부를 해 본 적이 없었는데, 고2 때 2학기부터 해 보자 하고 공부하니까, 성적이 평균 20점 올랐어요. 그러니까 30등 안에 들어요. 잘 어울리고요, 사람들을 좋아하게 됐고요, 잘 믿고 따르고 미워하는 감정이 사라졌어요, 그러니까 부정적인 감정이 많이 사라졌어요. 이제는 활발하고 자기표현 잘하는 아이라고 선생님이 말씀해 주세요. 그리고 … 2학년 말부터 다이어트도 했어요. 아무래도 사람들하고 어울려야 되니까… 아무래도 사람들이 예쁜 거 좋아하잖아요? 외모에 신경 쓰게 되니까, 다이어트를 하게 된 거죠." (정은숙, 2002: 55)

　　최근에 청소년의 긍정적 발달에 관한 인식이 확대되면서 가출행동과
관련하여 이를 초래하는 위험요인에 초점을 두기보다는 보호요인에 더
많은 관심을 보이고 있는데, 여기서 보호요인이란 취약한 환경적 조건
하에서도 위험 요인의 부정적인 영향력을 매개하고 완충할 수 있는 요
인으로서 가출청소년에게는 자신의 힘든 생활에서 벗어나는 데 도움이
되는 요인을 의미한다. 이러한 사실과 관련하여 김연정(2004)은 가출청
소년의 심리사회적 적응에 있어서 내면화 문제의 보호요인이 위험요인
의 영향을 완화시킨다고 설명하고 있다. 즉, 학교를 중도 탈락하고, 가
족의 구조적 · 기능적 해체를 경험하며, 이미 비행또래와의 접촉이 빈
번하더라도 청소년의 자기유능감을 높인다면 그의 내면화 문제를 약화
시킬 수 있으므로 자기유능감을 개발하는 지지적 상담은 가출청소년의
심리사회적 적응에 매우 효과적이다.

　　"아르바이트를 조금 했어요. 피자 집에서 서빙하는 거요. 1시간에 2,000원
주거든요. 굉장히 힘들더라고요. 그때 비로소 아빠를 생각하게 됐죠. 돈 버
는 게 이렇게 힘든 거구나. 그런데 아빠는 우리에게 말 한마디 없었는데 나
는 그것도 생각 못하고 아빠랑 말 한마디 따뜻하게 안 하고… 이렇게 지금
까지 키웠는데 … 아빠도 사람이니까, 사람은 감정이란 게 있으니깐 때론
화도 내고 기분도 나쁠 수 있고 밉기도 하고 …그렇게 할 수 있는 건데 내
생각만 하고, 그게 싫어서 아빠를 미워했구나 싶은 생각이 들었어요." (정
운숙, 2002: 72)

　　이와 관련하여 정선욱(2002)은 가족의 보호를 받지 못하고 보호시설
에서 생활하고 있는 청소년을 대상으로 한 연구에서 대리적 애착관계를
이들의 심리사회적 적응과 관련된 보호요인으로 강조하고 있다. 즉, 부

부 불화, 적대적이고 거부적인 양육 분위기, 경제적 박탈, 학대 등과 같
은 불리한 가정환경에서도 높은 적응유연성을 보이는 아동의 경우 외부
지원체계의 활용 및 활용 가능성 여부가 매우 중요한 보호요인으로 작
용하고 있는데 여기서 외부지원체계라 함은 적어도 한 명 이상의 만족
스럽고 따뜻한 관계, 긍정적인 학교 경험, 성인기에 만족스러운 사회적
지지를 활용할 가능성, 종교적 활동에의 참여 등을 의미한다. 이러한
연구를 통해서 볼 때 비록 친부모가 아니더라도 청소년의 정서적 · 신체
적 욕구를 충족시켜 줄 수 있는 성인과 안정적인 애착을 경험한 청소년
은 심리사회적 적응에 문제가 없으므로 가출청소년을 포함하여 부모의
양육을 받지 못하는 청소년의 경우 대리적 애착관계를 통한 긍정적 청
소년 발달을 모색하는 것이 바람직하다.

　외국에서도 과거에 노숙청소년이나 가출청소년으로 생활했던 청소년
을 대상으로 이들이 정상적인 궤도로 다시 돌아올 수 있게 한 요인에 대
한 연구가 활발하게 진행되고 있다(Lindsey et al., 2000; Raleigh-Duroff,
2004; Williams, Lindsey, Kurtz, & Jarvis, 2001). 린제이 등(Lindsey et
al., 2000)은 노숙청소년의 정상적인 성인기로의 전환에 도움이 되는 요
인으로 새로운 태도와 행동을 습득하는 것과 개인적 특성을 들고 있다.
즉, 과거에 알지 못했던 새로운 행동 패턴과 태도를 배움으로써 정상적
인 삶을 유지하게 되면서 거리생활에서 벗어나 성인기로의 전환이 가능
해질 뿐만 아니라 개인적 특성에 따라서도 거리생활에서 벗어날 수 있
다고 설명하고 있다. 또한 윌리엄스 등(Williams et al., 2001)은 노숙생
활 이후 성인기로의 성공적인 전환에 기여한 요인으로 자기결정, 삶에
서 의미를 찾거나 목표를 찾음, 자신들을 돌보는 방법을 습득, 자신들
에게 제공되는 도움을 활성화할 수 있는 능력, 타인에게로 도움을 확대
함 등으로 이를 좀 더 자세히 설명하고 있다.

아울러 실무자는 가출청소년이 겪고 있는 심리적 · 의료적 · 법적 · 성적 문제 등을 주의 깊게 살펴보고 적절한 질문을 통해 주요 이슈에 대하여 철저하게 점검해야 한다. 단, 청소년 스스로 자신이 갖고 있는 욕구를 최대한 표현하도록 고무함으로써 서비스 과정에 자발적으로 참여하도록 유도하는 것이 무엇보다도 중요하다. 뿐만 아니라 청소년과의 상담 시 지지적인 상담과정을 통해서 자신이 통제력을 갖고 있다고 느끼게 함으로써 앞으로의 삶과 미래에 일어날 일에 직면해서 자신이 결정을 내리고 선택할 수 있다는 감각을 갖게 해 주는 것이 바람직하다.

한편 가출청소년의 대부분은 인내심이 부족하고, 당장의 즐거움에만 몰두하는 경향이 있어서 문제발생 시 적절한 대처방법을 모른 채 임기응변식으로 모면하고 있을 만큼 문제나 상황에 대한 대처기술이 결여되어 있다. 또한 일상생활 속에서 다른 사람에게 자신의 의견을 제시하고 타인을 설득할 수 있는 의사소통능력이 부족한 청소년이 많다는 점을 고려하여 대처기술 훈련의 일부로 의사소통능력과 사회적 기술을 가르치는 프로그램을 최대한 활용해야 한다. 이를 위해서 가출청소년 각각의 구체적 문제상황과 관련된 다양한 대처기술이나 적응능력을 개발시켜 줌으로써 자신이 처한 문제상황을 슬기롭게 극복해 나가도록 도와야 한다.

이를 좀 더 자세히 살펴보면 가정 및 사회에서 다양한 스트레스를 경험한 가출청소년에게 자신들이 경험한 특수한 생활과제에 대처할 수 있는 힘을 길러 주어야 하는데, 예를 들면 자기존중감 개선 훈련, 적절한 자기주장 훈련을 통해 자신의 문제해결능력을 갖추도록 한다. 이러한 훈련을 통해 청소년으로 하여금 스트레스 요인을 인지하고 이에 대처하는 새로운 반응을 습득하게 함으로써 최소한 자신의 불안, 분노 등의 감정을 통제할 수 있는 능력을 길러 줄 필요가 있다. 이 외에도 일상생활을 꾸려 나가는 데 필요한 기본적 기술, 예를 들면 목욕, 옷 입는 것, 청소, 식사준비, 가사관리, 세탁, 금전관리 등을 스스로 관리할 수 있도록 훈련시켜야 한다.

이에 덧붙여 린제이와 윌리엄스(Lindsey & Williams, 2002)에 따르면 대부분의 노숙청소년은 자발적으로 학교를 떠났든, 학교에서 쫓겨났든 상관없이 학교체계를 떠나는 것 자체가 삶에서 나쁜 상황으로 전개되었다고 믿고 있다. 학교체계를 떠나면서 학습능력이 더 저하되고 각종 문제에 부딪치면서 스스로 실패자로 여기게 됨에 따라 형편없는 자기상을 갖게 되지만, 이들이 학습기회를 다시 얻어 고등학교 과정을 이수하게 되면 취업이 가능해지고 또 원한다면 학업을 계속할 수도 있어서 적어도 자신이 원하는 것을 할 수 있는 여건이 조성된다. 따라서 이들은 교육체계로의 복귀를 통해 새로운 삶으로의 전환점을 맞이할 수 있다. 아빌레스와 헬프리치(Aviles & Helfrich, 2004)의 조사에서도 조사대상자의 1/3 이상이 교육을 중요한 대처기술로 언급하고 있다. 따라서 실무자는 지지적인 상담을 통해 학습의 중요성을 인식시키고 이들에게 학습기회를 제공하는 것이 바람직한데 학교에 복교하기 원하는 청소년에게는 복교 절차에 대해 자세하게 설명해 주고 직업 훈련에 관한 내용은 직업훈련 프로그램을 구체적으로 소개하는 등 적극적인 자세로 임해야 한다.

이러한 지지적 상담을 통해 단순가출자와 충동가출자의 재가출을 예방할 수 있는 긍정적인 효과를 기대해 볼 수 있지만 상담을 통해 자신에 대한 이해 및 신뢰가 나아지지 못하는 경우에는 상담에 대한 실망감과 더불어 재가출이 더 쉽게, 충동적으로 일어날 가능성도 배제할 수 없으므로 실무자는 지지적 상담에 대해 철저하게 준비해야 한다. 이에 덧붙여 가출청소년과 상담 시 명심해야 할 사항은 도움을 제공하는 데 필요한 모든 정보를 한 번의 상담만으로는 전부 제공할 수 없다는 점과 특히 가출청소년이 실무자에게 마음을 열기까지는 상당히 오랜 시간 동안 상담이 지속적으로 진행되어야 한다는 사실이다. 10여 년이 넘게 가정에서 학대나 방임을 경험해 온 청소년이 하룻밤 사이에 건강하고 안정된 상태로 회복될 것이라 기대하는 것 자체가 무리이다. 이들에게서 긍정적 변화를 이끌어 내는 데는 많은 시간이 걸리며 변화의 속도 또한 청소년마다 제각기 다르다는 사실을 명심하고 끈기 있게 이들을 대해야 한다.

2) 가족문제 해결의 어려움

가출청소년의 가출 이유를 살펴보면 앞의 조사에서도 살펴본 것처럼 가족문제가 가장 큰 비중을 차지하고 있다. 이들과 함께 일하는 실무자의 말을 빌리면 대체로 부모간 갈등이 심하여 가정불화가 잦거나, 부모와의 관계가 좋지 않아 불만이 쌓이는 상황에 놓인 청소년의 경우 가출한 친구들이 옆에서 가출을 권유하게 되면 쉽게 가출행동을 취한다고 한다.

이와 같이 가출의 주원인이 가족문제임에도 불구하고 실제로 실무자가 가출청소년의 가족문제에 도움을 제공하고자 할 때는 그의 가족의 협조를 구하기가 쉽지 않다. 즉, 가출한 청소년 자녀에 대한 부모의 태도는 양극단으로 나타나곤 한다. 한편에서는 청소년이 안전한 곳에 있다는 것을 확인한 이후로는 청소년 자녀에 대해 어떠한 노력도 회피하려는 가족이 있는가 하면, 다른 한편으로는 가정 내에서 청소년 자녀의 문제를 얼마든지 해결할 수 있다는 강한 집착을 보이면서 외부에서 제공되는 모든 서비스를 거부하는 가족도 있다.

그러나 중요한 사실은 자녀가 가출한 후 집으로 귀가할 때까지는 온

가족이 다함께 고통을 겪기 때문에 가출을 청소년 개인의 문제로 보기
보다는 가족문제로 보는 시각이 바람직하다는 점이다. 상담 초기에는
부모가 가족 내에 전혀 문제가 없는 것처럼 말하지만 이러한 과정을 통
해 자신들의 문제를 발견하게 되므로 가족의 참여하에 근본적인 문제해
결을 위한 서비스가 효과적이다. 특히 부모 자신이 자녀의 가출 원인에
대해 잘 모르고 있다는 점을 확인시킬 필요가 있는데 그 이유는 실제로
자녀의 가출 원인은 부모가 생각하는 것과 다른 경우가 많기 때문이다.
따라서 부모로 하여금 자녀의 가출에 대한 정확한 원인을 이해하도록
함은 자녀 양육과 관련하여 부모 스스로 판단하고 이를 행동으로 옮길
수 있는 기회를 제공해 준다.

　청소년이 부모와의 갈등 내지는 기타 가족 내의 문제로 인해 가출을
하더라도 부모의 자녀에 대한 진심과 성의에 따라 귀가하는 청소년도
적지 않은 것으로 조사되었다. 즉, 부모가 친구를 통해 연락하고 적극적
으로 자녀를 찾고자 노력하는 경우는 대개 자녀가 귀가하는 반면, 자식
의 가출에 대해 부모가 무관심한 경우에는 가정복귀비율이 매우 낮다
(방은령, 2003). 따라서 부모상담을 통해 가출한 자녀를 찾기 위한 부모
노력의 중요성을 강조해야 한다.

　그러나 가출청소년과 함께 일하고 있는 실무자들은 부모의 학대나
가정의 기능이 손실되는 등 극한 상황에서 이들이 가출했다면 첫 가출
이라 하여도 집에 돌아가지 않는다고 언급하였다(방은령, 2003). 즉, 집
에 돌아가는 청소년은 대개 집 밖에서의 생활이 더 이상 재미나 해방감
을 주지 못하면서 그래도 '집이 낫다'라고 생각하는 경우 등이다.

　이에 덧붙여 재가출의 가능성도 가출 원인에 따라 다르다. 즉, 단순
히 호기심이나 친구 권유에 의해 처음으로 가출했다가 귀가하거나 집
을 나가도 별 볼일이 없다는 것을 깨달은 경우에는 귀가 후에 재가출의

비율이 상대적으로 낮다. 그러나 가정폭력이나 집안 문제가 해결되지 않는 등 가출 원인이 해결되지 못한 채 누적되어 있는 경우에는 재가출의 비율이 상대적으로 높다. 특히 가정 내 정서적 지지망이 형성되어 있지 않는 경우에는 가정에서 이를 찾기보다는 가출청소년끼리 정서적 지지망을 형성하고 서로 의지하며, 이들과의 관계 속에서 생활하는 것을 더욱 편안하게 느끼곤 한다. 따라서 가출원인에 따라 귀가 여부가 결정된다고도 할 수 있다. 그 밖에 가출청소년이 가족을 회피하고 관계를 단절하며 지내는 이유 중 하나는 집에 돌아가는 행위 자체에 대해 두렵게 느끼기 때문이다. 많은 청소년이 집에서의 갈등이나 학대를 이기지 못해 집을 떠났기 때문에, 집에 돌아갔을 때 '맞아 죽을 것이 뻔하다.'고 예상하여 공포심을 느끼게 된다. 따라서 일부 청소년의 경우에는 귀가 시 덜 혼날 수 있게 누군가가 중재해 주기를 내심 바라기도 한다(방은령, 2003).

청소년에게 가족의 존재는 현재 귀가를 거부하고 가족과 만나는 것을 피하고 있더라도 중요한 의미를 갖는다. 이들은 가장 위급한 시기에 도움을 요청할 수 있는 존재로 가족을 생각하는 경향이 있으며, 가족—적어도 어느 가족구성원—에 대해 미안한 마음을 가지며 '나중에' 잘해 드리고 싶다는 마음을 갖고 있기도 하다. 가출청소년과 함께 일하는 실무자에 따르면 귀가하지 않는 가장 큰 이유로 가정 불화를 꼽고 있는데 가정이 심리적으로 안정되어 있지 못하고, 또한 가족 내에서 아무도 자신에게 관심을 주지 않기 때문에 집에 들어가지 않는다고 이야기하였다.

> "가족 구성원 중 누구라도 관심을 보여 주고 자신을 가족의 한 사람으로 중요하게 가치를 인정해 준다면, 아이들은 결국엔 집으로 돌아온다."(방은령, 2003: 83)

이러한 내용을 살펴볼 때 가출청소년에게 있어서 가정, 특히 부모와의 애착 내지는 정서적 지지가 가출행동을 결정하는 데 매우 중요한 요소임을 알 수 있다. 이 시기에는 부모에게서 실제 얼마만큼의 도움을 받는가의 문제보다는 부모가 자신에게 헌신하고 있다는 확신이 중요하며, 자율성을 추구하면서도 부모와 친밀한 관계를 유지하는 것이 심리적인 건강 유지에 필수 요소이다. 따라서 필요한 경우에 부모를 언제든지 활용할 수 있고 부모의 지지를 받을 수 있다는 생각이 안정적 기반으로 작용함으로써 청소년의 적응에 크게 기여한다(이지윤, 2000).

3) 시설거주 청소년의 특징

만성 가출청소년의 경우 청소년을 보호하는 차원에서 마련되어 있는 청소년쉼터나 기타 보호시설에서 머물다가도 어느 날 갑자기 나가서 돌아오지 않기도 하고, 일부 가출청소년은 자신에게 필요한 서비스가 제공되는 쉼터를 전전하며 생활하고 있어 실무자가 이러한 유형의 청소년과 함께 일하기는 쉽지 않다. 따라서 상담을 효과적으로 실시하기 위해서는 원하든 원하지 않든 간에 이러한 보호시설을 옮겨 다니면서 생활하는 청소년의 특징을 파악하는 것이 매우 중요하다.

이와 관련하여 모리세트와 맥인타이어(Morrissette & McIntyre, 1989)는 청소년이 한 거주지에서 다른 거주지로의 이동 시 겪어야 하는 단계를 다음과 같이 설명하고 있다.

첫 번째 단계는 청소년을 배치하는 것으로, 그들이 새로운 시설에 배치되어 보호를 받게 되면 그곳에서 지켜야 할 규칙과 기대는 공식적으로 검토되고 논의되는 반면에 그가 갖고 있는 문제는 거의 다루어지지 못한다.

두 번째 단계는 청소년이 적응하는 것으로, 그들이 점차 새로운 환경에 익숙해지고 같이 기거하고 있는 또래 또는 실무자와의 협력을 도모하고자 나름대로 여러 가지 시도를 해 보게 된다. 그들은 규칙과 기대에 부응하면서 약간의 갈등을 경험하게 된다.

세 번째 단계는 청소년이 실험하는 것으로, 그들이 새로운 환경이 갖고 있는 한계와 그곳의 체제 및 구조 등을 점검하면서 약간의 저항 내지 반대행동을 보이게 된다. 이러한 행동은 일종의 주도권싸움으로 청소년과 실무자 간의 눈에 보이지 않는 실랑이는 시간이 지나면서 점점 횟수가 잦아지고 강도도 커지게 된다.

마지막 단계는 단계적 확대로, 이전 단계에서 청소년이 보인 거주지의 규정에 위반되는 반대행동이 마찰을 일으키면서 어떤 중대한 결과를 초래했을 때 이루어진다. 이 단계에서 그는 자신이나 타인 또는 재산 등에 대하여 공격적인 행동을 보이면서 과거의 행동을 시도하곤 하는데 가출도 이 단계에서 자주 보이는 행동 중의 하나이다. 청소년의 이러한 행동은 실무자와의 사이에 심한 분노를 초래시키면서 지금의 배치가 그의 보호와 안전 면에서 볼 때 과연 적절했는가 하는 의문을 제기하게 만든다. 이런 가운데 청소년 자신의 복지에 관한 논의는 뒤로 숨겨진 채 재배치가 고려되고 실행되기도 한다.

이러한 거주 장소의 잦은 이동은 청소년이 다른 사람과 가까워지는데 어려움을 갖게 하고 새로운 장소에서 새로운 만남에 대한 기대보다는 무관심을 초래시킨다. 뿐만 아니라 청소년이 근본적인 문제해결을 배우는 대신에 단지 문제를 회피하는 방법을 배우게 된다. 여기서 문제는 대부분의 서비스 기관이 이들이 겪고 있는 정서적 불안에 대한 인식이 없다 보니 청소년의 분노, 후회, 슬픔과 같은 감정이 계속 누적되면서 악화된다는 사실이다. 특히 만성 가출청소년의 경우 내적인 갈등,

애착과 분리의 두려움, 돌아갈 집조차 없을 때의 마음의 상태 등으로 인해 서비스 제공자에 대해 부정적인 태도를 보이고 이로 인해 실무자와 또 다른 갈등을 낳곤 한다.

따라서 여러 보호시설을 거친 만성 가출청소년과 함께 일을 하는 경우 이들이 여러 장소를 거치면서 경험했던 감정과 그들의 여러 경험을 고려하면서 이들과 상담을 진행하는 것이 효과적이다.

4) 서비스 제공의 어려움

거리에서 배회하고 있는 가출청소년을 돕고자 하는 실무자는 종종 상담을 실시하기도 전에 이들이 갖고 있는 일시적인 특성으로 인하여 이들을 찾아내는 것 자체는 물론이고 설사 이들에게 접근한다 해도 이들이 원하는 서비스를 제공하는 것 자체가 쉽지 않음을 실감하고 있다. 이들이 자신에게 필요한 서비스를 제공하고자 접근하는 실무자와의 만남 자체를 거부하는 이유를 살펴보면 다음과 같다(김향초, 2001).

첫째, 이들은 자신의 과거 경험으로 인해 대부분의 성인을 믿지 않기 때문에 실무자가 그들에게 접근하는 것 자체를 회피하는 경향이 있다. 이들은 실무자를 다른 성인과 동일시하면서 자신들에게 도움을 줄 수 있는 존재로 여기기보다는 자신들에게 해를 입힐 수도 있는 존재로 보고 가능하면 실무자의 눈에서 벗어나고자 한다.

둘째, 청소년 자신들이 서비스기관에 접근 시 구금되거나 수용될 수 있다는 두려움으로 인해 거리에서 쉽게 실무자에게 접근하여 필요한 도움을 받을 수 있음에도 불구하고 도움을 요청하기는커녕 오히려 실무자의 눈에 띄지 않으려는 경향이 있다.

셋째, 이들이 필요로 하는 서비스를 제공하는 기관이나 시설 자체에 대한 불신이 이들의 서비스에 대한 욕구를 억누르고 있다. 즉, 과거에 지냈던 이러한 곳에서의 유쾌하지 못했던 경험으로 인해 다시는 접촉하고 싶지 않은 장소가 됨에 따라 설사 청소년에게 서비스가 필요하더라도 그냥 포기해 버리는 경우가 허다하다.

넷째, 대부분의 청소년은 당면 문제해결을 위해 필요한 협조를 제대로 하지 않을 뿐만 아니라 문제해결에 대한 동기화, 능력도 부족하다. 아울러 이들 부모의 참여나 협조가 없어 실무자 혼자만의 힘으로는 청소년의 당면 문제를 해결하기 어렵다.

이러한 여러 이유 때문에 실무자는 서비스 대상자를 찾기가 쉽지 않고 그들이 필요로 하는 서비스를 파악하기도 힘들어서 적절한 상담을 통한 문제해결에 큰 도움이 못 되곤 한다. 실제로 이들은 도움의 손길조차 거부한 채 사회에서 주변인으로 살아가고 있어서 실무자 입장에서는 이들의 생활에 대한 이해 부족으로 접근조차 쉽지 않다. 이들은 장기간 가정을 떠나 있음으로 인하여 가족과의 유대가 불가능해짐에 따라 귀가에 대해 생각조차 하지 않으며, 거리에서 각자 나름대로의 생활양식을 습득하여 그곳을 자신의 삶의 터전으로 여기는 경향이 많다. 또한 아주 급박한 경우가 아니라면 청소년에게 서비스를 제공하는 기관의 실무자에게 도움을 청하는 경우가 거의 없고 스스로를 일반 청소년과는 다른 부류로 인식하곤 한다. 그러다 보니 실무자 입장에서는 이들을 찾아내어 필요한 서비스를 제공하는 것 자체가 매우 어려운 과제가 되고 있다.

3. 상담자의 자기 점검

이상과 같이 실무자가 가출청소년과 함께 일을 함에 있어서 갖추어야 할 내용을 살펴보았다. 이러한 내용 외에도 실무자의 태도와 관련해서 꼭 짚고 넘어가야 할 사항이 있는데 바로 실무자의 업무와 관련된 자신의 태도에 대한 점검이다. 실무자는 자신이 가출청소년과 함께 일할 준비가 되어 있는지 스스로 객관적인 점검이 이루어져야 한다(윤현영 외, 2006). 즉, 가출청소년과 함께 일을 하기 위해서는 이들이 서비스를 요구할 때 적절한 서비스를 제공할 수 있도록 실무자로서 필요한 지식과 기술을 갖추고 훈련되어 있는지를 점검해야 하는데, 예를 들면 비판단적이고 유연한 태도, 위기대처능력, 끈기와 인내심 등이다. 그러나 이러한 자질보다 더 중요한 점은 실무자가 청소년과의 활동 시 이를 방해할 수 있는 자신의 태도, 개인적 습관, 상호작용 패턴이 존재하는지를 수시로 점검함으로써 가출청소년을 위한 업무를 좀 더 효율적으로 수행할 수 있도록 하는 것이다.

이를 좀 더 자세히 살펴보면 다음과 같다.

첫째, 가출청소년이 처해 있는 생활환경을 충분히 이해하고 있는지 자신에게 질문해 보아야 한다. 대부분의 가출청소년은 자신에 대해 부정적 자기존중감과 낮은 신뢰감으로 인하여 어려움을 겪고 있으며 종종 자살생각은 물론 개인적으로 가치 있고 의미 있는 사회적 역할을 찾지 못함에 따라 사회적으로 고립되어 있고 사회지지망도 부족하다. 또한 생존을 위해 취업하려는 욕구는 강하나 직업훈련을 받지 못했기 때문에 직업기술 수준이 낮아 취업을 쉽게 하지 못하면서 결국 심각한 재정적 어려움을 겪게 된다. 뿐만 아니라 이들은 거리에서 아무런 이유도 없이 종종 경찰에 붙잡혀 질문공세를 받는가 하면, 각종 범죄와 법적 문제에 직면해서 어려움을 겪고 있으며, 특히 돌아갈 집이 없는 여자 청소년은 성적으로 희생당하는 경우가 허다하다.

따라서 이들이 집 밖에서 생활하면서 겪는 신체적·정서적 어려움에 대해 충분히 공감할 수 있는 능력을 갖추고, 이들의 생활 개선에 도움이 되는 지역 내의 여러 체계—서비스, 법, 의료, 교육 등—에 대한 정보 파악을 하고 있는지 스스로 질문해야 한다. 뿐만 아니라 실무자가 가출청소년의 문화와 이들이 사용하고 있는 언어를 제대로 이해하고 있는지를 점검해야 하는데 여기서 가출청소년 문화란 그들의 생존방법이나 시간을 보내는 행동패턴 등을 의미한다. 특히 이들이 사용하는 언어에 있어서 그 말 자체보다는 그 속에 숨겨진 의미에 귀를 기울이는 노력을 하고 있는지, 전문 용어가 아닌 청소년이 이해하기 쉬운 단어를 사용하고 있는지, 그리고 간단하고 명료한 문장으로 표현함으로써 의사소통을 효과적으로 실천하고 있는지 스스로 질문해야 한다. 왜냐하면 실무자가 청소년이 사용하는 은어, 속어를 이해할 경우 의사소통을 원활히 하고 청소년과의 심리적 거리를 좁힐 수 있기 때문이다.

둘째, 실무자로서 가출청소년의 가능성을 믿고 있는지 스스로 점검해야 한다. 즉, 가출청소년도 적절한 서비스를 제공받게 되면 눈에 띄게 나아지며, 건강하고 행복한 삶을 영위할 수 있고, 거리에서 벗어날 가능성이 큰 존재라는 믿음을 갖고 있는지 스스로 확인해야 한다. 실무자는 가출청소년의 행동이 파괴적이고 비도덕적인 경우에도 삶을 이끌어 가는 주체는 청소년이며 청소년에게는 그러한 능력이 있다는 믿음을 가져야만 그에 대한 불신을 유보하고 그의 이야기를 수용할 수 있다. 물론 여기서 기본 전제가 되는 것은 이들에게서 긍정적인 변화를 이끌어 내기 위해서는 많은 시간이 걸리며 변화의 속도가 청소년마다 제각기 다르다는 사실이다.

또한 청소년은 탄력적이고 성장하면서 변화하는 무한한 가능성을 가진 존재라는 사실을 인정하고 이들의 가능성을 믿을 때 설사 정상적인 궤도에서 이탈하더라도 다시 궤도로 돌아올 때까지 기다려 줄 수 있고 이를 위해 기꺼이 도와줄 수 있게 된다. 이러한 가출청소년의 가능성을 믿고 있더라도 자신의 미래를 찾아가는 능력 면에서는 청소년 개개인의 차이가 있으므로 이들의 변화가 오래 걸리더라도 변함없이 기다려 줄 마음의 준비가 되어 있는지도 점검해야 한다.

셋째, 실무자는 가출청소년의 강점을 발견하는 능력을 갖추고 있는지 점검해야 한다. 가출청소년은 흔히 사회에서 이탈된 존재로서 부정적인 존재임에 틀림없지만 그의 강점에 초점을 두게 되면 희망을 품게 하고 문제를 해결할 수 있는 가능성을 높일 수 있으므로 청소년이 할 수 있고 원하는 것에 더 초점을 맞출 수 있다.

여기서 말하는 강점과 관련해 코우거(Cowger, 1994)는 다음과 같은 몇 가지를 제시하고 있다. 우선 청소년이 정직하고 신뢰할 만한 사람이라고 믿는다. 아울러 그는 삶의 도전에 대처할 수 있고 긍정적인 변화를 창조할 수 있다고 가정한다. 그다음으로는 자신의 상황을 더 좋게 만드는 청소년의 능력, 기술, 자원을 인정해 준다. 마지막으로, 청소년 스스로 자신의 상황을 변화시키고 싶어 하는 바람을 격려해 준다.

넷째, 의사소통기술을 갖추고 있는지 점검해야 한다. 특히 가출청소년에게 질문 시 질문의 요지나 의도를 명료하게 설명하는 것이 중요한데 그 이유는 실무자가 아무리 부드럽고 기술적으로 다가간다고 할지라도, 그에게 질문하는 것 자체가 그의 방어심을 불러일으킬 수 있기 때문이다. 많은 청소년은 무의식적으로 자기 자신을 비난하는 경향을 가지고 있기 때문에, 실무자가 질문하는 내용에 대한 이해 없이 질문 내용 자체만으로 자신을 비난하는 것이라고 받아들여 화를 내기도 한다. 따라서 질문의 의도와 질문의 요지를 명료하게 하는 것이 청소년의 방어적인 반응을 다루는 데 매우 유용하다.

또한 필요하다면 간접적인 질문방법을 활용하는 것이 효과적일 수도 있다. 가출청소년의 경우 가정에서 겪은 신체적 · 성적 학대는 쉽게 드러나지 않는데 이는 자신이 희생당했다는 것을 인식하지 못하거나, 학대를 당하는 것이 정상적이지 않을 뿐더러 합법적인 것이 아니라는 것을 알지 못하기 때문에 학대에 대한 질문에 대답하지 않는 것이다. 뿐만 아니라 실무자가 정말 자신을 도와줄 수 있는 사람인지에 대한 확신이 없기 때문에 대답을 꺼리기도 한다. 특히 남자 청소년의 경우 자신이 학대당했다는 사실을 솔직히 이야기하기를 거부하는데 그 이유는 그들에게는 학대가 자신들의 남성성을 반영하기 때문이다(윤현영 외, 2006). 이런 경우 실무자는 야단맞은 경험, 싸움, 어린 시절 집에서 함께 생활했던 사람들에 대한 우회적인 질문을 통하여 간접적인 방식으로 학대의 가능성을 밝혀낼 수 있어야 한다.

이에 덧붙여 가출청소년은 상담 시 딱딱한 전문용어를 사용하기보다는 유머를 적절하게 사용할 줄 아는 실무자를 원하고 있다. 가출청소년은 종종 실무자의 질문에 대해 건방진 반응을 보이는 경우가 있는데 이러한 반응은 그들이 방어기제로 사용하는 태도의 일종임을 이해하고 있어야 한다. 이러한 경우 실무자는 청소년의 태도에 직접적으로 맞서기보다 유머를 통해 자연스럽게 어울려 감으로써 더 많은 것을 얻을 수 있으므로 어려운 이슈를 다루는 데 유머를 적절하게 사용하도록 한다. 다시 말해, 감정에 직접적으로 부딪치는 것을 회피하는 경향이 있는 청소년에게 유머는 과거 경험에 대한 고통스러운 감정을 완화시키는 효과가 있다.

여기서 참고로 가출청소년 상담자 체크리스트를 소개하고자 한다.

가출청소년 상담자 체크리스트

1. 청소년을 판단하기에 앞서 충분히 들을 준비가 되어 있는가?

2. 위기에 처한 청소년의 생존방식을 이해할 준비가 되어 있는가?

3. 청소년이 처한 상황을 충분히 이해할 준비가 되어 있는가?

4. 청소년의 문화와 언어를 이해하고 있는가?

5. 청소년이 어떤 태도와 행동을 보이더라도 수용할 마음의 준비가 되어 있는가?

6. 권위와 예의를 갖추기에 앞서 우선 청소년과 대화할 준비가 되어 있는가?

7. 청소년의 자원을 적극적으로 발견할 준비가 되어 있는가?

8. 청소년의 가능성을 믿고 있는가?

9. 청소년에게 지나치게 많은 것을 요구하거나 기대하고 있지 않은가?

10. 변화가 오래 걸리더라도 변함없이 기다릴 준비가 되어 있는가?

11. 청소년의 거부에 견딜 준비가 되어 있는가?

출처: 윤현영, 유외숙 외, 2007, p. 6.

08장

청소년쉼터 유형별 상담

　최근 남미애, 홍봉선 및 양혜진(2007)이 청소년쉼터에 거주하고 있는 청소년들을 대상으로 쉼터 생활에 관한 전반적인 의견을 조사한 바에 따르면 쉼터에서 심리적 안정과 현재 당면한 문제해결에 도움을 받았다는 응답이 높은 비중을 차지한 반면에, 미래생활을 위한 적응 및 자신과 가족에 대한 이해와 관련해서 도움이 되었다는 응답은 상대적으로 낮게 나타났다. 이러한 점을 볼 때 청소년쉼터는 가출청소년이 집 밖에서 생활할 때 기본적인 의식주를 해결해 주고 각종 위험에서 이들을 보호해 줌으로써 심리적 안정을 취할 수 있게 도와주며 이들의 당면 문제에 대한 해결책까지도 제시해 주고 있음을 알 수 있다. 이에 덧붙여 가출청소년들이 청소년쉼터 프로그램에 바라는 욕구를 살펴본 결과 쉼터 유형별로 차이를 보이고 있다. 즉, 단기 · 중장기 쉼터 청소년이 가장 원하는 프로그램은 취업 대비 기술 프로그램이었으며 그다음으로 학업향상, 성격심리상담, 사회성 향상 프로그램이 상대적으로 높은 것으로 나타났다. 반면에 일시쉼터 이용 청소년들의 경우 가장 욕구가 높은 프로그램은 먹을거리 제공이었고, 그 외에도 의료, 응급 수면, 컴퓨터나 서적이용, 일자리 정보 등도 높은 욕구를 보이고 있다.

이와 같이 가출청소년의 욕구가 다양해지고 이들을 보호하는 보호시설의 전문화에 대한 사회적 기대가 높아지면서 기존의 단기쉼터와 중장기쉼터의 서비스와는 차별화하는 일시쉼터만의 적절한 서비스 제공이 요구되고 있다. 따라서 국가청소년위원회에서는 「2008년도 청소년쉼터 운영지침」을 통해 기존 쉼터서비스 활동의 법적 기준인 청소년복지지원법 시행령 제13조 제1항의 내용을 청소년의 특성, 상황 및 욕구에 따라 일시쉼터, 단기쉼터, 중장기쉼터로 나누고 각 시설 유형별로 서비스의 범주와 내용을 구분하여 제시하였다. 이러한 쉼터의 유형별 서비스 제공 및 상담은 서비스의 효율성을 극대화시키는 차원에서 매우 중요하므로 이러한 청소년쉼터 운영지침을 중심으로 쉼터 유형별로 바람직한 상담서비스에 관해 살펴보고자 한다.

1. 일시쉼터에서의 상담

쉼터의 실무자들은 가출한 것으로 추정되는 청소년 인구에 비해 청소년쉼터를 포함한 보호체계에서 발견되는 청소년 수가 매우 적고 쉼터를 찾는 청소년 수도 많지 않은 것에 주목하고 쉼터 내에서의 서비스 제공이라는 틀에서 벗어나 가출청소년에게 필요한 쉼터서비스에 대한 홍보 차원에서 거리로 직접 나가서 거리를 배회하고 있는 청소년을 만나

기 시작했다. 이를 통해 이들에 대한 관심이 증대되었다. 또한 청소년쉼
터 및 기타 보호시설에서 제공하는 사회서비스에 대해 전혀 모르거나
혹은 알고 있더라도 이용하지 않는 청소년을 대상으로 이들이 머물고
있는 현장에서 직접 서비스를 제공할 필요성을 절감하면서 거리에서의
현장접근 서비스 자체가 독립적인 활동으로서 중요한 의미를 가지게 되
었다. 따라서 기존의 쉼터와 분리된 형태의 일시쉼터의 필요성이 강조
되면서 2005년에 처음으로 문을 열기 시작하였으며 이동형인 거리상담
과 고정형인 드롭인센터의 두 가지 유형으로 구성되어 서비스를 제공하
고 있다.

2008년도 청소년쉼터 운영지침에서 명시하고 있는 일시쉼터 서비스
기준은 다음과 같다.

- 가출예방차원에서 위기개입상담, 진로지도, 적성검사 등 상담서비
  스 제공
- 적극적 발견과 관련하여 거리상담을 통하여 가출청소년을 적극 구
  조·발견하고 청소년쉼터 연결서비스 제공
- 사회서비스와의 연계에 있어서 단기·중장기 쉼터, 대안학교, 교
  육청과 노동부의 협조하에 직업훈련기관 및 취업정보 제공
- 보호시스템으로의 동기화와 관련하여 간단한 먹을거리, 응급치료
  등 기본적인 생활에 필요한 서비스 제공
  (*기타 특성에 따라 자율적으로 기능 추가)

1) 목표

일시쉼터가 업무를 수행함에 있어서 추구하는 목표는 다음과 같다.

첫째, 청소년을 거리의 위험에서 보호하는 것으로 현장지원이 주요소이다. 이를 위해서 두 가지 핵심 목표가 있는데 하나는 현장성이고 또 하나는 보호이다. 현장성의 내용을 살펴보면 아웃리치를 실시하여 도움이 필요한 청소년을 찾아다니고, 청소년에게 가까이 접근하여 서비스를 제공하며, 이들이 부담 없이 쉼터를 들락거리면서 원하는 도움을 받게 하는 것이다. 그리고 보호의 내용을 살펴보면 음식, 의복, 위생 등 물질적 지원은 물론 의료적인 도움을 제공하고, 휴식을 취하도록 도우며 성, 약물 등의 위험에서 청소년을 보호한다.

둘째, 청소년의 가출 예방은 물론 이러한 가출의 장기화를 예방하는 것으로 조기 개입이 주요소이다. 이를 위해서 두 가지 핵심 목표가 있는데 하나는 개입이고 또 하나는 정서 지원이다. 개입은 가출한 청소년에게 즉각 개입하고, 가출을 예방하며, 사회적응능력을 향상시키도록 돕는 것이다. 또한 정서 지원은 변화 동기를 갖도록 돕고 심리적인 어려움을 해결하도록 도움을 제공하는 것이다.

마지막으로, 청소년을 사회체계와 연결하는 것으로 연계가 주요소이다. 이를 위해서 두 가지 핵심 목표가 있는데 하나는 서비스 정보 제공이고 또 하나는 가족과 지역사회 연계이다. 서비스 정보 제공은 각종 서비스에 대해 정보를 제공해 주고 청소년쉼터에 대해 알려 주는 것이다. 그리고 가족과 지역사회의 연계는 귀가를 돕고, 쉼터에 연계하며, 보호체계와 접촉하도록 하고, 다른 기관과 연계망을 갖고 서비스를 제공하며, 가출청소년에 대한 지역사회의 관심과 대응능력을 높이도록 한다.

2) 주 서비스 대상

쉼터 유형과 가출 유형과의 관계를 살펴보면 일시쉼터의 경우 집 바

깥에서 많은 시간을 보내지만 집을 들락날락하는 배회형(43.2%), 가출
경험은 없지만 일시쉼터를 이용하는 일반형(36.1%), 현재 가출한 상태
이며 주로 거리에서 생활하고 있는 노숙형(19.1%)의 순으로 나타나 일
시쉼터의 경우 만성가출청소년보다는 가출경험이 없거나 가출자로 전
락할 가능성이 있는 청소년들이 주로 이용하고 있음을 알 수 있다(남미
애 외, 2007).

따라서 거리상담 담당자는 각 유형의 특징에 따라 조금씩 다른 접근
방법이 효과적일 수 있으므로 이러한 유형별 특성을 파악하고 있어야
한다.

(1) 배회형

이 유형의 청소년은 가족과의 관계가 약하기는 하지만 그 정도가 경
미한 수준으로, 집에서 주로 지내지만 가출 충동을 갖고 있고, 가출할
위험이 있거나 가출을 하였더라도 그 기간이 아직 오래된 상태가 아니
다. 또한 거리에서 많은 시간을 보내기는 해도 아직까지는 거리에서의
생존방식에 익숙해져 있는 것은 아니며, 보호시설에 대한 태도도 거부
적이지 않고, 사회서비스에 대해 잘 모르고 있으며, 학교나 사회에서
부적응을 경험하지만 그 정도가 심각한 수준은 아닌 집단이다.

이러한 청소년은 아직 심각한 문제가 본격적으로 발생하지 않았지만
문제가 발생할 수 있는 위험성이 잠재되어 있는 청소년들이기 때문에
거리에서 경험할 수 있는 위험에 대해 정확하게 알려 주고 이에 대처할
수 있는 능력을 갖추도록 도와주며, 가족과의 유대가 더 이상 악화되지
않도록 조치하여 사회에서 제공하는 서비스를 적절히 이용하도록 지도
한다면 비교적 빠른 시간 내에 건강한 기능상태를 회복할 수 있다.

(2) 가출형

이 유형의 청소년의 행동적 특성을 살펴보면 이동 범위가 넓고 타인의 시선을 개의치 않고 행동하는 경향이 있으며, 흡연이나 음주 등의 행동을 거침없이 시도하고 금품 갈취 등 비행 행동을 하는 것에 대해서도 당당하고 죄책감을 갖지 않는 경우가 많다. 이들은 시내, 공원, 뒷골목 등 다양한 곳에서 시간을 보내고 있는데 다양한 구성원이 집단으로 모여 있는 경우가 많다. 또한 이들은 자신들이 거리상담의 대상이 아님을 완강히 주장하면서도 종종 많은 질문을 하기도 하고, 서비스 기관의 정보와 관련하여 자신들이 많이 알고 있다는 생각에 서비스에 관한 정보 제공 시 경청하지 않고 오히려 자신들이 먼저 기관의 정보를 말하곤 한다.

따라서 이 유형의 청소년은 상대적으로 더 다양하고 복잡한 특성을 지니고 있기 때문에 경험이 풍부한 거리상담 전문가를 필요로 한다. 이들은 종종 서비스가 정말로 필요해서라기보다는 무분별하거나 생각 없이 서비스를 요구하는 경우가 많기 때문에 실무자가 본의 아니게 서비스 제공 자체를 통제하거나 거부해야 하는 상황이 전개되기 때문이다. 이러한 경우에는 실무자가 이들에게 주변에 이러한 서비스를 간절히 필요로 하는 청소년이 있음을 충분히 설명해 줌으로써 이러한 통제에 대해 이해를 시키면 의외로 그 설명을 잘 받아들이곤 한다. 그 밖에도 시간 때우기 식의 대화 수준에 그치는 경우도 많고 실제로 상담을 원하는 청소년도 다른 친구들을 의식하여 상담 자체를 피하는 경우도 있으므로 이들에게 요령 있게 상담 기회를 마련해 주는 접근방법이 요구된다. 그러나 필요하다고 판단되는 서비스를 제공했음에도 불구하고 계속해서 서비스를 요구할 경우에는 당장 필요한 것 외에 더 이상 제공해 주지 못하는 이유를 분명하게 알려 주어야 한다. 왜냐하면 이들은 절실하게 필요해서가 아니라 장난끼의 발동으로 인한 요구가 많기 때문에 실무자가 이들의 행동의 진의를 잘 판단해야 한다.

(3) 노숙형

이 유형의 청소년은 가족과의 관계가 심각하게 손상되거나 단절되어 있는데, 거리에서의 생활이 생활방식으로 습성화되어 일반적인 생활방식을 받아들이기 어려운 상태에서 가족과 사회와의 단절이 오랫동안 지속됨에 따라 신뢰감을 형성하기 어렵다. 또한 보호시설에 대해 거부적인 태도를 갖고 있고, 사회서비스에 대해 잘 모르거나 알더라도 이용할 의사가 전혀 없으며, 학교를 이미 중단하였거나 심각한 비행을 경험하는 등 사회에서의 부적응 정도가 심각한 집단이다. 따라서 자신의 처지에 대해 상담하는 것에 대해서는 별로 관심이 없으며 담당자가 준비한 문화 이벤트 프로그램에도 큰 흥미를 보이지 않는 것이 일반적인 모습이다.

이들이 보이는 행동적 특성을 살펴보면 산만하고 주변을 자주 살피며 경계심이 심해서 실무자가 접근하려 하면 피하려는 경향을 보인다. 이들은 서비스 제공 시 처음에는 거부하고 경계하는 모습을 보이곤 하는데, 주로 혼자 있는 경우가 많고 성인 노숙자들과 함께 있는 가출청소년의 경우에는 노숙형인 경우가 많다. 특히 이러한 청소년은 거리에서의 생활에 매우 익숙해져 자신들의 생활에 별로 불만이 없는 것처럼 보이기 때문에 처음 이들을 대하는 실무자들은 몹시 당황해하고 이해하기 어려워한다. 이러한 노숙형 청소년이 사회인으로 성장하도록 돕는 것은, 사회의 본궤도로의 '복귀'가 아니라 새로운 생활양식을 처음부터 '학습'시키는 것이므로 그만큼 장기적인 접근이 필요하다.

이 유형은 대부분 장시간 서비스를 제공하고 관계를 형성하며 생활전환을 격려한 후에야 사회복귀가 가능하며, 가족과의 단절과 해체가

심각한 수준이어서 단기쉼터와 중장기쉼터 등의 보호체계의 도움이 지
속적으로 필요하다.

3) 서비스 내용

일시쉼터에서 제공하는 서비스의 절차는 [그림 8-1]과 같다.

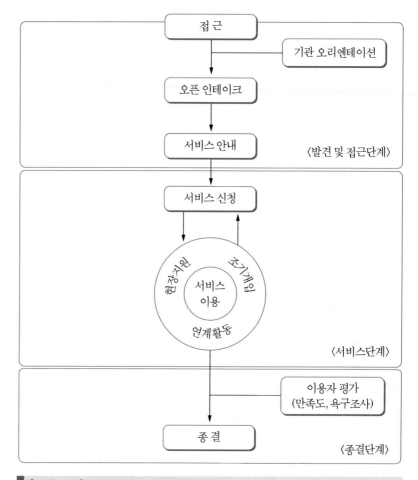

[그림 8-1] 일시쉼터 서비스 절차

출처: 김지혜, 김기남, 박지영, 정경은, 조규필, 2006a, p. 98.

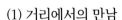

(1) 거리에서의 만남

① 의의

거리상담이란 실무자가 청소년이 있는 현장인 거리로 나가서 이들에게 필요한 서비스를 즉석에서 제공하는 것으로 이들의 발견 및 접근은 물론이고 청소년 가출의 예방과 사후 대처를 위해 지역사회를 대상으로 제공하는 모든 형태의 서비스를 의미한다. 그렇다면 왜 거리상담이 필요한가?

많은 수의 가출청소년은 도움의 필요성은 느끼지만 스스로 청소년쉼터나 기타 서비스기관에 직접 찾아가서 도움을 요청하는 것을 꺼리는 편이어서 제공받을 수 있는 서비스의 혜택조차 거부하고 있다. 따라서 쉼터의 실무자가 직접 거리로 나가 이들과 만남으로써 청소년 입장에서는 굳이 청소년쉼터나 서비스기관까지 찾아오지 않아도 만남이 가능해지고, 서비스 기관 방문 시 요구되는 각종 서식의 작성에 대해서도 신경 쓸 필요가 없으며, 실무자와 동동한 입장에서 친해질 가능성도 커진다.

또한 실무자 입장에서는 자연스럽게 이들을 만나 이야기를 나눌 수 있어서 공식적이 아닌 비공식적인 관계를 형성할 수 있고 여러 번의 만남을 통해서 청소년이 도움이 필요한 경우 스스로 실무자를 찾도록 유도할 수도 있다. 즉, 이러한 과정을 통해서 보호받지 못하고 사회에서 격리되다시피 한 채 매우 위험한 상황에 처해 있는 청소년에게 다가가 이들의 욕구를 파악하여 적절한 서비스를 제공하는 것은 매우 중요하다. 이러한 서비스가 지속됨에 따라 서로에게 신뢰감이 쌓이고 상호 간에 긍정적인 관계형성이 가능하게 된다. 일단 이러한 관계가 형성되면 청소년이 갖고 있는 기관에서의 서비스 제공에 대한 거부감을 줄일 수 있을 뿐만 아니라 추후에도 어려움이 있을 때 자발적으로 찾아오는 계기가 될 수 있어서 효과적이다.

실무자는 거리상담의 주목적이 가출청소년과의 '만남'과 그를 통한 '지속적 관계형성'으로서 청소년을 선도, 치유하거나 재활시키는 것이 결코 아니라는 사실을 명심해야 한다. 즉, 청소년이 집으로 돌아가기를 바라거나 건강한 사회인으로 성장하도록 바라는 장기적인 기대는 당장 실천해야 할 일이 아님을 분명히 이해하고 이들과의 만남을 계획해야 한다.

② 접근

가출청소년은 가정과 학교에서 벗어나 사람들의 눈에 띄지 않으려고 하는 속성이 있고, 사회적 관계의 범주가 매우 작고 비행적 성향을 가진 또래를 중심으로 형성되며, 당장 생계해결을 위해 거리에서 형성되는 네트워크를 통하여 생존 방법을 찾게 되는데(김지혜, 2003; 민가영, 2000; Ennett, Bailey, & Federman, 1999), 이렇게 획득한 생존 방식은 종종 일탈적인 경우가 많다. 이러한 상황에서 청소년이 서비스 체계와 관계를 형성한다면 매우 의미 있는 변화가 시작될 수 있으므로(Kurtz, Lindsey, Jarvis, & Nackerud, 2000) 이러한 시작을 중요시해야 한다.

따라서 거리상담을 효과적으로 실시하기 위해서는 무엇보다도 먼저 가출청소년들이 밀집해 있는 지역을 파악해야 한다. 일반적으로 거리상담 프로그램에 관한 홍보활동은 물론이고 다양한 유형의 청소년을 만나기에 효과적인 장소는 청소년이 많이 오가는 번화가와 상가 지역, 심야의 공원이나 놀이터, 학교 등으로 청소년들이 무리 지어 술, 담배를 하는 모습을 쉽게 볼 수가 있다. 또한 노숙형의 가출청소년들은 주로 지하철역, 터미널, 건축 중인 건물 내부, 빈집 등에서 만날 수 있다(서울 YMCA 청소년쉼터, 2004; 윤현영, 김지혜, 황동아, 2006).

가출청소년은 실무자가 물품을 제공하면 좋아하지만 이들이 먼저 찾아와서 필요한 물품을 요구하는 경우는 드물다. 이들은 기본적인 생활에 필요한 물품을 원하는 경우가 많은데, 예를 들면 식사가 될 수 있는 김밥, 컵라면, 빵 등의 먹을거리, 속옷, 세면도구, 작은 가방, 생리대, 긴급약품, 승차권, 전화카드 등의 생필품이 주 대상이다. 이러한 서비스 제공에 있어서 명심해야 할 사항은 이들이 서비스를 제공받는 것에 대해 부담감을 갖지 않도록 하기 위해서 서비스 제공에 관련된 어떠한 조건도 없다는 점을 분명하게 알려 주어야 한다는 점이다. 그렇지 않으면 자신들이 서비스를 제공받기 위해서는 무엇인가를 해야만 한다는 부담감으로 서비스 자체를 포기하는 경우가 허다하기 때문이다.

이러한 생필품 외에도 거리상담 담당자가 제공하는 서비스의 내용을 매우 다양하다. 이를 자세히 살펴보면 가출, 성폭행, 폭행, 절도 등의 비행관련, 자해나 자살충동 등을 다루는 위기상담이 대부분을 차지하고 있는데 이와 관련하여 그 자리에서 즉석으로 성격, 진로, 흥미, 자존감 등에 관한 간단한 심리검사를 실시하여 청소년으로 하여금 자신에 대한 좀 더 구체적인 파악을 할 수 있도록 도와주고 있다. 뿐만 아니라 검정고시, 휴학, 복학, 직업훈련 등에 관한 진로상담은 물론 임신, 성병, 동성애 등에 관한 성상담과 술, 담배, 본드 등과 관련된 약물상담도 실시하고 있다.

이러한 다양한 서비스를 제공하기 위해서 실무자는 성병, 임신, 술, 담배, 본드, 기타 약물, 법 등에 관해 정확한 지식과 이해를 갖추어야 한다. 또한 일부 청소년의 경우 실무자가 알고 있는 정보 이상의 깊이 있는 내용을 원하기도 하는데 이러한 상황에서는 당황하지 말고 연계망을 활용하여 관련기관과 연결시켜 줄 수 있도록 가출청소년에게 필요한 연계기관 정보를 숙지해 놓도록 한다. 예를 들면, 가출청소년 보호시설,

청소년관련 기관, 사회(아동)복지 전담공무원, 지역사회복지관, 관할 파출소/경찰서, 변호사, 법률자문인, 시민단체 등은 물론이고, 해당지역 관리사무소, 인근 병원, 지역 내의 교육기관, 직업훈련원, 그리고 버스, 택시, 지하철 등의 대중교통과 관련된 정보를 갖고 있어야 한다(윤현영 외, 2006).

이러한 시작단계에서의 특징을 살펴보면 가출청소년은 거리에서 온갖 위험에 무방비상태로 노출되어 있는 위험한 자신을 보면서 안전하다고 믿을 수 있는 사람이나 장소를 찾고자 하는 욕구를 갖고 있지만 거리에서 낯선 사람과 만나면서 자신이 속거나 이용당할지도 모른다는 양면성을 생각하면서 불안해하는 모습을 보인다. 특히 성인에 대해 경계하는 모습을 보이며 거짓말을 통해 자신을 감추고자 하는 경향이 있다. 따라서 실무자는 거리에서 만나는 청소년에게 자신의 신분을 밝히고 자신이 맡은 역할에 대해 구체적인 정보를 제공하되 청소년이 강압이나 위협을 느끼지 않도록 주의해서 접근해야 한다. 또한 실무자는 먹을 것을 갖고 청소년에게 다가갈 때 그들이 관심을 보일 수는 있지만 스스로 안전하다고 느끼기까지는 많은 시간이 필요하다는 사실을 명심하고 서두르지 말도록 한다. 특히 청소년이 안전하게 느끼는 거리를 인정하고 이를 존중하는 태도를 보이며, 시간을 두고 점차적으로 이러한 거리감을 좁히려는 노력을 해야 한다.

흔히 가출청소년이 실무자를 처음 만나면 그를 회피하거나 거짓말을 늘어놓으면서 질문에 대한 대답을 피하는 경우가 많지만, 일단 생존 욕구가 충족되면서 그에 대해 안전하다고 느끼면 청소년 스스로 자신의 이야기를 언급하기 시작한다. 이때가 바로 실무자와 가출청소년 사이에 친밀한 관계 형성이 시작되는 순간이다. 따라서 실무자는 가출청소년이 초기에 보이는 태도를 통해서 이들이 친밀한 관계 형성을 원하지 않는다는 그릇된 결론을 성급히 내리지 않도록 주의해야 한다. 그리고 청소년의 주저함을 이해하고 기다려 주면서 실무자에 대한 경계심이 어느 정도 누그러지는 것을 알아채면 진심 어린 관심을 보이면서 적절한 질문과 경청을 통해 정서적 지지를 제공함으로써 라포 형성을 하도록 한다.

따라서 이 단계에서는 청소년에 대한 관심을 지속적으로 보여 주고 관계를 유지하는 것 자체가 중요하다. 가출청소년의 경우 가출 이전의 관계는 대부분 단절되고 가출 이후에 형성된 관계는 일시적이다 보니 타인과의 관계 형성에서 오랜 기간 동안 한결같이 유지되는 관계를 경험해 본 적이 거의 없다. 따라서 이러한 청소년이 장기적이고 일관성 있는 관계 형성을 통해서 애정과 소속의 욕구를 충족할 수 있다면, 자신의 존재에 대한 긍정적인 시각을 갖추는 것이 가능해진다.

그 밖에도 실무자가 가출청소년에게 접근하여 의사소통을 하고자 할 때 명심해야 할 사항은 이들은 말을 걸어도 대답을 잘 하지 않는 경향이 있으므로 말을 걸 때 가능한 한 짧게 하고 반응이 여의치 않더라도 조바심내거나 다그쳐서는 안 되며 이들이 반응을 보일 때까지 기다려 주어야 한다는 점이다. 이에 덧붙여 이들은 이동 영역이 고정되어 있는 경우가 많으므로 이 점을 고려하여 거리상담 팀이 있는 곳을 알려 줌으로써 언제든지 원한다면 정해진 장소에서 도움을 받을 수 있다는 내용을 전달해 주는 것이 바람직하다. 또한 담당자가 거리상담을 실시할 때마다 가출청소년이 있는 장소를 주기적으로 찾아가서 얼굴을 대하다 보면 서서히 담당자에게 친근감을 보이고 스스로 도움을 받고자 찾아오는 경우도 적지 않다.

간혹 노숙형청소년에게 접근 시 보호자 역할을 담당하는 성인노숙자들과 같이 생활하는 경우가 있는데 이러한 상황을 접하게 되면 거리상담 담당자는 보호자를 자청하는 성인노숙자를 무시하는 태도를 보이지 않으면서 아이들을 만나는 목적과 신분을 정확히 밝히고 설명하여 성인노숙자와의 갈등을 피하는 것이 바람직하다. 특히 예기치 않게 가출청소년과 같이 있던 성인노숙자가 갑자기 공격적인 행동을 취하는 경우가 있는데 이때 실무자가 명심해야 할 사항은 절대로 이들에게 불필요한 자극을 주지 말아야 한다는 사실이다(윤현영 외, 2006).

무엇보다 중요한 점은 거리상담 시 만난 가출청소년과 신뢰할 수 있는 관계를 지속하는 것은 그들을 보호서비스체계 안으로 끌어들이는 데 매우 중요하다는 사실이다. 일단 신뢰를 얻으면 가출청소년 사이의 입소문을 통한 홍보 효과도 커서 더 많은 가출청소년을 만날 수 있다. 따라서 아웃리치 시에 청소년과 약속한 내용이 있는 경우에는 이를 철저히 지키는 등 형성된 관계를 유지하기 위한 사후 노력을 기울여야 한다. 이에 덧붙여 대전 드롭인센터 아웃리치 실무자 십계명을 소개하고자 한다.

대전 드롭인센터 아웃리치 실무자 십계명

1. 청소년의 눈높이에 맞춰 이야기하고 말을 끝까지 경청한다.
2. 청소년은 우리를 무시할 수 있지만 우리는 청소년을 무시할 수 없다.
3. 말의 시작은 높임말을 사용한다.
4. 지키지 못할 약속을 하지 않는다.
5. 선택은 청소년에게 있다. 따라서 지나치게 강요하지 않는다.
6. 칭찬을 아끼지 말라.
7. 청소년을 비판하지 말고 사랑과 관심의 시선으로 집중하라.
8. 왜 이 일을 하는지에 대한 명확한 신념을 가져라.
9. 나만의 소진예방법을 찾자.
10. 모든 것을 하려고 욕심 부리지 말자.

출처: 윤현영 외, 2006.

(2) 일시쉼터에서의 만남

무엇보다도 먼저 거리생활에서 위험에 노출되어 있는 청소년의 신체적 건강과 안전을 보호하는 것에 초점을 두고 청소년이 머물고 있는 현장에서 먹을 것, 입을 것, 씻을 것, 쉬는 것, 의료지원 등을 제공하고 있다. 즉, 실무자는 다양한 질환에 노출되어 있는 가출청소년에게 아픈 곳이 없는지 물어보고 쉼터에서 제공하는 의료서비스에 대해서도 안내하면서 피부병이나 전염성 질환이 의심된다든지 신체적 문제가 발견 시 응급치료를 제공하거나 치료받을 수 있는 장소에 대해 안내해 준다. 특히 성에 대해 무방비상태로 노출되어 있는 청소년이 많기 때문에 적극적인 피임방법을 안내하고 피임도구를 제공하는 한편 임신이 의심되는 청소년에게는 임신테스트 시약을 제공하여 임신 여부를 확인케 하며 더 정확한 처치와 상담을 받을 수 있도록 돕고 있다. 이를 위해서 실무자는 청소년의 건강문제를 이해하고 응급조치를 포함하여 응급상황을 다루는 훈련을 받아 두어야 한다.

또한 거리에서 부딪히는 위험에 대처하는 교육을 실시하고 있는데, 예를 들면 성폭력, 임신, 성병, 성매매, 약물, 범죄, 노동, 인권유린, 흡연, 음주, 폭력 등 거리에서 노출될 수 있는 다양한 위험에 직면 시 대처방법을 알려 주고 가출예방책도 안내해 주고 있다. 또한 성병, 위생, 피임 방법, 낙태의 위험 등에 관해 구체적인 교육도 실시하고 있는데 그 이유는 청소년이 종종 자신이 무지한 상태에서 온갖 위험에 노출되어 있다고 느껴 자신을 보호하기 위해 필요한 실생활과 관련된 지식을 얻고자 하는 욕구를 보이곤 하기 때문이다. 예를 들어, 임신(피임)과 성병에 대한 지식이나 근로현장에서 일어날 수 있는 부당행위 및 이에 대한 법적 보호 등에 관한 지식은 청소년의 안전과 인권에 직결되어 있기 때문에 청소년에게서 진지한 관심을 이끌어 낼 수 있다. 이러한 과정을 거치면서 청소년이 실무자를 안전한 존재로 느끼게 되면 자신을 신체적으로 보호해 줄 수 있는 보호시설에 대한 정보에도 종종 큰 관심을 보인다.

쉼터를 찾는 청소년의 대부분은 사회에서 여러 가지 불이익과 불신, 가정에서의 방임, 학대는 물론 남들에게서 받은 상처로 인해 감정조절을 제대로 하지 못하고 쉽게 분노하며 대인관계를 회피하는 경향이 있다. 따라서 이들과 대면 시 절대로 조급해하지 말고 힘들게 자신의 이야기를 하는 청소년을 격려하고 지지해 주며 적절하게 반응함으로써 이들이 좀 더 편안한 마음으로 자신의 이야기를 할 수 있도록 분위기를 조성하는 것이 바람직하다. 청소년의 이야기를 들으면서 많은 관심과 흥미를 가지고 있는 듯이 경청하고 '어머나' '저런' '많이 힘들었겠구나' 등의 적절한 감탄사를 사용하면서 그들의 이야기는 물론 표정과 몸짓까지도 관찰하여 정확하게 청소년의 속내를 파악하는 노력이 필요하다. 실제로 쉼터를 이용하는 청소년은 학교의 상담교사나 부모에게 털어놓지 못하는 고민과 어려움을 실무자와 함께 고민하면서 그의 격려와 지지를 얻고 있다. 아울러 이들이 갖고 있는 문제 중심의 시각이 아닌 청소년들이 가지고 있는 강점을 찾고자 노력하고 이에 초점을 두는 정서적 지원이 이들과의 관계 형성에 매우 중요하다.

다음으로 실무자는 상담 못지않게 청소년을 사회체계와 연결시키는 연계활동에 주력해야 한다. 대다수의 거리청소년은 정보의 부족으로 인해 거리에서 발생하는 범죄나 성인이 저지르는 범죄에서 안전하게 보호받을 수 없기 때문에 일상생활에 직접 영향을 미치는 다양한 정보를 제공받아야 하는데 여기에는 취업, 교육과 진로, 기술훈련의 정보, 지역사회의 시설과 서비스, 생활정보, 문화행사 등이 포함된다. 이러한 정보를 제공 시 청소년의 관심 분야와 관련된 기관의 소개는 물론 제공되는 서비스를 자세히 안내해야 하므로 실무자는 안내에 앞서 제공할 정보에 대한 내용에 관해서 잘 알고 있어야 한다. 간혹 잘못된 정보 제공으로 인해 청소년의 불신감을 증폭시킬 수 있다는 사실을 명심하여 최대한 정확한 내용이 전달되도록 노력하고 가능하다면 정보를 제공하는 기관을 소개하는 리플릿을 구비하여 함께 제공하는 것이 바람직하다. 아울러 이들에게 도움이 되는 지역사회 내의 각종 시설—상담지원센터, 사회복지관, 청소년수련관, 자활훈련기관 등—에 대한 안내와 제공되는 서비스의 내용 등에 대해서도 알려 줌으로써 이들로 하여금 자신들이 도움을 받을 수 있는 서비스체계에 대한 정확한 인식을 갖추도록 도와주어야 한다.

한편 일시쉼터 서비스의 대상이 아니거나 쉼터가 제공할 수 있는 서비스 이외의 서비스를 원하는 청소년에게는 다른 기관이나 시설로의 연계가 필요한데 이를 위해 타 시설 간의 긴밀한 협조관계와 네트워크가 필수적이다. 이러한 서비스 연계시설이나 기관으로는 청소년상담지원센터, 법률관련 기관, 문화의 집, 대안학교, 학교, 직업훈련원, 의료기관(보건소, 병원 등) 등이 있다. 예를 들어, 숙박이 불가능한 일시쉼터에 찾아온 청소년이 숙박을 원하거나 보호체계가 제공하는 서비스를 원할 경우에는 단기쉼터에 연계해서 서비스를 제공받을 수 있도록 도와주고, 만일 청소년이 단기쉼터의 입소를 꺼리는 경우에는 아동일시보호소로의 연계를 고려할 수도 있다. 또한 성관련 문제로 도움이 필요한 청소년의 경우에는 성폭력 및 미혼모 시설이나 성매매피해여성지원시설로 연계해 주는 것이 바람직하다.

이러한 시설연계 시 주의사항은 청소년의 연계에 대한 욕구가 분명한가를 판단한 후에 연계기관에 대한 정보를 제공하면서 이용 의사 및 입소 의사를 확인하고 나서 의뢰할 연계기관에 연락하여 이용 및 입소가 가능한지를 확인해야 한다. 단 실무자는 의뢰를 요구하는 가출청소년의 특성과 욕구에 맞는 연계기관을 안내할 수 있을 정도로 연계기관에 대해 충분히 파악하고 있어야 함은 물론이고 시설입소나 의뢰할 연계기관과도 충분한 협의를 거쳐야 한다는 사실을 명심해야 한다(윤현영 외, 2006). 또한 시설입소와 의뢰 시에는 청소년의 의사를 존중해야 한다. 간혹 청소년들이 타 기관으로 연계되는 것을 원하지 않을 경우가 있는데 실무자는 이들이 갖고 있는 두려움과 불안, 걱정 등을 잘 이해하면서 타 기관과의 연계에 대해 부정적인 생각을 하지 않도록 도와주고 이들이 원할 경우 지속적인 연락을 취하며 도움을 줄 수 있다는 사실을 알려 주어 심리적 부담감을 덜어 주도록 노력해야 한다.

그 밖에도 귀가하지 않았던 청소년이 귀가의사를 밝히는 경우에는 차비를 지원하는데 이때 다른 용도로의 사용을 막기 위해 지하철 패스권이나 승차권을 제공하고, 쉼터에 차량이 있고 쉼터 실무자가 동행할 여유가 있는 경우에는 차량으로 청소년의 집에 데려다 주기도 한다. 또한 부모나 학교의 꾸중이나 처벌에 대한 두려움으로 인해 귀가하지 못하는 청소년의 경우 이들의 두려움을 완화시키고, 부모에게 청소년의 입장을 설명하고 중재하는 역할도 수행해야 한다.

마지막으로 실무자가 지역사회 내의 지역업소, 학교, 근로현장 등을 직접 방문하여 거리청소년과 일시쉼터에 대한 정보를 알리고 이들의 협조를 구하는 적극성을 보여야 한다. 지역의 학교, 업소들이 일시쉼터에 대해 잘 알고 있어서 거리청소년을 발견 시 일시쉼터로 연계해 주고 일시쉼터를 이용하는 청소년이 지역사회에서 할 수 있는 직업활동을 안내해 주는 기능도 할 수 있도록 지역사회 내의 학교와 업소들과의 긴밀한 유대관계가 필요하다.

2. 단기쉼터에서의 상담

단기쉼터는 가출한 청소년의 초기 상담을 담당하는 곳으로 보호기간
은 3개월 이내의 단기보호를 원칙으로 하되, 필요한 경우 3개월의 범위
내에서 1차에 한하여 연장이 가능하며 이 기간 내에 가출청소년의 가출
유형 및 욕구를 사정하여 계획을 세우며 적절한 환경으로의 의뢰를 계
획한다. 쉼터의 입소 정원은 15명 내외이고 24시간 개방을 원칙으로 하
고 있으며, 남녀청소년의 서로 다른 특성 및 서비스욕구를 고려하여 남
자 쉼터와 여자 쉼터를 분리 설치하는 것을 원칙으로 한다.

이 쉼터의 주요 기능을 살펴보면 기본적으로 안정된 공간에서 청소
년을 보호하여 위험한 환경에서 벗어나게 하고 안정적이고 규칙적인 생
활을 통해서 청소년의 심신의 회복과 변화에 대한 동기를 부여하는 것
이다. 또한 쉼터에서의 상담 프로그램에 참여케 하여 실무자의 전문적
사정을 통해 청소년의 문제를 파악하고 이를 해결하는 데 필요한 서비
스를 판별해 주며 쉼터에 거주하고 있는 청소년의 가정복귀 또는 사회
복귀를 위한 기초적 서비스를 지원하는 것이다.

2008년도 청소년쉼터 운영지침에서 마련한 서비스 기준은 다음과
같다.

- 의식주, 의료지원, 법적지원, 문화여가활동, 생활지도, 정서지원
  등의 보호서비스 제공
- 가족상담, 가족지원, 귀가지원 등 가정복귀지원 서비스 제공
- 진로상담, 사회적응지원, 교육지원, 직업지원, 대안생활지원 등 사
  회복귀지원 서비스 제공

- 개별청소년의 욕구를 깊이 있게 파악하고 적절한 서비스를 판별하고 계획
- 단기쉼터 내에서 제공하는 직접서비스와 함께 외부자원을 연계·활용하여 간접서비스 제공
- 재가출 및 비행예방을 위한 사후관리 서비스

단, 정원율이 60% 이하인 경우에는 거리상담을 반드시 실시하도록 하고, 쉼터 운영자와 협의하여 조기발견, 초기개입 등의 활동확대를 통하여 이용청소년 발굴을 위한 개선계획을 수립하여 시행하여야 한다.

1) 목표

단기쉼터의 목표를 살펴보면 다음과 같다.

첫째, 청소년을 안전하게 보호하는 것으로 가정이 일시적 혹은 장기적으로 청소년에 대한 양육 기능을 상실했을 때, 청소년이 안전한 환경에서 보호받으며 안정을 취하도록 함이다.

둘째, 청소년이 가정에 복귀하도록 돕는 것으로 청소년이 가족과의 관계를 향상하고 재결합하도록 하는 것이다. 특히 갈등가정청소년의 경우 가족과의 갈등이 비교적 심각하지 않고 귀가할 가능성이 비교적 높은 집단이므로 가정복귀로의 목표에 초점을 두고자 한다.

셋째, 청소년이 사회에 복귀하도록 돕는 것으로 청소년이 사회적응에 필요한 기초능력을 갖추고 진로와 생활에 대한 계획을 수립하도록 하는 것이다. 해체가정청소년의 경우 부모가 청소년에 대한 양육능력을 상실하여 가정으로의 복귀가 어려운 청소년들이므로 사회복귀에 초점을 두고 자립능력을 키우며 대안적 생활수단을 찾도록 하는 것이 더

욱 중요하다.

2) 주 서비스 대상

이 쉼터에서는 집을 떠나 있는 가출청소년이 주 대상으로 이에 대하여 김지혜, 김기남, 박지영, 정경은 및 조규필(2006b)은 "가족이 청소년을 보호하고 양육하는 기능이 일시적 혹은 장기적으로 상실되어 안전한 보호가 필요한 청소년"으로 정의하고 있다. 실제로 남미애 등(2007)의 조사에 따르면 단기 · 중장기 쉼터에 거주하고 있는 청소년의 경우 가정상의 문제로 가정에서 보호되기 어려워 쉼터에서 생활하고 있는 해체가정형이 54.8%로 나타나 절반 이상이 해체가정으로 인해 가출자로 전락하고 있음을 잘 보여 주고 있다. 따라서 가정 안에서 경제적 어려움 또는 의사소통문제 등을 겪고 있거나, 폭력에 노출되어 있거나, 방임되어 가족 내에서 보호받지 못하고 있거나, 부모와 연락이 단절 내지는 유대관계가 매우 약한 상태로 지내고 있거나, 가족이 해체되어 청소년을 보호하고 양육할 사람이 없는 상태에 놓여 있는 청소년이 주 대상이 된다.

(1) 갈등가정 청소년

이 유형의 청소년은 가족과의 갈등이 비교적 경미하고 가정 내에서 가정폭력, 학대, 방임 등의 사건이 없거나 있어도 심각한 정도는 아니고, 부모가 자녀에 대해 관심을 갖고 어느 정도의 유대감이 유지되고 있으며, 해체가정이 아니어서 가정복귀의 가능성이 비교적 높은 집단이다. 이러한 청소년은 일반적으로 집을 떠난 기간이 길지 않고 가출도 일회적 또는 간헐적으로 나타나는 특징을 보이고 있다.

(2) 해체가정 청소년

이 유형의 청소년은 가족과의 갈등이 해결하기 어려운 심각한 수준에 놓여 있고, 가정폭력, 학대, 방임 등의 사건이 심각한 수준으로 인하여 집에서 지내는 것이 안전하지 않은 상태이다. 이러한 청소년은 부모와 연락을 단절하고 지내고 있고 부모 역시 청소년 자녀에 대한 양육을 포기한 상태이며, 부모의 이혼, 재혼, 가출 등으로 인하여 가정이 해체되고 청소년을 양육할 실질적인 보호자가 없어지면서 사실상 청소년이 가정으로 복귀하는 것이 불가능하거나 청소년의 성장을 위해 바람직하지 않은 상황에 처해 있다. 이러한 청소년은 일반적으로 집을 떠난 기간이 길고 가출이 반복적으로 나타나는 경향이 있으며 대부분이 만성가출 청소년화된다.

이러한 서비스 대상과 관련하여 단기쉼터에서는 쉼터에의 적격성을 판정 시 다음의 사항을 고려해야 한다.

첫째, 자발적인 입소 의사가 없는 청소년은 부적합한 대상자인데, 그 이유는 기본적으로 청소년을 보호시설에 강제로 입소하도록 하는 것은 인권침해로서 윤리적인 문제가 제기되기 때문이다. 또한 이러한 기본요건이 충족되지 않은 청소년이 단기쉼터에 머무르게 되면서 변화를 준비하고 있는 다른 청소년에게 부정적인 영향을 미치므로 서비스 효과 면에서도 문제가 될 수 있다. 무엇보다도 단기쉼터에 거주하면서 제공받는 서비스를 통해 변화를 일으키기 위한 최소한의 전제조건은 청소년이 보호에 대한 욕구를 가지는 것이라 할 수 있다. 따라서 청소년이 가출했더라도 보호받고자 하는 욕구가 전혀 없다면, 이들은 단기쉼터가 아닌 일시쉼터나 긴급보호소에서 필요한 보호를 제공받는 것이 더 효과적일 수도 있다.

둘째, 정신상의 장애나 질병이 있는 청소년의 경우 주로 정신과적인

어려움에 대한 문제해결에 초점을 두어야 하므로 쉼터에서 제공할 수
없는 서비스가 필요한 경우가 대부분을 차지하여 단기쉼터의 주목적과
차이가 있다. 또한 타 입소청소년과의 관계 형성에도 어려움을 겪기 때
문에 적합한 대상자로 판단하기 어렵다.

3) 서비스 내용

(1) 보호 요소에 따른 서비스

가출청소년이 단기쉼터를 선택하는 가장 우선적인 목적은 의식주 해
결이므로 실무자는 이 점을 인지하고 거리에서 위험에 처해 있는 청소
년의 신체적 건강과 안전을 보호하기 위해 무엇보다도 먼저 의식주와
쉬는 것 등을 제공한다. 또한 오랜 거리생활로 인한 불결함과 불규칙한
식사 등으로 인해 영양불균형 및 결핍, 다양한 질환에 노출되어 있는 가
출청소년에게 발달상태의 확인과 성병감염 여부의 확인 등의 건강검진
은 물론, 응급치료, 질병치료, 임신테스트 등을 제공하거나 응급치료를
위한 연계서비스를 제공해 주어야 한다.

이 밖에도 일부 청소년은 법적 옹호, 법률 연계, 법률행정 지원 등의
지원서비스를 원하고 있다. 예를 들면, 가정폭력이나 청소년의 부모가
이혼소송 중인 경우 자녀인 가출청소년에 대한 의견서 제출 혹은 법정
증언을 해야 하는 경우에 법률행정지원서비스가 필요하다(김지혜 외,
2006b). 따라서 실무자는 법률과 관련된 폭넓은 연계망을 형성하는 것
이 효과적이다. 이에 덧붙여 다양한 문화여가활동을 통해 가출청소년
들이 그동안 접해 보지 못했던 즐거운 경험을 하도록 프로그램을 마련
하여 또래들과 화합을 경험하고 스트레스를 푸는 건강한 체험을 하도록
도와준다. 이러한 서비스 제공을 통해 사회성 향상과 사회적응력을 향

상시키는 것이 청소년에게 많은 도움이 된다.

한편 쉼터에서의 일상생활에 적응하고 적절한 기능수행을 함에 있어서 지켜야 할 규칙과 생활규범을 청소년이 경험적으로 습득할 수 있도록 돕는 생활지도 프로그램이 필요하다. 구체적으로는 청소년이 몸을 청결하게 하고, 주변을 정리하며, 옷을 입고, 식사를 준비하고, 소비와 지출을 계획하는 등에 대한 교육과 훈련이 기본적인 서비스와 함께 병행해야 한다. 뿐만 아니라 쉼터에 적응하고 생활해 가는 과정에서 경험하는 대인관계 및 그로 인한 스트레스 등 다양한 심리적인 문제들에 관하여 개인 또는 집단 단위로 상담과 지지를 통해 정서적 안정을 찾을 수 있도록 도와주어야 한다. 이때의 상담은 치료적 개념이기보다는 청소년의 심리적 안정과 자기 인식 향상을 목적으로 하며 청소년의 개별적인 욕구를 충분히 고려해야 한다.

실제로 쉼터에 입소했던 청소년은 상담서비스의 중요성을 강조하였다. 즉, '담당 선생님과 충분한 대화를 나눌 수 있는 기회' '신뢰관계를 형성하고 나를 이해받는 시간' 으로서, 상담서비스가 이들에게 정서 및 정신적인 도움을 제공할 뿐만 아니라 가족과 사회에서 경험하지 못했던 정서적 관계를 지속함으로써 애정욕구를 충족시켜 주는 중요한 의미가 있다(김지혜 외, 2006b). 특히 상담은 오랜 동안 자유로운 거리생활로 인해 쉼터에서 단체생활에 적응을 제대로 하지 못하거나, 폭력성, 자기 통제력이 약한 청소년이 정서적 안정을 찾는 데 도움이 되므로 정서적 지지를 제공하는 상담을 통해 이들과의 관계를 형성하는 것이 매우 중요하다.

(2) 가정복귀 지원 요소에 따른 서비스

남미애 등의 조사(2007)에서 청소년쉼터 이용 청소년의 가출 전 가족

형태를 살펴보면, 조사대상자의 1/4 정도가 친부모와 함께 살고 있고 (26.0%), 1/3 이상은 부모 중 한 사람과 생활하고 있으며(35.1%), 약 25% 정도는 부모가 아닌 다른 사람과 살고 있어 대다수의 쉼터 이용 청소년이 해체가정 출신임을 보여 주고 있다. 즉, 대부분의 가출청소년은 부모에게서 적절한 지원과 훈육을 제공받지 못해서 발달과 적응에 어려움을 겪을 수 있고 그것이 가출의 원인으로 작용할 수 있음을 짐작케 한다. 또한 절반 이상이 빈곤 내지 경제적으로 어려운 상황에 노출되어 있음을 알 수 있다.

이러한 사실은 가출청소년이 가정에 복귀하더라도 이들이 필요로 하는 충분한 보호를 받기에는 환경적 여건이 좋지 않고, 특히 친부모가 아닌 양부모 혹은 기타 보호자와 함께 생활하기도 쉽지 않음을 잘 보여 준다. 따라서 가출청소년이 집에 복귀하기 전에 적절히 보호받을 수 있는 환경적 여건을 조성함으로써 보호환경의 기능 개선을 통해 청소년의 안정성을 높이고 가출청소년과 가족이 재결합하는 과정에서 서로 잘 적응할 수 있도록 가정복귀지원서비스 등을 제공하는 것이 바람직한데 그 내용을 자세히 살펴보면 다음과 같다.

첫째, 청소년의 가정복귀를 위해 가족상담 및 가족교육을 실시한다. 가족상담은 부모와 자녀 간의 갈등, 가족 내 의사소통문제 등 가족관계를 위협하는 문제요소를 파악하여 가족이 이러한 요소를 최소화하거나 제거할 수 있도록 직접적으로 돕는 전문적인 과정으로, 이를 통해 청소년의 가정복귀효과를 지속시키고 재가출하지 않게 가족의 내적 힘과 결속력이 유지될 수 있도록 긍정적인 가족 내 역동을 만들어 내야 한다. 가족상담에는 가정방문, 부모교육 및 상담, 가족과의 전화연결 등의 활동이 포함된다.

둘째, 청소년을 보호하는 가족환경 여건을 조성하고자 간접적으로 가족을 지원하는 서비스를 실시한다. 예를 들어, 가족이 필요로 하는 취업정보를 제공하거나 경제적 지원을 위한 자원 연계, 그 외 다양한 가족의 욕구와 필요 충족을 위해 복지관, 상담소, 후원자 등 주변에 산재해 있거나 자원망을 연계하고 지원하는 서비스를 통해 해체가정을 예방하고 궁극적으로 청소년자녀가 보호받는 가족환경을 조성하도록 도와준다.

셋째, 일정 기간 동안 쉼터에서 생활해 온 청소년이 귀가 후 가족 내에서의 규칙, 관계 등에 잘 적응할 수 있도록 상담과 교육을 제공함과 동시에 재결합해야 할 가족에게도 상호 적응하면서 생활하는 행동지침이나 방법 등을 알려 주어야 한다. 이와 더불어 실무자는 의도적인 귀가 계획을 통해 청소년이 가족과 접촉하는 기회를 차츰 늘려 가면서, 가출청소년이 귀가 시 가족은 어떤 행동이 변화되기를 기대하고 있고 청소년은 가족에게서 어떠한 규칙이나 행동변화를 기대하는지 등을 파악하여 서로 간의 기대를 충족시킬 수 있도록 도와 자연스러운 재결합을 모색한다(김지혜 외, 2006b).

(3) 사회복귀지원 요소에 따른 서비스

사회복귀란 가출했던 청소년이 사회에 소속된 구성원이 되어 안정된 생활을 하는 것으로 취업, 복학, 직업학교 입학, 중장기쉼터 입소 등을 포함하는 포괄적인 개념으로서 이와 관련된 서비스 내용을 살펴보면 다음과 같다.

첫째, 진로상담으로 적성검사, 진로설계 지도, 진로관련 상담 등을 통해 청소년이 자신의 적성과 능력을 발견하고, 앞으로 어떻게 살아갈지에 대해 생각해 보며 구체적인 계획을 세우는 데 도움을 제공한다. 청소년은 가출 이후 자유로운 거리생활로 인하여 희박해진 진로 계획에 대해 동기부여와 계획 수립 시 도움을 받고자 하는 욕구가 있으므로 청소년 개개인의 욕구에 따라 차별적으로 진행시키는 것이 바람직하다.

둘째, 사회적응지원으로 청소년이 건강한 자신을 만들어 나갈 수 있도록 약물, 성, 분노조절 등에 대한 지식을 알려 주고 이와 관련된 훈련 프로그램의 제공, 행동수정을 돕는 활동 등의 소개를 통해 사회적응에 대한 긍정적 태도를 갖도록 도와준다. 여기에는 사회복귀를 동기화하고 준비할 수 있도록 직장동료 관계 프로그램이나 예절교육, 대화기술 훈련, 사회성 훈련 등을 제공함으로써 청소년이 사회에서 경험할 수 있는 다양한 사회적 관계를 건강하게 풀어 나갈 수 있도록 지원하는 활동을 포함한다.

셋째, 교육지원으로 학업욕구가 있는 청소년을 대상으로 이들이 쉼터 입소기간은 물론 퇴소 후에도 학업을 지속할 수 있도록 지원하는 서비스로서 학교생활지도, 학습지도, 대안학교 연계 등이 이에 포함된다. 청소년이 학교에 다니고 있는 경우에는 학교생활을 잘 유지하도록 도와주고, 복학을 원하는 경우에는 행정절차와 학교적응을 지원하며, 대안교육을 원하는 경우에는 관련 정보를 수집하여 입학을 도와준다.

넷째, 직업지원으로 청소년과 함께 직업을 탐색하고, 직업현장을 방문하거나 직업학교에 대한 정보를 제공하고, 경우에 따라서는 청소년을 직업학교에 연결하는 연계지원 서비스를 제공할 수 있다. 청소년이 취업이나 아르바이트를 원하는 경우에는 취업에 관한 정보를 제공하고, 안전하고 적절한 일자리를 찾도록 함께 탐색하며, 면접과 이력서 작성을 돕는 등 보호자와의 상의하에 직업을 얻을 수 있도록 도와준다.

다섯째, 대안생활지원으로 다양한 사회복귀 진로를 선택한 청소년을 위해서 중장기쉼터를 연계하거나, 지역사회에서 독립생활을 시작해야 하는 청소년의 주거선택 및 생활방식 등을 교육하고 함께 계획을 세워 청소년이 쉼터 이후에 사회에서 홀로 배회하지 않고 건강한 자립생활을 유지할 수 있도록 사회복귀서비스를 지원한다.

가출청소년은 안전한 주거장소가 확보되고 매슬로의 안전의 욕구가 충족이 된 후에야 실무자와의 대화에 진심으로 관심을 갖기 시작하면서 무언가 잘하고 싶고 인정받고자 하는 욕구를 드러내곤 한다. 그러나 이들은 가정과 학교에서 스스로 과업을 결정하고 수행해 낸 경험이 많지 않으므로 이러한 욕구를 보이는 경우 실제로 성공할 수 있는 수준의 과업을 제시하고 그가 성공한 것에 대해 충분히 격려하고 인정해 주는 것이 필요하다. 아울러 관계가 지속되면서 점차 실무자는 청소년에게 몇 가지 과업을 제안하고 이를 수행케 함으로써 성취의 경험을 맛보게 하는 것이 효과적이다. 이 단계에서 지나치게 큰 기대와 목표를 부여하면서 장기적인 계획을 세우려고 서두르는 것은 비효과적임을 명심해야 한다.

이와 같이 안전의 욕구가 충족되고 자신감을 갖게 되면 대부분의 청소년들은 미래에 자신이 무엇을 하고 싶고 어떻게 해야 할지에 대해 관심을 갖기 시작하는데 청소년에 따라 꿈의 강도와 그 꿈을 이루기 위한 구체적인 계획을 세울 수 있는 사고능력은 차이가 있다. 따라서 청소년의 개별적인 꿈을 실현시키기 위해 필요한 정보와 기회를 제공하는 지원서비스를 계획해야 한다. 예를 들어, 검정고시를 준비하고자 하는 청소년에게는 관련된 대안학교나 쉼터를 소개해 주고, 미용기술을 배우고 싶어 하는 청소년에게는 관련된 학원이나 서비스 기관을 소개해 줄 수 있다. 혹은 청소년 스스로 자신의 꿈을 이루기 위해 집에 돌아가는 것이 적절한 방법이라고 판단하여 귀가를 원하는 경우, 청소년이 집으로 돌아가서 당면할 상황에 대해 준비하도록 도우면서 가족과의 갈등

해결을 위한 서비스를 준비하는 등 구체적인 서비스를 계획해야 한다. 이때 실무자는 청소년에게 다양한 진로의 가능성과 장단점에 대해 충분한 정보를 제공해야 할 책임이 있지만, 최종적으로 이를 결정하는 것은 청소년이라는 것을 명심하여 그가 결정한 진로와 관련하여 우위를 따지거나 판단을 내려 청소년의 결정을 존중하지 않는 오류를 범하지 않도록 주의해야 한다.

뿐만 아니라 실무자는 무엇보다도 먼저 제공하는 서비스가 청소년에게 동기부여를 할 수 있는 것인지 고려해야 한다. 이러한 동기는 '내가 주체자'가 되었을 때에만 가능해지는 것으로 쉼터에서 이용할 수 있는 서비스에 대해 스스로 결정하고, 스스로 참여하며, 스스로 책임질 수 있는 기회를 제공해 주어야 한다. 이는 궁극적으로 청소년이 자신을 주체로 인식하고 그 권리를 보장받는 경험을 통해 스스로에게 좀 더 책임성 있는 행동을 계획하고 결정하는 것을 배우는 중요한 생활연습장이 되기 때문이다. 따라서 실무자는 무엇보다도 청소년이 있는 곳에서(where the client is) 청소년의 눈높이를 맞추기 위해 전문적인 민감성(professional sensitivity)을 키워야 하는데, 이러한 전문적 민감성은 서비스 대상자의 욕구를 정확하게 사정하며 또한 이 욕구를 충족해 가는 과정에서 전문적 신뢰관계를 유지할 수 있도록 돕는 요소가 된다.

4) 서비스 절차

단기쉼터에서 청소년에게 제공되는 서비스 절차는 [그림 8-2]와 같다.

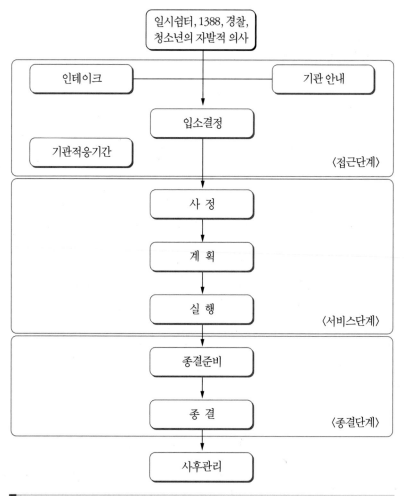

[그림 8-2] 단기쉼터의 서비스 절차

출처: 김지혜 외, 2006b, p. 87.

(1) 서비스 전단계

가출청소년이 가출 이후 청소년쉼터에 접하게 되는 경로는 1388, 경찰, 일시쉼터 등 청소년관련 기관이나 전문가들을 통해 의뢰되거나 본인이 스스로 전화나 인터넷으로 사전 상담을 하고 나서 혹은 직접 방문하게 되면서 쉼터와의 상호작용이 시작된다.

　청소년이 찾아오면 실무자는 처음 접하게 되는 시설에 대한 부담감과 두려움, 어색함을 극복하고 심리적 안정과 '생활하고 싶은 곳'이라는 첫 동기부여가 가능하도록 환대하는 분위기에서 기관을 소개하며 인테이크를 준비한다. 이러한 실무자의 태도는 청소년에게 '내가 환영받는 곳' '왠지 존중받는 느낌'을 갖게 하면서 소속감은 물론 이들의 자존감을 높이며 거리생활에서 느껴 보지 못했던 긍정적인 경험을 느낄 수 있게 한다.

　방문한 청소년이 위급한 질병을 앓고 있거나, 극심한 배고픔 등의 응급상황이나 위기라고 판단되는 징후가 보일 때는 쉼터에서 인테이크와 입소 결정이 아직 이루어지지 않았더라도 우선적으로 시급한 문제를 해결할 수 있도록 서비스를 제공해 주도록 한다.

(2) 접근단계

　인테이크 단계에서는 면담 또는 인테이크 양식을 이용하여 간단하게 청소년의 가출원인, 가족관계, 가정복귀 가능성 여부, 청소년의 욕구 등에 대해 조사하는데 이는 청소년의 자발적 동기와 욕구를 확인하고, 서비스 적격성 여부를 심사하기 위한 기초 정보를 얻으려는 것이다. 인테이크와 함께 기관 안내를 실시하는데 이는 청소년에게 쉼터는 물론 쉼터에서 제공하는 서비스와 규칙 등을 설명하는 것으로 청소년이 스스로 서비스 욕구를 탐색하고 서비스 이용의사를 결정하도록 돕기 위한 것이다.

　이러한 과정을 거치면서 청소년은 자신이 갖고 있는 정보와 쉼터 정보를 상호 공유한 후에 입소 여부를 결정하게 되는데, 이때 입소를 거부하는 경우에는 각 쉼터에서 규정하고 있는 퇴소절차에 따라 퇴소를 하게 되고 입소에 동의하는 경우에는 계약이 성립된다. 일반적으로 입소 결정은 청소년이 쉼터를 방문한 후 24시간 이내에 이루어지는데 청소년의 입소의사, 욕구 및 쉼터서비스의 적합성 등이 주요한 입소 결정요인이 된다.

입소가 결정된 청소년에게는 본인의 의사에 따라 퇴소가 가능한 원칙을 청소년에게 알려 주고 퇴소에 대한 청소년의 의사결정을 존중한다는 것을 청소년과 실무자가 함께 공유하고 수용해야 한다. 또한 청소년이 퇴소를 결정 시 실무자가 상담하는 목적이 퇴소를 방지하기 위해 설득하는 것이 아니라 청소년의 퇴소결정은 존중하되 좀 더 나은 결정을 할 수 있도록 충분한 정보를 제공함으로써 최선의 선택을 하도록 돕는 과정임을 상호 간에 인정하고 공유하는 것이 필요하다.

입소가 결정되면 바로 쉼터에서 생활하게 되는데 처음 쉼터에 온 청소년은 심리적으로 불안해하거나 다른 또래와 어울리지 못하고, 단체생활에 적응해야 하는 스트레스 때문에 적응의 어려움을 겪는 경우가 있으므로 일부 쉼터에서는 청소년이 입소 초기에 나타내는 저항을 완화하고자 적응 기간을 따로 두기도 한다. 일반적으로 쉼터에 입소한 청소년은 자신이 무엇을 하고 싶은지 모르거나, 아무것도 하고 싶지 않다고 하거나, 냉소적으로 반응하거나, 비관적인 태도를 보이기도 하므로 실무자는 이러한 청소년의 저항을 예상하면서 쉼터의 서비스와 실무자의 역할에 대해 분명하게 알려 주어야 한다.

이 시기에는 외출이나 전화사용을 제한하고 쉼터생활에 편안해질 때까지 여유시간을 제공하는 경우도 있는데 쉼터의 원칙상 청소년의 행동을 제한할 때는 제한하는 이유와 목적을 청소년에게 분명히 알리고 이에 대해 동의를 받는 것이 중요하다. 그 이유는 무엇보다도 이러한 과정을 거치면서 실무자를 신뢰하는 요소가 되기 때문이다.

(3) 서비스 단계

쉼터라는 새로운 기관에서의 적응 기간이 끝나면서 본격적으로 청소년 가출과 관련된 문제에 대한 사정이 이루어지는데 이러한 사정은 청소년의 상황과 욕구를 파악하고 서비스 계획을 수립하기 위한 정보를 수집하는 절차로서 청소년의 욕구와 문제, 개인 및 가족력, 학교 및 사회력, 문제상황, 사회적 상황, 자원, 강점과 약점 등의 기본적인 정보를 수집하는 것이다. 청소년이 입소한 초기에는 자신의 신상정보에 대해 정확하게 밝히지 않고 종종 거짓말을 하는 경우가 있어서 사정 과정이 더디게 진행되고 그나마 얻은 정보도 곧잘 번복되곤 한다. 이러한 청소년의 태도를 감지하게 되면 그가 원하지 않는 상태에서 과도한 질문을 통해 대답을 얻어 내려 하지 말고, 그의 자기개방 속도에 적절히 맞추면서 대화를 지속하는 것이 효과적이다. 실무자는 청소년의 '문제'를 잘 아는 것보다는 청소년의 '욕구'를 발견하는 것이 중요하므로 사정단계를 거치면서 청소년이 자신의 기대와 능력 등 긍정적인 내용을 말하도록 도와주어야 한다.

이와 같이 사정을 통해 청소년이 필요로 하는 도움의 내용이 구체화되면 이어서 도움에 대한 개입계획을 세우게 되는데 일반적으로 입소한 후 3~7일 정도가 소요된다. 이 단계에서 실무자와 청소년은 욕구를 구체화하고 개별화된 목표를 설정하며, 청소년의 개별적인 자원과 상황을 고려하여 구체적인 서비스 전략을 수립한다. 이때 실무자는 전문적 민감성을 최대한 발휘하여 청소년의 유형에 따라 가정복귀 또는 사회복귀의 목표를 설정하고 이에 따른 계획을 수립한다.

다음으로 실무자는 계획된 서비스를 직접 제공하거나 또는 지역 자원을 적극적으로 연계하여 청소년의 욕구를 충족시키고 계획단계에서 수립된 전략을 실행하는데 이 단계에서 청소년은 신체적 · 정신적 건강을 회복하고, 쉼터 실무자 및 또래와의 관계에서 신뢰를 경험하며, 다양한 문화체험, 쉼터 내의 규범과 역할 등을 통해 새로운 사회화의 경험을 얻게 됨은 물론 자신의 앞으로의 진로에 대해서도 구체적인 계획을 수립한다. 따라서 가정복귀를 준비하는 갈등가정 청소년의 경우에는 실무자가 부모와 연락하여 상담 및 중재기능을 통해 구체적인 귀가 계획을 세우면서 청소년과 가족이 모두 새로운 가족기능에 적응할 수 있도록 지원한다. 반면에 사회복귀 혹은 대안생활을 준비하는 해체가정 청소년의 경우에는 사회복귀 방향을 설정하여 직업, 학교 등 진로에 관한 준비를 하도록 지원하며 퇴소 후 생활계획, 즉 다른 입소기관으로의 연계 등의 구체적인 생활방안을 마련할 수 있도록 도와준다.

이 단계에서 실무자는 청소년의 욕구충족과 성장을 도모할 수 있는 다양하고 개별화된 서비스 내용을 전달해야 하고, 청소년은 쉼터 생활을 통해 서비스의 결정 및 참여 기회를 가지면서 자기결정과 그 결과에 대한 책임을 청소년 스스로가 질 수 있는 경험을 하게 된다. 이 단계에서는 실무자와 청소년의 파트너십 협력이 가장 중요한 성공요소라 할 수 있다.

(4) 종결단계

청소년이 안고 있는 문제해결에 필요한 서비스가 계획대로 실천되면 개별상담 등을 통해 퇴소를 결정하고 퇴소 일정을 쉼터와 청소년이 합의한다. 또한 퇴소를 준비하는 청소년은 한동안 함께 생활했던 또래와 헤어져 새로운 생활에 적응할 수 있도록 심리적으로 준비하고, 실질적으로 필요한 생활필수품, 청소년이 활용할 수 있는 자원망 등을 탐색하고 준비한다.

아울러 이 단계는 가정복귀 또는 사회복귀라는 목표를 달성하는 시기로 쉼터에서 생활하는 동안 계획하고 준비했던 복귀 현장, 즉 가정, 학교, 직장, 중장기 쉼터 등의 보호시설로 옮기면서 모든 과정이 마무리되는 단계이다. 일부 쉼터의 경우 모든 청소년과 퇴소식이라는 의식을 통해 새로운 생활로의 통과의례를 상징적으로 공유함으로써 청소년이 새로운 생활에 충분한 동기를 가질 수 있도록 지원하기도 한다.

(5) 서비스 후 단계

쉼터에서 서비스가 종결된 이후에 청소년에게 사후관리를 제공하는 것으로 기관의 상황에 따라 사후관리는 다양하게 진행된다. 주로 가정과 사회에 복귀한 청소년에게 전화나 방문을 함으로써 청소년의 적응을 격려하고 새로이 직면한 문제를 해결하도록 도울 수 있다.

3. 중장기쉼터에서의 상담

가출청소년이 쉼터나 사회로부터 바라는 것은 주로 잠자리, 용돈, 아르바이트 또는 취업, 직업훈련 등 안정된 주거환경과 경제적인 욕구이다(윤현영, 강진구, 2005; 현온강, 이홍숙, 2001). 즉, 아르바이트나 취업을 통해 독립된 생활을 하기 원하지만 낮은 임금의 아르바이트에 그치다 보니 임금을 받아도 저축을 하기보다는 유흥비로 탕진하는 경우가 적지 않게 발생하자 자기생활 관리는 물론이고 자립능력을 향상시킬 수 있는 중장기보호시설의 필요성이 제기되었다.

특히 중장기쉼터 마련의 배경은, 기존의 단기쉼터가 가출청소년에 대한 일시보호에 집중되어 있고, 가정복귀에 초점을 두고 서비스를 제공하다 보니 가정으로 되돌아갈 수 없는 청소년에 대한 보호가 이루어

지지 못하여 이들이 다시 거리로 나가는 사례가 빈번하게 발생함으로써
이러한 한계를 극복하고자 마련되었다. 뿐만 아니라 대부분의 아동양
육시설이나 그룹홈의 경우 주 서비스 대상자가 가정에서의 양육 및 보
호가 불가능하여 가정 밖에서 보호를 받아야 하는 연령이 낮고 위험에
노출된 시기가 비교적 짧은 아동 및 청소년이다 보니 귀가가 거의 불가
능한 가출청소년 중에서 연령이 높고 위험에 장시간 노출되어 기존 시
설에서의 적응이 어려워 특별한 지원과 보호가 필요한 청소년은 이러한
보호체계 대상에서 제외되어 노숙자화되곤 하였다. 따라서 기존의 보호
시설이 부족한 상태에서 가정으로 되돌아갈 수 없는 청소년에게 대체가
정의 역할을 하는 쉼터의 필요성이 제기되었다.

　이러한 필요성에 입각하여 운영되기 시작한 중장기쉼터는 되돌아갈
가정이 없는 가출청소년들이 독립하여 영구적인 가정을 찾을 수 있도록
전환시키는 곳으로 여기서 '전환'이란 바람직한 목표를 향한 중간 과정
이자 징검다리와 같은 역할을 하는 것이다. 그리고 주목적이 청소년의
자립을 준비시키는 곳이어서 입소 정원을 7~10명 이내로 규정하고 최
대 2년 이내의 보호지원을 원칙으로 하고 있으며, 상당한 이유가 있는
경우에 한하여 최대 1년의 범위 내에서 1회 연장이 가능하다. 여기서
자립이란 쉼터청소년이 건강한 사회구성원으로서 정서적, 사회적, 경
제적으로 독립할 준비가 되어 일상생활을 스스로 영위할 수 있는 상태
가 되는 것을 의미한다(양미진, 지승희, 김태성, 조규필, 이자영, 2007: 23).

1) 목표

　중장기쉼터의 지원서비스는 다음과 같은 목표를 갖는다.

- 안정된 의식주를 제공하여 신체적, 정서적 안정감을 갖게 한다.
- 자신의 일상생활에 대한 관리능력을 갖게 한다.
- 스스로의 힘으로 생활하려는 자립심과 자립생활능력을 향상시킨다.
- 건강한 사회구성원으로 사회에 적응하도록 한다.

이러한 목표를 수행하고자 다음과 같은 서비스를 제공토록 하고 있다.

- 기초생활관리서비스로 의식주 관리와 관련하여 취침 및 기상, 식사, 공동생활 규칙준수 등을 다루고, 소비자지출관리, 저축관리 등의 경제생활의 관리와 관련된 서비스를 제공하며, 정기적 신체검사, 응급치료, 질병치료 등의 건강관리에 관한 서비스는 물론, 다양한 문화체험, 취미생활지원, 봉사활동과 같은 문화체험활동에 관한 서비스를 제공한다.
- 직업지원서비스로 진로탐색검사, 직업적성검사 등의 직업능력평가는 물론 직업정보 탐색, 구직전략 세우기 등의 취업을 준비시키는 서비스를 제공하며, 인턴십 체험, 직업전문학교, 자격증 취득교육 등의 취업훈련을 위한 서비스와 구직활동지원, 직업생활유지지원 등의 취업지도와 관련된 서비스를 제공한다.
- 학업지원서비스로 학력취득을 위해 검정고시를 준비시키고, 중ㆍ고등학교 복학 및 학교적응을 지원하며, 공부하는 방법을 교육 등의 개인학습지도와 학비 지원서비스를 제공한다.
- 상담서비스로 개별사례관리, 개인상담, 사례회의, 집단상담 및 교육훈련 프로그램을 제공하고 있다. 집단상담의 경우 사회기술훈련, 대인관계훈련, 자존감향상훈련, 진로탐색 집단프로그램, 학습능력향상 프로그램 등을 제공하고 있고, 교육훈련 프로그램으로는

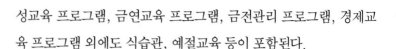

성교육 프로그램, 금연교육 프로그램, 금전관리 프로그램, 경제교육 프로그램 외에도 식습관, 예절교육 등이 포함된다.

2) 주 서비스 대상

가정이 없거나 가정으로 돌아갈 수 없는 가출청소년 중 자립의 의지와 동기가 있는 특별지원청소년이 주 서비스 대상으로 여기서 특별지원청소년은 청소년복지지원법 제2조 제3호에서 언급하고 있는 청소년의 조화로운 성장과 정상적인 생활에 필요한 기초적인 여건이 미비하여 사회적·경제적 지원이 필요한 청소년을 의미한다.

한편 실무자들이 생각하는 중장기청소년쉼터의 바람직한 서비스 대상은 위기청소년 중에서 가정해체로 보호해 줄 가정이 없거나 돌아갈 집이 없는 청소년이고, 특히 가출, 비행 등으로 가정보호가 어려운 청소년 중에서 자립 의지가 있는 청소년이다.

3) 서비스 내용

중장기쉼터는 숙식과 의료서비스 제공 등 몇 가지를 제외하면 단기쉼터와는 다른 기능을 갖고 있다. 즉, 구체적인 독립능력의 획득과 실제적인 연습을 통해 철저하게 독립을 준비시키고, 자신의 원가족과 자신에 대한 경험을 긍정적으로 내면화하여 건강한 가정을 이룰 수 있도록 준비시켜 이들이 보호시설을 떠날 즈음에는 더 이상 국가의 도움이 없이도 스스로 건강하게 생활할 수 있도록 하는 것이다.

청소년이 타 기관에서 의뢰되면 인테이크를 통해서 청소년의 입소동기, 자립의지 등을 파악하고 입소기준에 맞는지를 심사하여 입소의 적합성 여부를 판정하는데 쉼터의 특성에 따라 적합하지 않다는 판정 시에는 타 기관으로 의뢰하고, 쉼터에 적합한 청소년으로 판정 시 입소를 허용하게 된다. 그런데 이러한 의뢰 시 실무자는 청소년의 가족관계, 가족환경, 입소와 관련된 청소년의 의견 등을 점검해야 하고, 그의 욕구에 대한 탐색도 이루어져야 한다. 또한 가능하다면 이웃과 친지, 친구 등을 통해서 수집된 정보에 대해 사실관계를 확인하고 이들의 어려움, 욕구불만 등에 대한 대처방안을 모색해야 한다. 입소가 결정되면 보호자위탁동의서를 작성하고, 입소청소년의 생활수칙 동의서를 작성케 하며, 입소 결정 시 기본 생활에 대한 안내와 건강검진을 받게 하고 지속적으로 중장기보호시설에서의 서비스 지원이 적절한지에 대한 모니터링을 실시하는 것이 바람직하다.

중장기쉼터에서 생활하는 데 있어서의 핵심은 실무자와 청소년 그리고 청소년 간의 치료적 인간관계로, 입소청소년이 쉼터 생활에 적응하고 타 구성원과 긍정적 관계를 형성·유지하는 경험은 추후에 직장 및 다른 대인관계 형성에 큰 영향을 미치므로 실무자는 이들의 매일매일 이루어지는 상호작용에 대해 예의 주시하여야 한다. 또한 입소청소년들이 장기간 함께 생활하기 때문에 생활수칙이 매우 중요한데 이러한 생활수칙의 내용에는 쉼터에서 규정한 방침 외에도 입소청소년의 합의에 의해 결정하고 스스로 지킬 수 있는 내용이 포함되어 있으므로 의사소통을 통해 이러한 수칙에 관한 의견을 취합하고 이를 실천하는 훈련 과정에서 타인과의 대화 및 관계 형성능력을 배우도록 지도한다.

이렇게 청소년이 입소하면 실무자는 단기쉼터에서의 상담보다는 더 오랜 기간 동안 안정되고 깊이 있는 상담을 지속적으로 실시함으로써 청소년으로 하여금 자신의 삶을 정리하고 가족에 대한 복잡한 감정, 내용들을 되돌아보는 기회를 제공하면서 이전의 불건전한 생활방식을 버리고 건강한 생활습관을 습득하며 바람직한 사회적 기술들을 훈련받게 지도한다. 또한 학업의 지속, 직업훈련 또는 취업 중에서 자신의 욕구에 맞는 목표를 선택케 하고 이에 대한 구체적인 준비과정을 거쳐 보호기간이 끝날 즈음에는 자립이 어느 정도 가능해지도록 서비스를 제공한다(이용교, 홍봉선, 윤현영, 2005).

중장기쉼터 실무자들은 입소청소년이 비행이나 착취 등 위험에 장기간 노출되어 있었음을 고려하여 비행 및 재가출 방지, 그리고 궁극적으로 위기청소년의 보호에 상당한 비중을 두면서 이들의 자립능력을 강화시키는 업무를 수행하고 있다. 이를 위해서 실무자는 앞에서 언급한 쉼터의 목적을 분명히 이해하고 서비스를 제공해야 하는데 이때 무엇보다도 먼저 청소년의 욕구를 파악하고 이를 수용하며, 청소년과 함께 목표를 설정하고 동기를 부여해 주며 피드백을 적절하게 제공해 줌으로써 청소년으로 하여금 쉼터서비스에 대해 정확하게 이해하도록 도와주어야 한다. 또한 입소자의 자기결정권, 자치활동 등 제도적인 의사표현의 창구를 마련해 주고, 인권교육을 강화하여 자신의 권리에 대한 명확한 인식의 확립을 도와주어야 한다.

한편 중장기쉼터의 궁극적인 목표가 자립, 자활이므로 입소청소년에게 보호기간 중에 '독립생활계획서'의 작성을 의무화하고 이를 실천하고자 최대한의 노력을 하도록 지도관리해야 한다. 여기서 독립생활계획서란 입소청소년과 함께 작성하는 자립을 위한 세부적인 실천계획서로 이 계획서에는 독립생활목표, 그에 따른 실행계획(전체 계획, 월간 계획, 주간 계획), 계획을 수행하고 목표에 도달하는 데 걸리는 시간, 자신의 강점과 약점, 계획 수행에 따른 평가 등으로 구성된다(양미진 외, 2007). 예를 들어, 청소년의 목표가 검정고시를 통한 고졸 학력취득이라면, 서비스 지원기간을 고려하면서 지금부터 준비해야 할 일을 분류하고 검정고시 날짜에 맞춰 단계별로 공부계획을 수립하도록 도와준다. 아울러 이러한 계획서를 얼마나 잘 지키고, 계획한 목표를 만족스럽게 성취했느냐를 정기적으로 평가하여 청소년의 생활관리 능력의 향상은 물론 퇴소 후에도 자신의 생활을 관리 · 유지할 수 있는 능력을 키우도록 격려해 준다.

쉼터에서 생활하고 있는 청소년에게 주거지를 제공하는 것만으로는 자기 발전이 불가능하므로 중장기적 차원에서 이들의 자립과 관련된 직업교육과 대안교육이 갖추어져야 한다. 「2008년도 중장기쉼터 운영지침」에 따르면 자립지원의 핵심영역을 취업지원으로 명시하면서 학업지원, 생활지원, 상담 · 진로 · 적응지도 등은 이를 위한 보조영역으로 한다고 밝히고 있다.

먼저 쉼터 퇴소 후 자립생활을 하기 위해서는 경제적 독립이 필요하므로 실무자는 직업지원 서비스를 마련해야 한다. 이를 자세히 살펴보면 청소년의 기초학습능력과 직업적성검사 등을 통해 청소년의 학습수준과 직업능력을 평가하여 청소년의 능력과 적성의 정확한 분석에 입각해서 적절한 직업 분야를 선택케 하고, 사전에 구직기술을 익히며, 근로생활 중에 알고 있어야 할 근로권, 창업, 마케팅 상식 등을 가르친다. 이와 더불어 현장에 나가 체험하는 일터 탐방이나 인턴십 체험 또는 직업생활에 유용한 기술자격증을 취득케 하는데 이것은 직업선택 전에 충분한 체험을 통해 직장생활에 대한 자신감을 갖게 함으로써 직업선택 후 조기탈락을 예방하고 지속적인 직장생활을 유지하는 데 도움을 제공한다. 이러한 과정을 통해서 직업 분야를 선택한 청소년은 직접 고용지원센터를 방문하여 구직신청을 하도록 권유하고, 필요하다면 구직에 필요한 면접 시 동행하여 심리적 부담감을 덜어 주도록 하는 것이 바람직하다(양미진 외, 2007).

쉼터 거주청소년의 경우 자기발전과 자활을 위하여 취업하고자 하는 욕구가 커서 이러한 욕구를 충족시켜 주기 위해 실무자는 취업기회를 마련해 주는 서비스를 제공하기도 하는데, 이 경우 미성년자에 대한 노동착취를 방지하려는 근로기준법의 취지에 부합하는 범위 내에서만 허용되어야 한다. 특히 중장기쉼터의 실무자는 근로가 보호청소년의 높은 욕구이자 자립 준비에 중요한 요소이므로 청소년 노동과 관련된 법적 내용에 대해 명확하게 알고 있어야 하고 청소년의 근로계약서 작성을 도와주거나 대행해 주어야 한다.

참고로 노동법에서 취직이 가능한 최소연령은 만 15세로 정하고 있고 만 15세 이상인 경우에는 예외적으로 노동부 지방노동관서에서 취직인허증을 받아 취직할 수 있으므로 이러한 취직인허증 획득의 절차에 대해 알고 있어야 한다. 즉, 이러한 취직인허증을 받으려면 일하고자 하는 지역에 있는 노동부 지방노동사무소 민원실로 가서 '취직인허증 교부신청서'를 작성하여 제출하여야 하는데 취직인허증 발급조건을 살펴보면 다음과 같다. 첫째, 도덕상 또는 보건상 유해·위험한 직종이 아닌 경미한 작업일 것, 둘째, 근로자의 생명·건강 또는 복지에 위험을 초래하거나 유해하다고 인정되는 업무가 아닐 것, 셋째, 근로시간이 수업에 지장을 주지 않을 것, 마지막으로 친권자 또는 후견인의 동의와 학교장의 의견이 명기되어 있을 것이다. 만 15세가 넘으면 취직인허증이 없어도 취직이 가능하지만 모든 일을 다 할 수 있는 것은 아니므로 근로기준법과 청소년보호법에서 정해 놓은 청소년이 할 수 없는 일에 대해서 파악하고 있어야 하고 근로계약서 서식과 진정서 서식 정도는 미리 알고 있어야 한다(서식은 부록 참조).

그 밖에도 근로시간은 하루에 7시간 이상을 넘을 수 없고 300인 이상 기업은 1주일에 40시간, 300인 미만 기업은 1주일에 42시간을 초과할 수 없는데, 단 연소근로자가 동의한다면 1일 1시간, 1주일에 6시간 이내로 초과 근로를 할 수 있도록 정해져 있다. 그리고 가장 중요한 부당한 피해 시 대처방법에 있어서 임금을 받지 못할 경우 등 권리 침해를 받은 경우에는 노동부 상담·신고를 통해 권리구제를 받을 수 있다는 점을 청소년에게 미리 알려 주어야 한다.

다음으로 진학을 원하는 경우에는 입소청소년의 학업수준, 학업동기, 욕구 등을 감안하여 지원하게 되는데 정규학교를 다닐 수 있는 경우에는 계속해서 학교 수업을 받을 수 있도록 도와주고, 학교를 그만둔 상태에서 복학이 불가능한 경우에는 검정고시를 통해 고졸 학력을 취득하도록 지원한다. 이를 위해 학업을 지속할 수 있도록 학비지원은 물론 학력보충을 위한 개별지도, 학원수강을 지원하기도 한다. 이들의 학교 적응과 학업에의 부담감을 덜어 주기 위해 실무자는 학교, 학원생활에서의 향상에 관심을 가져 주고 격려해 주는 한편, 학교나 학원선생님과 긴밀한 연락을 취하여 어려운 점을 확인하고 대안을 모색하고자 협력관계를 유지해야 한다.

그 밖에도 개인상담 및 다양한 집단상담을 통해서 쉼터 내에서의 생활에서 겪는 어려움이나 갈등을 해결하는 데 도움을 주고, 학교나 학원에서의 또래관계의 갈등, 아르바이트나 직장에서 윗사람과 겪게 되는 갈등 등을 해결하는 데 도움을 주어 빠른 시간 내에 새로운 생활에 적응하도록 지원해 준다.

한편 청소년이 입소하면서 세운 목표가 성취되면 사례회의를 통해 퇴소를 결정하는데 이러한 퇴소기준은 기본적으로 청소년이 자립을 위한 준비가 되었는가의 여부에 달려 있다. 이를 좀 더 자세히 살펴보면 다음과 같다.

> ### ⤷ 중장기쉼터 입소청소년의 퇴소기준의 예
>
> - 안정된 직장생활, 고졸 학력취득, 대학입학, 기타 목표 완수
> - 독립생활이 가능한 저축: 보증금, 첫 월세, 기타 생활가구 구입 지불능력
> - 재정관리 능력: 예산 짜기, 저축, 계획된 교육비 지불
> - 눈에 보이는 스스로의 숙식관리 능력
> - 집안일과 자기관리능력의 수월함
> - 관심 분야의 표현
> - 대인관계 기술
> - 강화된 자기상
> - 이성적이고 가치에 기반한 결정능력
> - 갈등을 긍정적으로 해결하는 능력
> - 불안한 가족상황에 건설적으로 대처하는 모습

출처: 양미진 외, 2007, p. 105.

마지막으로 청소년이 퇴소하더라도 쉼터에 익숙한 청소년에게는 하루하루 생활이 어려움으로 다가오므로 퇴소 후에도 지속적으로 전화상담, 메일상담 등의 사후지도 상담과 방문을 통해 이들이 언제든지 이야기하고 고민을 함께 해결해 줄 수 있는 사람이 있다는 것을 알게 하는 것이 중요하다.

지금까지 청소년쉼터의 유형별로 쉼터에서 일하는 실무자가 알고 있어야 할 상담의 특징을 살펴보았다. 실무자 입장에서 다양한 상담기법을 터득함으로써 가출청소년의 욕구를 충족시켜 주는 것이 매우 중요하다는 점은 누구나 인정하지만 이보다도 우선 명심해야 할 사실은 가출청소년에 대한 이해와 이들에게 다가가려는 마음의 자세를 갖추어야만 이러한 상담기법이 더욱 효과를 발휘할 수 있다는 점이다. 따라서 실무

자는 가출청소년이 겪고 있는 어려운 삶에 대한 이해를 바탕으로 이들
이 지금까지 심한 풍랑 속에서 허우적거려 왔지만 자신의 목표를 향해
순조로운 항해를 할 수 있도록 옆에서 길을 안내하고 같이 항해하는 존
재로서 자신의 역할을 충실히 실천함으로써 청소년이 좀 더 희망을 가
질 수 있는 사회정의 구현에 한몫을 담당해야 한다.

부 록

■생활회의
■집단상담 프로그램의 예 – '행복한 삶! 내가 만들어요'
■15세 미만인 자의 취직인허증
■청소년쉼터 입소확인증
■쉼터운영일지
■상담기록부
■사례관리 인테이크 기록지
■사례관리 사정 기록지
■사례관리 과정 기록지
■사례관리 종결보고서
■사례관리 계약서

■ 생활회의

1. 생활회의란?

일반학교 학급회의에 기초를 두고 쉼터 내의 발생하는 모든 문제를 한 주가 시작하는 월요일 오후에 함께 주제를 갖고 생활의 개선 및 보호청소년과 실무자와 함께 이야기하는 것을 말한다.

2. 필요성

쉼터 생활에서 생기는 여러 문제와 불편함을 생활회의를 통해 아이들 스스로 해결방안을 이야기하면서 의사소통 능력과 생활상의 발생하는 문제를 함께 논의하는 문제해결 능력을 키운다.

3. 진행내용

1) 일시: 2004년 1~12월 매주 월요일 15~17시
2) 장소: 휴게실(소규모 프로그램실)
3) 대상: 보호청소년과 실무자
4) 목적: 쉼터 생활에서 발생하는 여러 문제와 불편함을 회의를 통해 아이들 스스로 해결방안을 이야기하면서 의사소통 능력 및 문제해결 능력을 키운다.
5) 내용: 쉼터 가족회의(쉼터 생활 속에 일어나는 불편함을 보호청소년 및 실무자가 회의를 통해 해결: 건의사항, 토의안건, 프로그램 평가 등) 긴급생활회의, 급한 문제 발생(도난문제, 보호청소년의 폭력 및 강제퇴소에 준하는 문제 발생 시) 진행한다.

4. 주요내용

1) 쉼터 내 또래집단과 선생님들이 모두 참여하는 정기적인 회의를 진행한다.
2) 공동생활에서 자신의 의사표현을 통한 규칙 결정 및 준수를 할 수 있도록 한다.
3) 민주적인 의사결정 방식 경험 및 약속이행에 대한 책임 있는 행동양식을 고취시킨다.

5. 생활회의*의 명칭 및 세부내용

1) 생활점검: 지난 한 주 동안 아이들의 생활에 대하여 뒤돌아보는 시간을 갖는다.
2) 생활교육: 입소한 아이들에게 바라는 것, 쉼터의 규칙(우리의 약속)을 중심으로 아이들의 쉼터생활에 대한 설명 및 새로 입소한 청소년에게 우리의 약속에 관한 자세한 설명 및 재확인을 할 시간을 갖는다.
3) 토의 안건: 우리 함께 이야기해 봐요
   (1) 쉼터생활상에 발생하는 문제 중 한 주에 하나의 주제를 가지고 아이들과 함께 이야기하는 시간이다.
   (2) 토의 과정을 통해 아이들의 대인관계 기술을 기르게 하고 전체가 함께 결정하고 바뀐 생활상의 규칙에 대해서는 지키겠다는 확인의 시간이기도 하다.
   예) 대인관계(입소청소년 상호 간의 예의에 대하여)
   – 별명을 부르는 것을 삼가면 좋겠다.
   – 험담 및 욕설을 하지 말자.
   – 남에게 자기 일을 부탁하지 말자(형이 동생에게 심부름 시키지 말자).
   – TV 시청 때 채널을 합의하여 바꾸는 것으로 하자.

---

*이 내용은 생활회의 내용을 갖추린 것으로 서울시립신림청소년쉼터 2004 사업보고서, pp. 167-174에서 발췌·수정한 것이다.

쉼터 건의 사항 Best 10

1. 컴퓨터 관련: 컴퓨터 사용시간을 늘려 주세요 〈현재 주 10시간 사용〉
   컴퓨터 사양을 PC방 수준으로 해 주세요
   헤드세트 교체, 화상캠을 달아 주세요
2. 인터넷 관련: 인터넷 속도를 빠르게 해 주세요
   온라인 게임을 할 수 있게 게임 CD를 구입해 주세요
3. 만화방 관련: 만화책을 새 책, 신간으로 바꾸어 주세요
   만화방을 깨끗하게 사용하자
4. 노래방 관련: 신곡을 업그레이드 해 주세요 〈현재 분기별 신곡추가〉
   마이크를 한 개에서 두 개로 늘려 주세요
   노래방 분위기를 일반 노래방처럼 바꿔 주세요(조명 및 펌프 설치)
   노래방 예절을 잘 지키자(우선 예약, 노래 중간 끊기 NO)
5. 숙소 관련: 잠자는 시간을 늦춰 주세요 〈현재 평일 23시 취침〉
   일어나는 시간을 늦춰 주세요 〈현재 평일 08시 기상〉
   숙소문을 자주 열어 주세요(개방시간 이외 출입제한)
6. 식사 및 간식 관련: 고기반찬(삼겹살, 불고기 등)을 자주 해 주세요
   피자나 햄버거 또는 통닭으로 간식을 자주 주세요
   자율간식으로 해 주세요
7. 흡연 관련: 흡연횟수를 늘려 주세요 〈현재 하루 5회 실시 중〉
   흡연장소 및 흡연실 출입 인원수를 2명 이상으로 해 주세요
8. 외출 및 외박 관련: 외출 시간을 늘려 주세요
   외출시간을 잘 지키자
   외박을 자주 할 수 있게 해 주세요
9. 프로그램 관련: 프로그램 진행할 때 떠들지 말자
   놀이공원으로 자주 야외활동을 가게 해 주세요.
   프로그램 끝나면 맛있는 간식을 준비해 주세요.
10. 기타: 쉼터 관련 다양한 의견을 제시한다.

4) 건의 사항: 이것만은 바꿔 봐요

(1) 쉼터 내 시설 이용 시 불편한 사항을 이야기하는 것을 말한다.

(2) 입소청소년이 바뀔 때마다 구조 및 운영상 변경할 수 없는 것들에 대한 건의 사항을 이야기하는 경우가 많다.

5) 프로그램 회의(프로그램 평가회의)

(1) 쉼터 내 각종 프로그램에 대한 평가를 갖는 시간을 말한다.

(2) 프로그램 진행 전후에 아이들의 욕구조사를 하여 아이들의 자발적 참여와 프로그램의 내실을 기하기 위해서이다.

6) 긴급생활회의: 정기 생활회의가 아닌 위급상황 발생 및 긴급하게 해결해야 할 문제 발생 시에 진행되는 긴급회의를 말하고 주로 아이들 사이의 폭력 및 도산문제 발생 시에 진행되었다.

예) 도난, 분실 문제발생

- 입소 시 귀중품을 맡기지 않는 데서 발생하는 경우가 많다.

- CDP, mp3플레이어, 현금, 휴대폰, 담배 등 도난 문제가 자주 발생한다.

- 입소 시에 소지품을 검사하고 귀중품은 맡기도록 하지만 빈번하게 사용하는 물건들의 도난 및 분실이 많다.

- 도난문제가 발생하는 시기는 주로 아이들의 퇴소시기에 일어나고 취침시간(23~08시) 또는 숙소를 개방하는 시간 때에 발생하고 있다. 〈해결방법〉 전체 아이들이 함께 도난문제 발생사실에 대하여 이야기를 나누고, 물건을 제자리에 갖다 놓기를 기다리고, 잃어버린 아이에게 자신의 관리 소홀에 대하여 주의를 주고, 또 사무실에 맡기지 않는 물건이나 현금에 대해서는 책임을 묻지 않는다.

■ 집단상담 프로그램의 예 – '행복한 삶! 내가 만들어요'

1. 프로그램 목적 및 목표

사람은 누구나 꿈이 있고, 행복을 추구하기 마련이다. 인생에서 10대는 그런 꿈과 행복의 씨앗을 심는 중요한 시기라 할 수 있다. 하지만 많은 청소년이 그들을 둘러싸고 있는 가정, 학교, 사회환경 속에서 여러 가지 고통을 겪고 있고, 그것들을 피하기 위해 가출 등의 방법을 선택한다. 쉼터청소년의 경우 어렵고 힘든 현실 앞에서 좌절하는 경우가 많아 소중한 시기를 그냥 흘려보내기가 쉽다.

행복이란 자신이 뜻하고 목표하는 바를 이루었을 때 느끼는 감정이고 정의한다. 달라이라마는 삶의 목표가 행복에 있고, 행복을 찾는 첫 번째 단계는 배움이라 했다. 부정적인 감정이나 행동이 얼마나 해로운가를, 그리고 긍정적인 감정은 얼마나 이로운가를 배운 후, 긍정적인 감정과 행동이 주는 이로운 점을 깨달아야 한다고 했다. 일단 그것을 깨달으며 어떤 어려움이 있어도 긍정적인 감정을 소중히 여기고, 그것을 더욱 키워 나가겠다고 결심을 하게 됨으로써 내면에서 자연스럽게 의지가 생겨난다고 보았다.

따라서 이런 배움의 과정을 통해 어떤 생각과 감정이 쓸모가 있으며 어떤 것이 해로운 가를 이해하면서, 서서히 변화의 의지를 다지게 된다. 따라서 이 프로그램은 좀 더 긍정적인 부분에 초점을 맞추었고, 행복증진프로그램을 통해 청소년이 꿈과 희망을 찾아 더욱 행복한 미래를 설계하는 데 도움이 되고자 한다.

프로그램의 목표는 다음과 같다.

(1) 생활 속에서 즐거움과 행복감을 느끼도록 하여 더욱 능동적인 생활을 하도록 한다.
(2) 집단경험을 통해 인생의 의미를 찾아 만족스러운 삶을 살도록 한다.

2. 프로그램 내용

발달단계	회기	프로그램명	프로그램 목표	프로그램 내용
마음열기	1.	행복이란	집단원 간 친밀감을 형성하고, 행복의 의미에 대해 생각한다.	− 저글링 − 행복지수 − 내가 생각하는 행복
마음나누기	2.	행복한 삶	타인의 입장을 이해하고, 행복은 만족할 줄 아는 지혜에서 시작됨을 안다.	− 뺑튀기 − 행복할 것 같은 사람 − 행복경험 나누기
	3.	인생 25시	감정표현의 중요성을 알고, 삶에서 겪었던 희로애락을 함께 나누며, 아픔을 통해 성장해 나감을 배운다.	− 감정 표현하기 − 인생의 5대 뉴스
	4.	최고의 가치	자신의 가치를 확인하고, 행복한 삶을 위해 좀 더 효율적인 선택을 한다.	− 난화 − 내 인생에서 중요한 것
	5.	해피 투게더	칭찬을 통해 자기존중감(self-esteem)을 높이고, 주변의 소중한 사람들에게 감사함을 전한다.	− 신나는 배구 − 칭찬세례 − 마음의 선물 꾸미기
마음다지기	6.	꿈은 이루어진다	미래에 대한 희망을 품고, 행복은 우리 마음속에 있음을 깨닫는다.	− 나는 너를 좋아해 − 희망나무 가꾸기 − 나의 결심

출처: 서울YMCA청소년쉼터(2006), pp. 60-73.

■ 15세 미만인 자의 취직인허증

[별지 제17호서식]   (앞쪽)

15세미만인자의취직인허증	□ 교 부 □ 재교부	신청서	처리기간 3일

15세 미만	① 성 명		② 주 민 등 록 번 호	
	③ 주 소		(전화:)	

사용자	④ 사 업 장 명		⑤ 사 업 의 종 류	
	⑥ 대 표 자 성 명		⑦ 주 민 등 록 번 호	
	⑧ 소 재 지		(전화:)	
	⑨ 15세 미만 자의 종사업무		⑩ 임 금	
	⑪ 근 로 시 간		⑫ 사 용 기 간	

학교	⑬ 학 교 명		⑭ 학 교 장 성 명	㉧
	⑮ 소 재 지		(전화:)	
	⑯ 수 업 시 간			
	⑰ 의 견			

친권자 또는 후견인	⑱ 성 명	㉧	⑲ 주 민 등 록 번 호	
	⑳ 주 소		(전화:)	
	㉑ 15세 미 만 인 자와의 관 계		㉒ 동 의 여 부	

근로기준법 제62조제1항, 동법시행령 제31조 및 동법시행규칙 제13조제1항·제2항의 규정에 의하여 위와 같이 15세 미만인 자의 취직인허증

□ 교 부
□ 재교부 를 신청합니다.

　　　　　　　　　　년　　　월　　　일

　　　　　　　　　　　　　　　　사용자가 될 자　　(서명 또는 인)
　　　　　　　　　　　　　　　　15세 미만인 자　　(서명 또는 인)

　　지방노동청(사무소) 장 귀하

※ 구비서류 : 취직인허증을 못쓰게 되거나 잃어버리게 된 사유서(재교부 신청 시에 한합니다)	수수료
	없 음

210mm×297mm　　　　　　　　　　　　　　　　(신문용지 54g/m²－재활용품)

※기재요령

1. "⑨ 15세 미만 자의 종사업무" 란에 15세 미만자를 2 이상의 업무에 사용하고자 하는 경우에는 그 사용직
   종을 모두 기재하시기 바라며, 이 중 일부 직종에 대해서만 허가할 수도 있습니다.

2. 학교란은 "15세 미만 자"가 영 제31조제3항에 의한 의무교육대상이 아닌 자로서 학교에 재학하고 있지
   아니한 자와 제13조제2항에 의한 재교부를 신청하는 경우에는 이의 기재를 생략합니다.

   ※ 이 신청서는 아래와 같이 처리됩니다.

신 청 인	처 리 기 관
	지방노동관서

신청서

접 수
(민원실)

내 용 검 토
(근로감독과)

통보

결 재
(청 · 소장)

■ 청소년쉼터 입소확인증

○ 성명:

○ 주민등록번호:　　　　　　－

○ 주소:

위 청소년은 청소년쉼터에 입소하고 있음을 확인합니다.

2008.　　　．

청소년쉼터명 (직인)

전화 :

주소 :

담당자성명 :

※ 이 확인증은 병원진료 의뢰 이외에 다른 용도로 사용할 수 없습니다.

■ 쉼터운영일지

2008년   월   일

사업명	구 분	내 용	인 원	시 간	담당자
일시보호사업	숙식 제공	남자: 13세 이하 명 14~16세 명 17~19세 명 20~24세 명 여자: 13세 이하 명 14~16세 명 17~19세 명 20~24세 명			
	상 담	접 수 상담(개인/집단) 심 리 검 사 종결(퇴소/의뢰)			
	생활지도	문 화 활 동 스 포 츠 활 동 의 료 서 비 스 기 타			
가출예방사업	상담사업	전 화 상 담 면 접 상 담 집 단 상 담 심 리 검 사			
	거리상담				
	학교지원				
교육활동	중학생 자원봉사 교육 또래 상담자 교육 일반인 상담 교육 실습생 교육				
회원활동	대학생 자원봉사활동				
조사·연구·출판 활동					
협력활동	공문 접수 및 발송 대외 협력활동				
기 타	홍보활동 관리활동 기타활동				

■ 상담기록부

상담일시		상담방법	전화, 내방, 서신, PC		상담내용 분류	
성명		성별		연령		직업	
주소				전화번호 (연락처)		

상담요지

조치사항 및 의견	처리결과

상담처리현황	* 쉼터단독처리, 관계기관협의처리, 전문가 위탁처리 등으로 구분 기재	
처리담당자		기타사항
관계기관(이첩 등)		* 처리불가 사유 등 기재
위탁전문가		처리완료일자

■ 사례관리 인테이크 기록지

접수일 :　　　년　월　일　　　　　　　　　　　　접수번호 _____

성명		성별	남 · 여	주민등록번호	
주소					

전화번호	H) H.P) _____	학력		종교	

접수경로	□내담자 직접 요청 (방법:　　　　　　　　　) □사례관리자가 직접 발굴 □내부 의뢰 (　　　　　　　　　　) □외부 의뢰(기관명 :　　　　　　　)

가 족 사 항

관계	성명	연령	학력	직업	동거여부	기타

대상자 분류	보호구분	□일반수급　　□조건부수급　　□저소득　　□일반
	세대유형	□아동 · 청소년가족　　□한부모가족　　□일반가족　　□기타(　　　　)

건강상태	□양호　　□보통　　□허약	· 질병명(　　　　　　　　　)

가계도	생태도

가 출 경 험

최근 가출의 기간		총 가출횟수	
최근 가출 이유		쉼터 입소 전 지낸 곳	
내담자 서비스 욕구			
사례관리자 의견			

■ 사례관리 사정 기록지

사례번호		사례관리자	
내담자명		사례접수일	200 년 월 일

1. 내담자 및 가족 현황

내담자	성별	□남	□여	나이		세
	학력	□초등졸	□중중퇴	□중졸	□고중퇴	
	종교	□기독교	□천주교	□불교	□종교 없음 □기타( )	

동거 가족	□부 □모 □계부 □계모 □(외)조부 □(외)조모
	□형제(명) □자매(명) □기타( )
	• 특기사항 :

주거 및 경제 상황	주거형태	□단독주택 □연립주택 □임대아파트 □일반아파트 □기타( )
		□방(개) □화장실(개) □주방(유/무) □기타( )
	소유형태	□자가 □전세 □월세 □기타( )
	총 수입	월 _____ 원 (수급액 원 + 가족수입 원 + 기타 원)

2. 개인력/ 가족력/ 가족관계

1) 개인력

2) 가족력

3) 가족관계

3. 사회적 자원

1) 공식적 자원

2) 비공식적 자원

4. 내담자가 제시한 문제(우선순위 및 내용)
＿＿＿ 정서문제 : ＿＿＿ 의료 · 장애문제 : ＿＿＿ 약물문제 : ＿＿＿ 이성문제 : ＿＿＿ 가족관계 : ＿＿＿ 교육문제 : ＿＿＿ 법률문제 : ＿＿＿ 경제문제 : ＿＿＿ 취업문제 : ＿＿＿ 주거문제 : ＿＿＿ 사회자원 부족 : ＿＿＿ 기타 :
5. 내담자의 강점 및 약점
1) 강점   2) 약점
6. 내담자의 욕구
7. 서비스 계획(내담자의 문제/서비스목표)

■ 사례관리 과정 기록지

사례번호					
내담자명		사례관리자			
횟수	일시 및 장소	문제	서비스 실행 내용 (직접개입/ 간접개입)	사회복지사 의견	개입결과/ 차기 계획

■ 사례관리 종결보고서

사례번호		성명		주민번호	
주소				연락처	
접수일			종결일		

종결 유형 및 사유	유형		사 유		
	( ) 클라이언트에 의한 종결		사망( ), 타 시설입소( ), 귀가( ), 목표달성( ), 상황호전( ), 타 기관 이용( ), 거절이나 포기( ), 약속불이행( ), 기타( )		
	( ) 기관이유에 의한 종결		기관의 업무 조정( ), 기관·법인의 교체( ) 기관의 사례관리기한 제한( ), 규정 변경( ) 기관의 자원·능력의 한계( )		

서비스 제공 현황	

클라이언트 변화 사항	초기 상황	종결 상황

사례관리자 의견	

종결 결정일		담당사례관리자	

_____ (기관명)

■ 사례관리 계약서

나 (청소년의 이름) _____ (는/은) 사례관리계획을 세우는 데 참여하였으며, 다음과 같은 목표를 성취하고자 합니다.

목표 1 : _____

하위목표:

1.1. _____ .

1.2. _____ .

목표 2 : _____

하위목표:

2.1. _____ .

2.2. _____ .

청소년 : _____ (이름) _____ (서명)
2008년   월   일

사례관리자: _____ (이름) _____ (서명)
2008년   월   일

1차 검토 날짜 및 확인	2차 검토 날짜 및 확인	3차 검토 날짜 및 확인

*목표수정이 있으면 이를 새로운 양식에 기록하여 현재의 양식에 첨부해 주십시오.

참 / 고 / 문 / 헌

강민정(2000). 사회적 지지가 가출청소년의 일에 대한 태도, 자립의지, 사회적응
    에 미치는 영향에 관한 연구: 가출청소년 부랑경험의 정도와 형태별 연구.
    이화여자대학교 대학원 석사학위논문.

구본용, 금명자(2005). 위기(가능) 청소년 지원모델 개발연구. 국가청소년위원회.

교육인적자원부(2004). 2004년 업무계획.

교육인적자원부(2005). 교육통계연보.

국가청소년위원회(2006a). 2006년도 청소년 유해환경접촉 종합실태조사.

국가청소년위원회(2006b). 2006년 청소년쉼터 사례관리 및 집단프로그램.

국가청소년위원회(2007). 2007년 청소년백서.

국가청소년위원회(2008). 2008년도 청소년쉼터 운영지침.

권병덕(2002). 참여연대 설문조사와 사례로 본 청소년아르바이트 실태. 청소년
    노동의 실태와 문제 토론회자료집. 서울: 참여연대사회인권팀.

김경준, 김지혜, 류명화, 정익중(2006). 청소년 유형별 복지욕구 실태와 지원방안.
    한국청소년개발원.

김경희(2002). 가출청소년의 성공적 귀가와 재가출에 관한 연구. 가톨릭대학교
    대학원 석사학위논문.

김계현(2002). 21세기 청소년상담의 정체성과 발전과제, 한국에서의 청소년상 담: 미래와 전망, 제9회 청소년상담학세미나 종합자료집. 한국청소년상담원, 65-75.

김동기, 홍세희(2007). 한국 청소년의 최초 가출발생시점에 영향을 미치는 생태 체계적 요인에 대한 검증: 비연속 시간 생존분석의 적용. 한국청소년연구, 18(3), 267-294.

김민정(1999). 여학생의 상습적인 가출에 영향을 미치는 요인에 관한 연구. 이화 여자대학교 대학원 석사학위논문.

김성경(1997). 가출소녀를 위한 사회복지서비스 연구. 서울: 한국여성개발원.

김연정(2004). 가출청소년의 심리사회적 적응에 관한 연구: 위험요인과 보호요 인을 중심으로. 서울대학교 대학원 석사학위논문.

김준호, 박정선(1993). 청소년가출과 비행의 관계에 관한 연구. 서울: 한국형사정 책연구원.

김지혜(2003). 가출청소년의 비행 경험에 대한 해석적 연구. 한국사회복지학, 54(8), 99-121.

김지혜(2005a). 가출 청소년의 비행화 과정 연구. 서울대학교 대학원 박사학위 논문.

김지혜(2005b). 가출청소년의 노동시장 참여와 비행. 한국청소년연구, 16(2), 207-234.

김지혜 · 안치민(2006). 가출청소년의 학업중단 영향 요인과 대책. 한국청소년연 구, 17(2), 133-157.

김지혜, 김기남, 박지영, 정경은, 조규필(2006a). 일시청소년쉼터 세부운영모형개 발연구. 국가청소년위원회.

김지혜, 김기남, 박지영, 정경은, 조규필(2006b). 단기청소년쉼터 세부운영모형개 발연구. 국가청소년위원회.

김향초(1998). 가출청소년의 이해. 서울: 학지사.

김향초(2001). 가출청소년의 이해와 개입방법. 서울: 나눔의 집

김향초(2002). 미국 가출청소년 프로그램의 이해. 서울: 나눔의 집.

김향초, 김광수, 김지혜, 김선옥(2002). 가출청소년보호시설 매뉴얼개발. 청소년
　　보호위원회.

김향초(2005). 가출청소년 이해와 지원프로그램. 서울: 학지사

김현수(2003). 가출청소년 개입에서의 새로운 서비스 패러다임 개발을 위하여.
　　서울시립신림청소년쉼터 5주년 기념 워크숍 자료집. 서울시립신림청소년
　　쉼터.

남미애, 홍봉선, 양혜진(2007). 2007년 가출청소년 및 청소년쉼터 실태조사. 국
　　가청소년위원회 · 한국청소년쉼터협의회.

노혜련, 김형태, 이종익(2005). 가출청소년의 자살생각과 행동에 영향을 미치는
　　심리사회적 변인에 관한 연구. 한국청소년연구, 16(1), 5-34. 새악.

민가영(2003). 가출, 지금 거리에 '소녀'는 없다. 서울: 우리교육.

박명숙(2006). 청소년 가출의 잠재적 위험요인에 관한 연구. 청소년학연구, 13(1),
　　85-106.

박영호, 김태익(2002). 가출예측척도에 의한 여중생들의 가출요인분석. 청소년상
　　담연구, 10(2), 81-99.

방은령(2003). 가정복귀 가출청소년들의 귀가요인 분석 및 가출청소년지도 방안모
　　색: 가출경험 대학생과 가출청소년전문가를 중심으로. 한국청소년개발원.

배문조, 전귀연(2002). 청소년의 가출충동과 관련된 특성연구: 개인, 가족, 학교
　　환경, 또래관계를 중심으로. 대한가정학회지, 40(1), 23-35.

서울시정개발연구원(1997). 서울시 사회복지 기초수요조사 및 정책연구.

서울YMCA청소년쉼터(1997). 청소년의 가출과 가정과의 관계에 대한 조사연구.

서울YMCA청소년쉼터(2004). 서울YMCA청소년거리이동상담.

서울YMCA청소년쉼터(2006). 서울YMCA 청소년쉼터 리포트 IV.

안창규, 문선화, 전윤식(1995). 청소년과 학교관리체제. 서울: 집문당.

양미진, 지승희, 김태성, 조규필, 이자영(2007). 중장기쉼터 운영모형 개발연구.
　　한국청소년상담원

연성진, 민수홍(2004). 가출청소년의 비행예방에 관한 연구. 서울: 한국형사정책
　　연구원.

우리세상(2003). 2003 사업보고서. 서울시립신림청소년쉼터.

우리세상(2004). 2004 사업보고서. 서울시립 신림청소년쉼터.

우리세상(2006). 신림청소년쉼터 사례관리지침서. 서울: 서울특별시립 신림청소
　　년쉼터.

유승권(2002). 가정으로 돌아가지 못하고 있는 가출청소년들을 위한 사회사업서
　　비스 연구. 숭실대학교 대학원 석사학위논문.

유성경, 송수민, 이소래(2000). 청소년의 가출. 서울: 한국청소년상담원.

윤철경, 김성경, 김현주, 박병식, 이봉주(2005). 청소년 보호정책 실태와 발전방
　　안. 한국청소년개발원.

윤철경, 이혜연, 서정아, 윤경원, 김영한, 백혜정, 이봉주, 양미진(2005). 위기청
　　소년 지원시설과 지원정책 현황 및 사회안전망 구축을 위한 정책방안 연구.
　　서울: 청소년위원회, 한국청소년개발원.

윤현영, 강진구(2005). 가출청소년쉼터 실태조사. 한국청소년쉼터협의회.

윤현영, 권선중, 황동아(2007). 청소년쉼터에 입소한 가출청소년 건강실태 조사연
　　구. 국가청소년위원회.

윤현영, 김지혜, 황동아(2006). 가출청소년을 위한 아웃리치 매뉴얼. 국가청소년
　　위원회.

윤현영, 유외숙, 오혜영, 주영아(2007). 3급 청소년발달문제: 청소년상담사 국가
　　자격 연수 교재. 한국청소년상담원.

이순형, 이혜승(2004). 가출청소년보호 전문상담기법연구. 청소년보호위원회.

이용교, 남미애(2006). 가출청소년 및 청소년쉼터 실태조사. 국가청소년위원회 ·
　　한국청소년쉼터협의회

이용교, 홍봉선, 윤현영(2005). 청소년보호시설 설치 및 운영기준 마련을 위한 연
　　구. 청소년위원회.

이지윤(2000). 자녀가 지각한 어머니의 양육태도와 애착 및 사회성 간의 관계. 서
　　강대학교 대학원 석사학위논문.

전경숙(1999). 가출청소년 보호시스템 구축방안. 한국청소년개발원 연구보고서.

정선욱(2002). 시설보호 청소년의 심리사회적 적응에 영향을 미치는 요인. 서울

대학교 대학원 박사학위논문.

정운숙(2002). 가출 청소년의 회귀과정. 경희대학교 대학원 간호학과 박사학위
　　논문.

정혜경, 안옥희(2001). 청소년의 가출충동에 영향을 미치는 예측요인. **아동간호**
　　학회지, 7(4), 483-493.

조영승(1999). 청소년 육성정책. 한국청소년학회 편. **청소년학총론**. 서울: 양서원.

조학래(2004). 가출청소년의 비행에 영향을 미치는 요인 연구. **행정논집**, 231,
　　172-198.

지승희, 양미진, 이자영, 김태성(2006). 위기청소년 실태조사 연구. 서울: 한국청
　　소년상담원.

참여연대(2002). 청소년노동의 실태와 문제 토론회. 서울: 참여연대사회인권팀.

청소년보호위원회(1998). 청소년 유해매체물 접촉실태 및 대책 등에 관한 연구.

청소년보호위원회(2000). 가출청소년 조기발견 및 보호시스템 구축.

청소년보호위원회(2002). 2002년도 청소년 유해환경접촉 종합실태조사.

청소년위원회(2005). 2005년도 청소년 유해환경접촉 종합실태조사.

청소년위원회(2006). 2006년도 청소년 유해환경접촉 종합실태조사.

한국청소년개발원 편(2005). **청소년상담론**. 서울: 교육과학사.

한국청소년쉼터협의회(2002). 전국 가출청소년 실태조사 및 상담사례연구.

한국청소년쉼터협의회(2005). 가출청소년쉼터 실태조사.

한상철(2000). 가출청소년의 지각된 사회적 지지와 우울과의 관계. **한국청소년연**
　　구, 11(2), 29-53.

한은신(2001). 가출청소년의 재가출 행동에 영향을 미치는 요인에 관한 연구. 이
　　화여자대학교 대학원 석사학위논문.

한종철, 김인경(2000). 또래 따돌림과 심리사회적 부적응. 한국심리학회지: **사회**
　　문제, 6(2), 103-114.

황순길, 이은경, 권해수, 박관성(2001). **청소년의 가출과 성매매 실태분석**. 서울:
　　한국청소년상담원.

홍봉선, 남미애(2006). **청소년복지론**. 서울: 양서원.

황미란(1998). 가출청소년들의 청소년쉼터 욕구와 만족도에 관한 연구. 숭실대학교 대학원 석사학위논문.

현온강, 이홍숙(2001). 청소년쉼터에서의 가출청소년과 쉼터종사자들의 생활에 대한 문화기술적 연구. 청소년학연구, 8(1), 163-197.

현은민(2000). 청소년의 가출. 가족적, 개인적 요인 및 대처행동의 영향, 대한가정학회지, 38(2), 41-55.

Annie E. Casey Foundation. (2004). Moving youth from risk to opportunity. http://www.aecf.org/kidscount/databook/essav.htm

Auerswald, C. L., & Eyre, S. L. (2002). Youth homelessness in San Francisco: A Life cycle approach. *Social Science & Medicine, 54,* 1497-1512.

Aviles, A., & Helfrich, C. (2004). Life skills service needs: perspectives of homeless youth. *J of Youth and adolescence, 33,* 331-338

Barkwick, M. A., & Siegel, L. S. (1996). Learning difficulties in adolescent clients of a shelter for runaway and homeless street youths. *Journal of Research on Adolescence, 6*(4), 649-670.

Courtney, M. E., Dworsky, A., Ruth, G., Keller, T., Havlicek, J., & Bost, N. (2005). Midwest evaluation of the adult functioning of former foster youth: Outcomes at age 19. Chapin Hall Working Paper. Chapin Hall Center for Children. Chicago, IL: University of Chicago.

Cowger, C. (1994). Assessing client strengths: Clinical assessment for client empowerment. *Social Work, 39,* 262-268.

Dalton, M., & Pakenham, K. (2002). Adjustment of homeless adolescents to a crisis shelter: Application of a stress and coping model. *Journal of Youth and Adolescence, 31*(1), 79-89.

De Rosa, C. J., Mongomery, S. B., Kipke, M. D., Iverson, E., Ma, T. L., & Unger, J. B. (1999). Service utilization among homeless and runaway youth in Los Angeles, CA: Rates and reasons. *Journal of Adolescent*

Health, 24(6), 449-458.

Dobizl, J. K. (2002). Understanding at-risk youth and intervention programs that help them succeed in school. A Research Paper.

Dryfoos, J. G. (1990). Adolescents at Risk-Prevalence and Prevention. New York: Oxford University Press.

Ennett, S. T., Bailey, S. L., & Federman, E. (1999). Social network chara-cteristics associated with risky behaviors among runaway and home-less youth. Journal of Health & Social Behavior, 40, 63-78.

Ennett, S., Federman, E. B., Bailey, S., Ringwalt, C., & Hubbard, M. (1999). HIV-risk behaviors associated with homelessness characteristics in youth. Journal of Adolescent Health, 25, 344-353.

Ensign, J., & Santelli, J. (1997). Shelter-based homeless youth: Health and access to care. Archives Pediatr. Adolescent Medicine. 151(8), 817-823.

ERIC Digest. (2003). Who is at risk and at risk of what?, no. 248.

Farrow, J. A., Deisher, R. W., Brown, R., Kulig, J. W., Kipke, M. D. (1992). Helaht and mental health needs of homeless & runaway youth. Journal of Adolescent Health, 13, 717-726.

Fest, J. T. (1998). Street Culture: An epistemology of street-dependent youth.

Gaetz, S. (2004). Safe streets for whom? homeless youth, social exclusion, & criminal victimization. Canadian Journal of Criminology and Criminal Justice, 46(4), 423-455.

Ginzberg, E., Berliner, H., & Ostow, M. (1988). Young people at risk: Is prevention possible? Boulder, CO: Westview Press.

Greene, J. M., & Ringwalt, C. L. (1997). Substance use among runaway and homeless youth in three national samples. American Journal of Public Health, 87(2), 229-236.

Homer, L. E. (1973). Community-based resource for runaway girls. Social

Casework, 54, 473-479.

Johnson, G. M. (1997). Teachers in the Inner City: Experience-based ratings of factors that place students at risk. *Preventing School Failure, 42*(1), 19-27.

Kidd, S. A. (2003). Street Youth: Coping and Interventions. *Child and Adolescent Social Work Journal, 20*(4), 235-261.

Kidd, S. A. (2004). The walls were closing in, and we were trapped: A qualitative anaylysis of street youth suicide. *Youth and Society, 36*(1), 30-55.

Kipke, M., O'Connor, S., Palmer, R., & MacKenzie, R. (1995). Street youth in Los Angeles: Profile of a group at high risk for human immunode-ficiency virus infection. *Archives of Pediatric Adolescent Medicine, 149,* 513-519.

Kipke, M. D., Simon, T. R., Montgomery, S. B., Unger, J. B., & Iverson, E. F. (1997). Homeless youth and their exposure to and involvement in violence while living on the streets. *Journal of Adolescent Health, 20*(5), 360-367.

Kurtz, P. D., Lindsey, E. W., Jarvis, S., & Nackerud, L.(2000). How runaway and homeless youth navigate troubled waters: The role of formal and informal helpers. *Child and Adolescent Social Work Journal, 17*(5), 381-402.

Lauren, F. L., Greenblatt, S. B., & Brown, J. (2005). *A Call to Action: An Integrated Approach to Youth Permanency and Preparation for Adul-thood.* publication by casey family services. http://www.casey-familyservices.org/pafs/casey-permanency-0505.pdf

Leathers, S. J., & Testa, M. (2006). Foster Youth emancipating from care: caseworker's reports on needs and services. *Child Welfare, 85*(3), 463-498.

Levin-Epstein, J. & Greenberg, M. H. (2003). *Leave No Youth Behind: Opportunities for Congress to Reach disconnected Youth.* Washington DC: Center for Law and Social Policy. http://www.clasp.clasp.org/DMS/Documents/1057083505.88/Disconnected Youth.pdf.

Linsey, E., & Williams, N.(2002). How runaway and homeless youth survive adversity: implications for school social workers and educators. *School Social Work Journal, 27*(1), 1-21

Linsey, E. W., Kurtz, P. D., Jarvis, S., Williams, N. R., & Nackerud, L. (2000). How runaway and homeless youth navigate troubled waters: Personal strengths and resources. *Child & Adolescent Social Work Journal, 17*(2), 115-140.

McWhirter, J. J., McWhirter, B. T., McWhirter, A. M., & McWhirter, E. H. (2004). *At-Risk Youth: A Comprehensive Response.* Brooks/Cole.

Morrissette, P. J., & McIntyre, S. (1989). Homeless young people in residential care. *Social Casework*, Dec. 603-610.

National Health Care for the Homeless Council. (2004). Homeless young adults ages 18-24: Examining service delivery adaptations. http://www. nhchc.org/publications/younghomelessadult1.pdf.

Raleigh-Duroff, C. (2004). Factors that influence homeless adolescents to leave or stay living on the street. *Child and Adolescent Social Work Journal, 21*(6), 561-572.

Rashid, S. (2007). Evaluating a transitional living program for homeless from foster care youth. *SW Practice, 14*(4), 240-248

Rew, L.(2008). Caring for and connecting with homeless adolescents. *Family Community Health, 31*(1S), S42-S51.

Sampson, R. J., & Lauritsen, J. L. (1990). Deviant lifestyles, proximity to crime, and the offender-victim link in person violence. *Journal of Research in Crime and Delinquency, 27,* 110-139.

Schonert-Reichl, K. A. (2000). Children and youth at risk: Some conceptual considerations, Paper prepared for the Pan-Canadian Education Research Agenda Symposium.

Thompson, S. J., & Polio, D. E. (2006). Identifying the role of disaffiliation, psychological dysfunction, identification of runaway culture, and human capital in the runaway history of adolescents. *Social Work Research, 30*(4), 245-251.

Thompson, S. J., McManus, H., Lantry, J., Winsor, L., & Flynn, P. (2006). Insights from the street: Perceptions of services and providers by homeless young adults. *Evaluation and Program Planning, 29,* 1-10.

Whitbeck, L. B., Hoyt, D. R., & Ackley, K. A. (1997). Families of homeless and runaway adolescents: a comparison of parent/caretaker and adolescent perspectives on parenting, family violence and adolescent conduct. *Child Abuse & Neglect, 21,* 517-528.

Whibeck, L. B., & Hoyt, D. R. (1999). *Nowhere to grow: Homeless and runaway adolescents and their families.* NY: Aldine de Gruyter.

Whitbeck, L. B., Hoyt, D. R., & Bao, W. (2000). Depressive symptoms and co-occuring depressive symptoms, substance abuse, and conduct proglrms among runaway and homeless adolescents. *Child Development, 71,* 721-732.

Williams, N. R., Lindsey, E. W., Kurtz, P. D., & Jarvis, S. (2001). From trauma to resiliency: Lessons from former runaway and homeless youth. *Journal of Youth Studies, 4*(2), 233-253.

Winter, M. de & Noom, M. (2003). Someone who treats you as an ordinary human being: Homeless youth examine the quality of professional care. *British Jounral of Social Work, 33,* 325-337.

Yoder, K. A. (1999). Comparing suicide attempts, suicide ideators, and nonsuicidal homeless and runaway adolescents. *Suicide & Life*

Threatening Behavior, 29, 25-36.

Yoder, K. L., Whitbeck, L. B., & Hoyt, D. R. (2001). Event history analysis of antecedents to running away from home and being on the street. *American Behavioral Scientist, 45*(1), 51-65.

Youth at-risk Commission. (2000). Final Report to the Illinois General Assembly.

Youth Homelessness Series. (2006). Fundamental Issues to Prevent & End Youth Homelessness, Brief No. 1. p. 2. http://www.endhomelessness. org/files/1058_file_youth_brief_one.pdf.

찾 / 아 / 보 / 기

저자 소개

❖ 김향초

　이화여자대학교 사학과 학사
　하와이대학교 사회복지학과 석사
　세인트루이스 워싱턴대학교 사회복지학과 박사
　현재 협성대학교 사회복지학과 교수

　저서 및 논문
　가출청소년의 이해(학지사, 1998)
　가출청소년의 이해와 개입방법(나눔의 집, 2001)
　가출청소년보호시설 매뉴얼개발(청소년보호위원회, 2002)
　미국 가출청소년 프로그램의 이해(나눔의 집, 2002)
　가출청소년의 권리와 복지에 관한 연구(협성논총, 제12집, 2000) 외 다수

【 상담학총서
COUNSELLING SERIES

가출청소년의 이해와 상담

2009년 1월 15일 1판 1쇄 인쇄
2009년 1월 20일 1판 1쇄 발행

지은이 • 김향초
펴낸이 • 김진환
펴낸곳 • (주) 학지사
121-837 서울시 마포구 서교동 352-29 마인드월드빌딩 5층
대표전화 • 02-330-5114　　팩스 • 02-324-2345
등록 • 제313-2006-000265호
홈페이지 www.hakjisa.co.kr

ISBN 978-89-93510-94-2　93180
가격 14,000원

인터넷 학술논문 원문 서비스 뉴논문 www.newnonmun.com